KURSBUCH
BIOPOLITIK

Höhepunkte aus der ZEITSCHRIFT für BIOPOLITIK 2002/2003

D1718156

BIOCOM AG

© BIOCOM AG, Berlin 2004

KURSBUCH BIOPOLITIK

1. Auflage

Herausgeber: Andreas Mietzsch
Bearbeitung: Maren Kühr
Gestaltung: Michaela Reblin

Verlag & Produktion:
BIOCOM AG, Stralsunder Str. 58-59, D-13355 Berlin
Tel. +49 (0)30 264921-0, Fax +49 (0)30 264921-11
www.biocom.de, eMail: info@biocom.de

ISBN: 3-928383-19-1

Inhalt

Schon gelesen ?

ZEITSCHRIFT für BIOPOLITIK

ISSN 1619-1749 Berlin

3. Jahrgang 2004 Nummer 1

www.biocom.de

BIOCOM AG

www.biocom.de

BIOCOM AG

Ein Probeheft, Informationen und Abonnements erhalten Sie unter: Tel. +49 (0)30/26 49 21 40, Fax +49 (0)30/26 49 21 11, www.biocom.

Intro
Kursbuch Biopolitik

von Andreas Mietzsch

Zu Beginn des neuen Jahrtausends waren es gleich zwei im Grunde genommen biologische Themen, die nacheinander die Schlagzeilen eroberten: BSE und die Stammzellforschung. Was schon in den achtziger Jahren mit dem Thema AIDS begann, ließ sich nun nicht mehr übersehen – naturwissenschaftliche Phänomene und Erkenntnisse rücken zunehmend in das Blickfeld auch einer breiten Öffentlichkeit. Parallel dazu findet in der Wirtschaft eine weitere industrielle Revolution statt, denn die Fortschritte in der Biotechnologie ermöglichen ganz neue Produkte und Dienstleistungen. Diese „Biologisierung" unseres täglichen Lebens hat eine vielfältige gesellschaftspolitische Diskussion ausgelöst, die mit internen Fachzirkeln der Technologiefolgenabschätzung begann, zu der Berufung eines multidisziplinären „Nationalen Ethikrates" durch Bundeskanzler Gerhard Schröder führte und unter anderem in der Enquête-Kommission des Bundestages „Ethik und Recht der modernen Medizin" fortgesetzt wird.

In der Tat leben wir mitten in einer spannenden, faszinierenden und noch nie dagewesenen Epoche der menschlichen Entwicklung. Zwar ist der *Homo sapiens* schon seit Jahrtausenden dabei, seine Umwelt und damit den ihn beheimatenden Planeten nach seinen Vorstellungen und Bedürfnissen umzugestalten – in der Vergangenheit häufig zu Lasten der verschiedenen Ökosysteme. Doch mit dem Verstehen des universellen genetischen Codes und dem Erlernen technischer Möglichkeiten, diesen zu verändern, tritt die Menschheit in ein ganz neues Zeitalter ein: Erstmalig werden wir evolutionäre Prozesse kurzfristig zu unserem Nutzen steuern, und wir haben es sogar in der Hand, uns selbst zu verändern. Das sind Möglichkeiten, die in ihren Chancen und Gefahren wahrlich schwindelerregend erscheinen. Kein Wunder, daß diese Entwicklung auch von Ängsten in der breiten Bevölkerung begleitet wird.

Diese Ängste wachsen dann besonders gut, wenn ihr Nährboden die Unwissenheit ist. Das ist kein Vorwurf, sondern eine nüchterne Feststellung. Um zu verstehen, was zum Beispiel die Gentechnik für Möglichkeiten oder Probleme bietet, ist ein zumindest basales Wissen um die molekularbiologischen Grundlagen unabdingbar. Bundesaußenminister Joschka Fischer beschrieb im Frühjahr 2002 in einer Rede in Berlin den gesellschaftspolitischen Rahmen: „Die mit der Biopolitik zusammenhängenden grundsätzlichen Fragen reichen weit über die Wissenschaft und die Medizin hinaus. Sie rühren an die Wurzeln unserer Zivilisation, sie betreffen unser Selbstverständnis als Spezies, unser Menschenbild und der Evolution. Diese Fragen sind vor allem deshalb so schwierig zu beantworten, weil hier immer wieder elementare Grundwerte miteinander kollidieren – die Freiheit der Forschung, die Pflicht zu heilen, der Schutz des menschlichen Lebens und seiner Würde." Das bedeutet, daß hier nicht nur Wissenschaftler gefordert sind, sondern alle gesellschaftlichen Kräfte, denen am Gedeihen einer freiheitlichen und demokratischen Gesellschaft gelegen ist.

Ganz unabhängig von der naturwissenschaftlichen und gesellschaftspolitischen Brisanz der Erkenntnisse der modernen Biologie tut sich hier ein kommunikationstechnischer Abgrund auf: Selbst wenn man einmal annimmt, daß alle Beteiligten an den notwendigen politischen Diskussionen über das nötige fachliche Grundwissen verfügen (was leider getrost bezweifelt werden darf), müssen sie auch noch zu einer gemeinsamen Sprache finden, um einander in ihrer Argumentation überhaupt folgen zu können. Wer einmal eine erbitterte Diskussion zwischen einem Natur- und beispielsweise einem Sozialwissenschaftler oder einem Theologen verfolgt hat, weiß, wovon hier die Rede ist. Ganz unterschiedliche Kenntnisse und Erfahrungen münden in separate Fachsprachen, die die jeweils andere Seite unter Umständen gar nicht versteht. Da wird um Begriffe gerungen, obwohl man in der Sache möglicherweise nicht besonders weit auseinander ist. Was in vielen wissenschaftlich-technischen Fachgebieten nicht weiter problematisch ist – schließlich muß zum Beispiel kaum ein Verkehrsplaner das Fachchinesisch eines organischen Chemikers verstehen und umgekehrt –, wird im Falle der modernen Biologie zur großen Herausforderung: ihre enorme gesellschaftspolitische Bedeutung erfordert es, daß sich alle Diskutanten nicht nur um die Berücksichtigung der naturwissenschaftlichen Grundlagen bemühen, sondern ihren Standpunkt auch *interdisziplinär* verständlich machen!

Diese Interdisziplinarität zu fördern wurde Anfang 2002 als das große Ziel der neuen ZEITSCHRIFT FÜR BIOPOLITIK erklärt. Sie ist als gedrucktes Forum für die gesellschaftspolitische Diskussion der Erkenntnisse und Auswirkungen der modernen Biologie gedacht. Möglichst über die Grenzen ihres eigenen Fachgebietes hinaus verständlich sollen die Autoren ihren Standpunkt darlegen. Ob Politiker, Juristen, Wissenschaftler, Gewerkschafter, Kirchenleute oder Vertreter von Interessenverbänden – alle gesellschaftlichen Kräfte können die Zeitschrift zur interdisziplinären Informationsvermittlung nutzen. Die langfristig wegweisendsten Beiträge der ersten beiden Jahrgänge der ZEITSCHRIFT FÜR BIOPOLITIK sind in dem vorliegenden Buch zusammengefaßt, um sie über das aktuelle Periodikum hinaus einem breiten Leserkreis dauerhaft zugänglich zu machen.

Ganz gleich, wie man zum Beispiel zur Gentechnik steht, ist eines klar: Die moderne, sowohl molekulare als auch in Systemen vernetzte Biologie ist Realität. Ihre Erkenntnisse wachsen sogar mit immer noch zunehmender Geschwindigkeit, und zwar weltweit. Die freiheitlichen Gesellschaften müssen sich mit diesen Erkenntnissen auseinandersetzen, um möglichst die positiven Entwicklungen zu fördern und eventuelle negative Folgen zu begrenzen oder auszuschließen. Es darf der Menschheit nicht noch einmal passieren, daß eine völlig neue Technologie eingeführt wird, ohne daß die Folgen ausreichend bedacht werden – für die unselige Atomenergie zum Beispiel wird der *Homo sapiens* dank des Entsorgungsproblems noch Jahrzehntausende einen hohen Preis zu zahlen haben.

Wir stehen an der Schwelle eines neuen Zeitalters, mit heute noch unausdenklichen Möglichkeiten. Diese zum Segen und nicht zum Fluch zu verwenden wird nur gelingen, wenn die Vernunft im Menschen die Oberhand behält. Dazu müssen wir miteinander reden oder – auf gesellschaftlicher Ebene – schreiben und lesen!

Entwicklungen und Folgen in der Humangenetik

von Ernst Benda

Wir führen heute ein intensives, interdisziplinäres und auch kontroverses Gespräch über die Entwicklungen und die Folgen der Humangenetik. Dabei verstehen wir unter Humangenetik „die Wissenschaft von den Vererbungsvorgängen beim Menschen. Bei der modernen Begriffsbestimmung steht die Humangenetik als „quasi"-Anwendung der Gentechnologie auf den Menschen im Vordergrund. Dabei umfaßt die Gentechnik alle biologisch-technischen Verfahren, die auf eine gezielte Veränderung am Erbgut einer Zelle ausgerichtet sind." [1]

Neu ist diese Diskussion aber nicht. Begonnen hat sie schon vor mehr als 15 Jahren, als zum ersten Male die Möglichkeit erkennbar wurde, menschliches Leben auch außerhalb des natürlichen Weges zu erzeugen. Bei der Methode der *in-vitro*-Fertilisation ging es um die Chance, den Kinderwunsch von Eltern zu erfüllen, der aus natürlichen Gründen nicht verwirklicht werden konnte. Heute wissen wir, daß sehr viel mehr möglich ist und sehr viel mehr auf dem Spiel steht, als bei diesem unschuldig klingenden medizinischen Eingriff. Damals wurde der Rubikon überschritten, wie vor einem Jahr die Deutsche Forschungsgemeinschaft sagte – sie hat 15 Jahre für diese Erkenntnis benötigt –, ein Weg ohne Umkehrmöglichkeit, wie heute behauptet wird. Heute zeigen sich die Folgewirkungen, über deren medizinische, ethische und gesellschaftliche Konsequenzen gestritten wird.

Aber wir sind nicht ahnungslos in eine Entwicklung geraten, die nun als unumkehrbar bezeichnet wird. In dem 1985 veröffentlichten Bericht der gemeinsamen Arbeitsgruppe des Bundesministers für Forschung und Technologie und des Bundesministers der Justiz „*In-vitro*-Fertilisation, Genomanalyse und Gentherapie" [2] wurden erstmals die Auffassungen der Fachrichtungen zusammengeführt, die aus naturwissenschaftlicher, medizinischer, ethischer und rechtlicher Sicht die künftige Entwicklung einschätzen sollten. Sie sollten auch Empfehlungen für den deutschen Gesetzgeber geben. Das 1990 in einem breiten Konsens verabschiedete Embryonenschutzgesetz setzte die Empfehlungen der Kommission in geltendes Recht um.

Die künftigen Möglichkeiten sind schon 1985 in dem Kommissionsbericht wie folgt dargestellt worden [3]:

„*In-vitro*-Fertilisation, Genomanalyse und Gentherapie werden in Forschung und Anwendung zunehmend dazu beitragen können, menschliches Leiden zu verhindern oder es doch zumindest zu verringern.

– Die extrakorporale Befruchtung kann dazu beitragen, Ehepaaren ihren Kinderwunsch…zu erfüllen…

- Die Genomanalyse wird in den Bereichen der Prä- und Postnataldiagnose zunehmend mit dem Ziel eingesetzt, drohende Erbleiden frühzeitig zu erkennen, um entweder die Indikation zum Schwangerschaftsabbruch klären oder rechtzeitig mit der Behandlung beginnen zu können...
- Schließlich erscheint es nicht ausgeschlossen, eines Tages bestimmte monogene Erbleiden auf dem Wege einer Gentherapie zu heilen...
Damit bieten die neuen Methoden dem Menschen Chancen, deren Ausmaß noch kaum abgeschätzt werden kann."

Der Kommissionsbericht sagt weiter: „Angesichts der Chancen, die für die Menschheit mit diesen neuen Technologien verbunden sind, ist deren weitere Erforschung grundsätzlich förderungswürdig. Jedoch können dabei Grenzen erreicht werden, bei deren Überschreitung ein technologischer Fortschritt in eine Gefährdung des Menschen umschlagen kann.

...Angesichts der neuen, eine Vielzahl ethischer und rechtlicher Fragen aufwerfenden Technologien wird man sich der Aufgabe der Rechtsordnung bewußt sein müssen, klare Aussagen darüber zu treffen, was auf den von der modernen Biologie und Medizin bestimmten Gebieten Rechtens und was Unrecht ist. Wie das Bundesverfassungsgericht ... ausgeführt hat [4], darf sich der Staat einer derartigen Aufgabe „auch nicht durch Anerkennung eines ‚rechtsfreien Raumes' entziehen, indem er sich der Wertung enthält und diese der eigenverantwortlichen Entscheidung des Einzelnen überläßt."

Seit dieser Zeit hat die Wissenschaft gewaltige Fortschritte gemacht, von der Entschlüsselung des menschlichen Genoms bis hin zu der Chance, künftig monogene Krankheiten besser als bisher heilen zu können. Die Entwicklung erweckt große Hoffnungen, aber sie löst auch Ängste aus. Besonnene Forscher warnen vor überzogenen Erwartungen: Bevor konkrete Fortschritte erzielt werden können, werden noch „Jahre, wahrscheinlich sogar Jahrzehnte intensiver Forschung" vergehen, wie die Deutsche Forschungsgemeinschaft in einer ihrer jüngsten Stellungnahmen gesagt hat. [5]

Wir stehen vor möglichen Entwicklungen mit bisher unerhörten Auswirkungen, die in dem Kommissionsbericht von 1985 zwar bereits angedeutet wurden, aber hinsichtlich ihrer heute offen diskutierten Anwendungen als bloße Science-fiction-Szenarios gewertet wurden:
- Die Produktion einer größeren Zahl menschlicher Embryonen mit dem durch die Präimplantationsdiagnostik verfolgten Ziel, nur diejenigen von ihnen zum Leben zu bringen, die sich als „lebenswert", das heißt frei von genetisch bedingten Erbkrankheiten erweisen oder die über sonst gewünschte Eigenschaften verfügen, wie das eine oder das andere Geschlecht oder begehrte körperliche Eigenschaften;
- die Nutzung frühesten menschlichen Lebens als hierbei verbrauchtes Material für eine auf die Erforschung genetisch bedingter Krankheiten gerichteten wissenschaftlichen Untersuchung, entweder, weil die im Zuge einer *in-vitro*-Fertilisation erzeugten Embryonen „überzählig" geworden sind, also nicht mehr für ihren eigentlichen Zweck verwendet werden können, oder als allein für Zwecke der Forschung produzierte Embryonen;
- das sogenannte therapeutische Klonen, das Kopien menschlicher embryonaler Stammzellen schafft, um gesundheitliche Mängel der „Originale" mit ihrer Hilfe – und durch ihren Verbrauch – zu beheben;

– schließlich das eigentliche Klonen, das nicht mehr Zwecken der Heilung dient, sondern vorhandene oder vorhanden gewesene Menschen jedenfalls in ihren vererbbaren äußerlichen Merkmalen kopiert oder vervielfältigt.

Alle diese und andere Möglichkeiten werden heute diskutiert. In einigen anderen Ländern werden sie ausdrücklich gebilligt und gefördert, in anderen jedenfalls zugelassen. Man braucht nicht mehr auf die in früheren Jahren auch auf internationalen wissenschaftlichen Symposien ernsthaft vorgeschlagenen Möglichkeiten der Züchtung von „besseren" Menschen zurückzugreifen, also der durch gezielten Gentransfer in die Keimbahn bewirkten Schaffung von Menschen mit bestimmten angeblich positiven Eigenschaften. Diese Phantasien werden heute allenfalls noch von einzelnen Wissenschaftlern als wünschenswert angesehen. Aber nahezu alles, was möglicherweise geeignet ist, Krankheiten zu bekämpfen oder doch zu lindern, wird in dem einen oder anderen Teil der Welt für vertretbar und für wünschenswert gehalten, und auch bei uns gibt es eine ernstzunehmende Tendenz, die „Ethik des Heilens" für wichtiger zu halten als die gegen die einzelne Anwendung gerichteten Bedenken, die leicht als Ausdruck eines religiösen Fundamentalismus angesehen werden. Nur hinsichtlich des Klonens – nicht des zum Beispiel in Großbritannien zugelassenen „therapeutischen" Klonens – zeichnet sich gegenwärtig ein weltweiter Konsens ab, der dies mißbilligt und möglicherweise zu einem international gültigen Verbot führen wird.

Ethik und Recht kontrovers

Bei allen anderen Anwendungsmöglichkeiten bestehen erhebliche Unterschiede in der ethischen Bewertung und der Ausgestaltung der Rechtslage; allerdings werden die ethischen und rechtlichen Fragen überall intensiv und kontrovers diskutiert. Von einer Einigung auf den anzuwendenden Maßstab sind wir, auch in den Ländern, die sich dem christlich-abendländischen Kulturkreis zugehörig fühlen, heute noch weit entfernt. Dabei wird der bei uns im Mittelpunkt der Erörterungen stehende Maßstab, das Gebot der Achtung und des Schutzes der Würde des Menschen, in vielen international gültigen Vereinbarungen etwa der Vereinten Nationen anerkannt.

Zähmung des Feuers oder Flächenbrand?

Ein Kritiker der Entwicklung, Jeremy Rifkin, hat die Tendenzen der Humangenetik in ihrer Bedeutung mit der Zähmung des Feuers durch den Menschen verglichen. [6] Handelt es sich nicht vielmehr, wie andere befürchten, um einen vom Menschen selbst entzündeten Flächenbrand, den er eines Tages nicht mehr zu kontrollieren vermag, oder um einen Dammbruch? Das Zentralkomitee der Deutschen Katholiken spricht von den „fast-religiösen Verheißungen" der Bio-Medizin, die „realitätsferne Illusionen" erzeugten, die mit dem christlichen Menschenbild unvereinbar seien. [7] In der Tat kann die Forschung künftig vielleicht die Menschen von genetisch bedingten Krankheiten befreien. Aber sie kann nicht sagen, an welchen Krankheiten der Mensch dann sterben wird. Die neuen Behandlungsmöglichkeiten – so wieder die Deutsche Forschungsgemeinschaft – werden „Krankheiten nicht prinzipiell eliminieren" [8].

Oder wird vielleicht der Tod selbst besiegt werden, und ist dies eigentlich wünschenswert? Schon heute ist die Lebenserwartung sehr viel höher als noch vor wenigen Jahrzehnten, und von ihrer weiteren drastischen Erhöhung wird gesprochen, bis auf einhundertfünfzig Jahre. [9] Hans Jonas schrieb hierzu, der Preis für verlangsamte Sterblichkeit sei der verminderte Zugang neuen Lebens. Sterben bedeute, auf die Menschheit bezogen, „die stetige Zufuhr von Andersheit." [10]

Man kann aber vernünftigerweise nicht bestreiten, daß es ein legitimes Ziel der Forschung ist, Leben und Gesundheit der Menschen zu fördern und sich hierbei der neuen wissenschaftlichen Erkenntnisse zu bedienen. Auch die Freiheit der Forschung ist verfassungsrechtlich geschützt, und es entspricht dem Schutzauftrag von Art. 2 Abs. 2 des Grundgesetzes, Leben und Gesundheit zu bewahren und zu fördern. Die Rechtsordnung zieht der Forschung Grenzen, so vor allem im Embryonenschutzgesetz.

Es ist Gegenstand der Diskussion, ob diese Schranken gelockert werden sollen und wie weit man hierbei gehen darf. In einem in Glaubensfragen zur Neutralität verpflichteten Staat können nicht die Überzeugungen der Kirchen und anderer Glaubensgemeinschaften ungefragt zur Grundlage der staatlichen Gesetzgebung gemacht werden. Bejaht man mit dem Bundesverfassungsgericht das Lebensrecht des noch ungeborenen Lebens, so geschieht dies „unabhängig von bestimmten religiösen oder philosophischen Überzeugungen, über die der Rechtsordnung eines religiös-weltanschaulich neutralen Staates kein Urteil zusteht". [11] Maßstab sind die Entscheidungen des Grundgesetzes; aber diese stammen aus einer Zeit, die von den heute bestehenden Möglichkeiten nichts wissen konnte. So ist es nicht einfach, zu Antworten zu gelangen, die den Konsens auch nur unter den Juristen bewirken können.

Das interdisziplinäre Gespräch über die Menschenwürde kann zusammen-, aber auch auseinander führen. Es besteht die Gefahr, daß bei der Interpretation dessen, was Art. 1 des Grundgesetzes gebietet, „metaphysische Ballastvorstellungen" [12] oder persönliche Überzeugungen das Ergebnis bestimmen. Aber die nach der These von Theodor Heuß „nicht interpretierte These" der Menschenwürde [13] kann nicht ohne Wertungen konkretisiert werden. Bewertet sie nicht, so ist sie nichts wert. Die Menschenwürde ist, wie das Bundesverfassungsgericht einmal gesagt hat, „etwas Unverfügbares. Die Erkenntnis dessen, was das Gebot, sie zu achten, erfordert, ist jedoch nicht von der historischen Entwicklung zu trennen... Das Urteil darüber, was der Würde des Menschen entspricht, kann daher nur auf dem jetzigen Stande der Erkenntnis beruhen und keinen Anspruch auf zeitlose Gültigkeit erheben." [14]

Ist es – wie man bisher angenommen hat – wirklich der dem Menschen zugemessene, ihn von der unpersönlichen Natur abhebende Geist [15] und die Fähigkeit zu eigenständiger sittlicher Entscheidung, der die Menschenwürde begründet, oder nicht vielmehr seine Unvollkommenheit und Unzulänglichkeit? Hier liegt – so habe ich es schon vor vielen Jahren formuliert [16] – der entscheidende Punkt, wenn die Zulässigkeit von neuen Techniken zu prüfen ist, die den Anspruch erheben, menschliche Unvollkommenheit durch gezielte Auslese und durch Veränderung der genetischen Ausstattung in einem geplanten Entwicklungsprozeß in einen Zustand vorgestellter Perfektion zu überführen. „Die Anmaßung liegt in dem Anspruch, die hierfür maßgeblichen Kriterien festzulegen."

Wer setzt die Norm?

Im Jahr 2002 lief in Berlin die ursprünglich in Dresden gestartete Ausstellung, die unter dem Titel „Der imperfekte Mensch" für ein „Recht auf Unvollkommenheit" plädiert. Bei der Eröffnung der Ausstellung stellte der Bundestagspräsident Wolfgang Thierse zu Recht die Frage „Wer bestimmt eigentlich das ideale Maß des Menschen, wer setzt die Norm? Was heißt überhaupt perfekt, was ist defekt? Was ist dem Menschen gemäß? Wie weit wollen wir das Streben nach Effizienz und Perfektion noch treiben?" [17]

Es wäre aber falsch, die gegebene Unvollkommenheit des Menschen idealistisch zu verklären. „Behindert ist man nicht. Behindert wird man" oder gar „Geistig behindert ist auch normal" – solche Parolen enthalten zwar zu Recht die Aufforderung, die geistig oder körperlich Behinderten in ihrer Würde zu respektieren und ihnen ein möglichst normales Leben innerhalb der Gesellschaft zu ermöglichen. Sie können aber auch das Leid, das die Behinderung verursacht, verharmlosen und den Bemühungen entgegenwirken, es im Rahmen der medizinischen und gesellschaftlichen Möglichkeiten zu verringern. Das „Recht auf Unvollkommenheit" ist eine schiefe Kurzformel, die zu Unrecht behauptet, behinderte Menschen würden nur darunter leiden, daß andere, die „Normalen" ihr Leiden zur Kenntnis nehmen. Richtiger ist es, davon zu sprechen, daß jedem das Recht auf Achtung und Schutz seiner Menschenwürde zusteht, auch und gerade dem behinderten Menschen.

Das Gebot auf Achtung und Schutz der Menschenwürde, im ersten Artikel des Grundgesetzes als oberstes und unabänderliches Prinzip unserer Verfassungsordnung normiert, ist mehr als eine schöne Redensart. Es geht zunächst ganz realistisch von den schlimmsten Bedrohungen aus, die in der Erinnerung der Schöpfer des Grundgesetzes noch ganz gegenwärtig waren. In einer der ersten Entscheidungen des Bundesverfassungsgerichts wird von „Erniedrigung, Brandmarkung, Verfolgung, Ächtung" als Formen der Verletzung der Menschenwürde gesprochen.[18] Damit reagierte die neue Verfassungsordnung auf die Erfahrungen der nur wenige Jahre zurückliegenden nationalsozialistischen Zeit. Auch heute sind solche Gefährdungen der Menschenwürde nicht auszuschließen, wie ein Blick in die alltägliche Wirklichkeit in vielen Teilen der Welt zeigt. Aber glücklicherweise stellen solche Verletzungsvorgänge bei uns gegenwärtig keine aktuelle Gefahr dar. Wäre der Anspruch auf Schutz der Menschenwürde nur hierauf gerichtet, so würde die Verfassungsnorm bei uns keine praktische Bedeutung haben.

Menschenwürde kein starrer Begriff

Die Vorstellungen darüber, wann die Würde des Menschen verletzt ist, hängen auch von dem sich wandelnden Stand der Rechtskultur ab; sie sind nicht starr, sondern bedürfen der Entwicklung und Veränderung. So wirken bei der praktischen Ausgestaltung des Anspruchs auf Achtung und Schutz der Menschenwürde nicht nur Juristen und Gerichte mit; es sind die Anschauungen in der Gesellschaft – freilich nicht bloße Tagesstimmungen und Zeitmoden, sondern die weltanschaulichen und religiösen Überzeugungen, die den Inhalt mitgestalten.

Der Meinungsstreit betrifft das Bemühen, den Begriff der Menschenwürde an den neuen Möglichkeiten der Humangenetik zu erproben. Stichworte für die aktuell erörterten Fragen sind etwa die Präimplantationsdiagnostik (PID) und das „therapeutische Klonen" sowie die Forschung an embryonalen Stammzellen, die die Deutsche Forschungsgemeinschaft nach ihrer jüngsten Erklärung anders als früher nicht mehr unter allen Umständen ausschließen will. [19] Alle Methoden, die zwangsläufig mit dem Gebrauch und Verbrauch von menschlichen Embryonen verbunden sind, werden aber durch das geltende Embryonenschutzgesetz strafbewehrt untersagt.

Viele haben mit dem anspruchsvollen Gebot auf Achtung und Schutz der Menschenwürde Schwierigkeiten, wenn sie schon dem Embryo zuerkannt werden soll, der doch noch kein Empfindungsvermögen hat, sondern bei äußerlicher Betrachtung nur ein „Zellhaufen" ist. Zweifellos stellt der Embryo „menschliches Leben" dar, aber ist er auch schon ein „Mensch"? Auch theologisch mag hierüber gestritten werden. Die Denkschrift der EKD „Gott ist ein Freund des Lebens" spricht von der „besonderen Würde des menschlichen Lebens". [20] Hiergegen wird eingewandt, nicht das menschliche Leben an sich habe eine besondere Würde; sie sei deshalb anzuerkennen, weil es sich entweder um das Leben eines Menschen handle oder doch um Leben in einer Gestalt, aus der ein Mensch entsteht oder entstehen kann. [21]

Wollte man solche auch im Verfassungsrecht umstrittenen Fragen umgehen, könnte man einfacher und bescheidener von dem „unmittelbar einschlägigen Prinzip, dem Schutz des menschlichen Lebens" ausgehen [22]; denn daß das menschliche Leben mit der Befruchtung beginnt, ist zweifelsfrei. Auch das Bundesverfassungsgericht hat in seiner ersten Entscheidung zum Schwangerschaftsabbruch von 1975 Artikel 2 Abs. 2 Satz 1 GG – „Jeder hat das Recht auf Leben und körperliche Unversehrtheit" – als vorrangigen Prüfungsmaßstab genannt; die Verfassungsnorm schütze auch das sich im Mutterleib entwickelnde Leben als selbständiges Rechtsgut. [23] Dagegen wird in der Entscheidung von 1993 der Grund für die Pflicht des Staates, auch das ungeborene menschliche Leben zu schützen, aus Art. 1 Abs. 1 GG – dem Gebot der Achtung und des Schutzes der Würde des Menschen – hergeleitet; „ihr Gegenstand und...ihr Maß werden durch Art. 2 Abs. 2 GG näher bestimmt." [24] Zwischen beiden Wegen besteht juristisch ein Unterschied: Art. 2 Abs. 2 Satz 3 GG gestattet dem Gesetzgeber Eingriffe auch in die durch Satz 1 geschützten Rechte, also auch in das Recht auf Leben, während die hiernach eingeräumte Möglichkeit der Güterabwägung dann nicht besteht, wenn in den ausdrücklich als „unantastbar" bezeichneten Bestand der Menschenwürde eingegriffen würde. Der Anspruch auf Achtung und Schutz der Menschenwürde besteht unbedingt gegenüber allen noch so bedeutenden und achtenswerten, auch selbst verfassungsrechtlich geschützten Rechtsgütern wie der Forschungsfreiheit.

Aus dieser Rechtslage erklärt sich der Juristenstreit darüber, ob der Embryo unter den Schutzbereich der Menschenwürde (Art. 1 GG) oder „nur" des Lebensschutzes (Art. 2 GG) fällt. Jedoch ist, soweit es um den Schutz des Lebens geht, anerkannt, daß der Gesetzgeber nur in äußersten Ausnahmefällen die Verletzung des Rechts auf Leben erlauben darf, was ja immer den Tod mindestens eines Menschen bedeutet, nämlich nur dann, wenn nur auf diese Weise das Leben eines anderen Menschen gerettet werden kann oder schwerste Gesundheitsgefahren von ihm abgewendet werden können. [25] Beispiele sind der – nur unter diesen Voraussetzungen zulässige – polizeiliche Todesschuß oder die strafrechtliche Rechtfertigung von Notwehr und

Nothilfe. Die verbrauchende Forschung an Embryonen, die nach dem heutigen Stand der Forschung lediglich hoffen kann, später einmal Heilungschancen zu erhöhen, würde diesen engen Voraussetzungen nicht genügen. Im übrigen bleibt es aber letztlich bei der Frage nach der Menschenwürde des Embryos: Eingriffe in das menschliche Leben sind dann in jedem Falle verfassungswidrig, wenn sie die Menschenwürde verletzen. [26] Zu diesem Ergebnis kommen auch beide Entscheidungen des Bundesverfassungsgerichts.

Bei der Beurteilung der Regelungen zum Schwangerschaftsabbruch kam es nicht auf den Zeitpunkt des Beginns menschlichen Lebens an, also die Befruchtung, die Verbindung von Samen und Eizelle. Die Schwangerschaft beginnt vierzehn Tage nach der Befruchtung mit der Nidation. Erst von diesem Zeitpunkt an hat das Bundesverfassungsgericht das Gebot des Schutzes menschlichen Lebens festgestellt und offen gelassen, ob dieser Schutz schon vorher geboten ist. Gerade hierauf kommt es aber bei der Beurteilung von Forschungs- oder Behandlungsmethoden an, die Embryonen „verbrauchen", also vernichten. Die Deutsche Forschungsgemeinschaft meint, weder die Forschungsfreiheit noch „das Lebensrecht des Embryos" seien absolut geschützt; daher müsse zwischen beiden ein Abwägungsprozeß stattfinden, der allerdings nicht auf bloße „Heilungsversprechen" vertrauen dürfe. [27]

Soweit hiernach eine Abwägung überhaupt zulässig ist, wird die Pflicht zu einer „Ethik des Heilens" angeführt. Bei der verbrauchenden Forschung an Embryonen geht es nicht um Heilen, sondern um die Erkundung künftiger Möglichkeiten des Heilens. Nehmen wir an, daß es der Forschung gelingt, Methoden zu entwickeln, mit denen menschliches Leben gerettet werden kann, sei es auch um den Preis der Tötung eines oder mehrerer Embryos. Viele werden bereit sein, die dann notwendige Abwägung zugunsten des bestehenden und zulasten des erst entstehenden Lebens ausfallen zu lassen. Eingriffe in das menschliche Leben sind aber dann in jedem Falle verfassungswidrig, wenn sie die Menschenwürde verletzen [28]; hier gibt es keine Abwägung mit anderen Zielen. Kann man es auch nur dem Gedanken nach für zulässig halten, wenn in den Elendsvierteln der Welt Kleinkinder von ihren Eltern für Zwecke der Organtransplantation verkauft werden, um Kranken, die sich das finanziell leisten können, das Leben zu retten? Dies ist kein unrealistisches Szenario. Das Transplantationsgesetz von 1997 verbietet die Vermittlung von im Ausland gewonnenen Organen dann, wenn die Anwendung ausländischen Rechts zu einem Ergebnis führen würde, das „mit wesentlichen Grundsätzen des deutschen Rechts, insbesondere mit den Grundrechten, offensichtlich unvereinbar ist" (§ 12 des Transplantationsgesetzes). Diese Entscheidung des deutschen Gesetzgebers bedeutet in aller Härte, daß ein Organ, das in einer nach deutschem Recht mißbilligten Weise gewonnen wurde, auch dann nicht vermittelt werden darf, wenn es geeignet wäre, die Gesundheit und sogar das Leben eines Empfängers in Deutschland zu retten.

Stammzellimport nur für vergleichende Forschung

Dies ist eine Entscheidung, zu der sich der Deutsche Bundestag in seiner Mehrheitsentscheidung vom 30. Januar dieses Jahres nicht bereit gefunden hat, als er – allerdings unter einschränkenden Voraussetzungen – dem Import von im Ausland gewonnenen embryonalen Stammzellen zugestimmt hat. Damit ist gegenwärtig noch nicht die Hoffnung verbunden, gefährdetes Leben retten zu können, sondern nur die Erwartung, künftige Heilungsmöglichkeiten erkunden zu können. Schon äußern Forscher in Deutschland die Befürchtung, die verfügbaren (etwa 70) im Ausland vorhandenen Stammzelllinien könnten nicht ausreichen oder sich als wegen viraler Infektionen als weniger geeignet für die Forschung erweisen. So wird vielleicht der Streit um den Stichtag, bis zu dem gefertigte Stammzellinien ausnahmsweise importiert werden dürfen, bald wieder neu entstehen. Vertretbar ist die Entscheidung des Bundestages nur dann, wenn der Import der vergleichenden Forschung darüber dient, ob zur Verbesserung der Heilungsmöglichkeiten wirklich embryonale Stammzellen benötigt werden, oder ob, wie manche Forscher meinen, in der ethisch unbedenklichen Nutzung der adulten Stammzellen gleichwertige Chancen liegen.

Es wird wahrscheinlich der Streit darüber fortgesetzt werden, von welchem Zeitpunkt an dem menschlichen Leben der verfassungsrechtliche Schutz zusteht, den das Gebot der Achtung und des Schutzes der Würde des Menschen verspricht und fordert. Die beiden Entscheidungen des Bundesverfassungsgerichts zum Schwangerschaftsabbruch [29] haben sich mit dem *nasciturus* befaßt, also dem ungeborenen Leben vom Zeitpunkt der Nidation an. Folgt man der Logik dieser Entscheidungen, so gilt die Festellung, daß Leben sich „von Anfang an" nicht „zum Menschen, sondern als Mensch" entwickelt und ihm daher voller Schutz gebührt, in gleicher Weise auch schon für den Embryo vom Zeitpunkt der Befruchtung an.

Aber die hierüber geführte Diskussion ist festgefahren; die Argumente sind ausgetauscht, und neue sind kaum noch zu erwarten. Es mag sein, daß das Bundesverfassungsgericht eines Tages wird entscheiden müssen, welche der kontroversen Positionen mit seiner Auslegung des Grundgesetzes übereinstimmt und welche ihr widerspricht, aber bis dahin sind wir auf Vermutungen oder Spekulationen angewiesen.

Es wird auch oft übersehen, daß das Bundesverfassungsgericht die Frage nicht beantwortet, sondern im Gegenteil ausdrücklich offen gelassen hat, ob das noch ungeborene Leben „selbst Grundrechtsträger ist oder aber wegen mangelnder Rechts- und Grundrechtsfähigkeit ‚nur' von den objektiven Normen der Verfassung ... geschützt wird" [30]. „Die Grundrechtsnormen ...verkörpern zugleich eine objektive Wertordnung, die als verfassungsrechtliche Grundentscheidung für alle Bereiche des Rechts gilt."

„Menschenwürde", so schreibt zu der aktuellen Kontroverse Jutta Limbach [31] in Übereinstimmung mit einer neueren Entscheidung des Bundesverfassungsgerichts, „ist nicht nur die individuelle Würde der jeweiligen Person, sondern die Würde des Menschen als Gattungswesen." Die philosophische und theologische, vielfach auch die juristische Diskussion fragt vor allem nach dem richtigen Zeitpunkt, von dem an von menschlichem Leben, ja vom Beginn des „Menschen" gesprochen werden kann; aber dies ist nur *ein* und vielleicht nicht einmal der entscheidende Gesichtspunkt. Das Bundesverfassungsgericht hat in anderem Zusammenhang ausgesprochen, daß Menschenwürde auch dem Toten zukomme, also nicht an das aktuelle Vorliegen menschlichen Lebens gebunden ist. Auch der Tote ist empfindungs- und schmerzunfähig wie der Embryo, und anders als bei diesem kann man jedenfalls nach dem natürlichen Zerfall der körperlichen Reste nicht mehr von einem physisch erfaßbaren Wesen sprechen. Es spricht daher nicht gegen die dem Embryo zuzusprechende Würde, daß es sich, wenn man den Ausdruck gebrauchen will, eben nur um einen Zellhaufen handelt. Freilich geht es bei dem Schutz etwa des Andenkens Verstorbener in Wirklichkeit eher um die Lebenden, vor allem die Angehörigen eines Toten, die Anspruch auf Schutz ihrer Empfindungen haben.

Das Beispiel zeigt, daß es zu eng ist, nur nach dem Schutzanspruch des konkret existierenden und in dieser Existenz durch verbrauchende Embryonenforschung, durch die PID oder durch das „therapeutische" Klonen bedrohten Embryos gegen solche seine Entwicklung „nicht bloß zum Menschen hin, sondern *als Mensch*" (so das Bundesverfassungsgericht) zerstörenden Methoden zu fragen.

Menschliches Leben als Objekt

Hiernach geht es um eine viel weiter reichende Frage. Nicht nur: Was tun wir dem beginnenden Leben an, wenn wir es als bloßes Objekt zu achtenswerten oder auch zu problematischen Zielen benutzen; sondern auch: Was tun wir dem Menschen, also was tun wir *uns* an, wenn wir existierendes menschliches Leben, wie immer es in diesem ersten Stadium einzuschätzen sein mag, wie ein Objekt, wie einen Stoff, wie ein beliebiges Verbrauchsmaterial bewerten und verwerten? Ist eine Gesellschaft, die so handelt und auf diese Weise vielleicht Krankheiten behandeln kann, noch eine menschenwürdige? Es geht auch um die menschenwürdige Zukunft der Menschheit insgesamt: „Der Mensch ist zwar unheilig genug, aber die Menschheit in seiner Person muß ihm heilig sein", heißt es bei Kant.

Daraus folgt einerseits: Gegen den Schutz der Menschenwürde des einzelnen darf niemals das wirkliche oder vermeintliche Wohl der Menschheit oder eines Volkes ausgespielt werden. Kein noch so erstrebenswertes Ziel erlaubt es, um seinetwillen den Eigenwert des einzelnen zu opfern. Andererseits ist es nach dieser Auffassung auch rechtlich nicht irrelevant, welche Auswirkungen sich aus neuen Techniken für künftige Generationen ergeben und ob das Bild des Menschen, wie es sich dann im Zuge einer technisch beeinflußten Entwicklung ergibt, noch dem Bild des Menschen so entspricht, wie es der Entscheidung des Grundgesetzes zugrunde liegt.

Von daher sind die längerfristigen Wirkungen, die von den Kritikern befürchtet werden, von auch rechtlich beachtlicher Bedeutung. Das Bild vom „Dammbruch", von dem „Überschreiten des Rubikon" entfaltet ein Szenario, bei dem eines Tages die Entwicklung sich der Kontrolle entziehen könnte.

Das alles mögen überzogene Befürchtungen sein, und es ist sehr zu raten, die notwendige Abschätzung der Technikfolgen, die in anderen Bereichen längst selbstverständlicher Bestandteil staatlichen Handelns ist, frei von Emotionen und erst recht von Panikmache vorzunehmen. Aber damit wird sie nicht entbehrlich. Im Bereich der PID – um eines der umstrittenen Themenfelder zu benennen – hat die Tübinger Medizinethikerin Hille Haker in einem eindrucksvollen Beitrag [32] unter der Überschrift „Ein in jeder Hinsicht gefährliches Verfahren" auf der Grundlage der Auswertung einer internationalen Studie über die „Risiken und Nebenwirkungen" dieser in anderen Ländern erlaubten Methode die erheblichen Gefahren dargestellt, die bei ihrer Zulassung drohen, und erst vor kurzem hat die Erlanger Soziologin Elisabeth Beck-Gernsheim auf einer Fachtagung in Mainz dargestellt, daß die PID sich zwangsläufig nicht auf die angeblich nur etwa 100 Fälle pro Jahr beschränken läßt, bei denen sie bei befürchteten Schwerstbehinderungen in Deutschland nach der Einschätzung anderer vorgenommen würde, sollte sie durch den Gesetzgeber zugelassen werden.

Technikfolgenabschätzung durch fachlich zuständige Wissenschaft

Hier wie in den anderen Bereichen neuer gentechnischer Methoden zur Anwendung in der Medizin liegt es zuerst in der Kompetenz nicht der Juristen, sondern der fachlich zuständigen Wissenschaften, die Technikfolgenabschätzung vorzunehmen, und ihr Urteil soll nicht vorweggenommen oder durch unbegründete Vermutungen ersetzt werden, weder was die Chancen, noch was die Risiken betrifft. Aber die Rechtsordnung darf und muß darauf bestehen, daß eine solche Einschätzung in gewissenhafter Weise erfolgt, bevor möglicherweise unkontrollierbare Entwicklungen zugelassen werden. Im Bereich des Arzneimittelrechts ist es selbstverständlich, daß neue Stoffe oder Anwendungen erst zugelassen werden dürfen, wenn jede nur mögliche Erprobung ergeben hat, daß von ihnen bei sachgemäßem Gebrauch keine Gefährdung ausgeht. Erst recht gilt dies, wenn neue gentechnische Methoden mit weittragenden Auswirkungen in den Bereich des Möglichen rücken. Die weitere Diskussion wird sicher den Chancen, zugleich aber auch den Risiken nachgehen, die mit den neuartigen Möglichkeiten der Biotechnologie verbunden sind. Der Jurist wird sich nicht anmaßen, hierbei mit gleicher Sachkompetenz mitzureden wie der in den einschlägigen Feldern bewanderte Fachwissenschaftler. Aber er kann darauf hinweisen, daß eine kompetente, nüchterne und offene Einschätzung der „Risiken und Nebenwirkungen" für die rechtliche Beurteilung von größter Bedeutung ist.

Anmerkungen

[1]   So in dem Gutachten „Gesetzgebungskompetenzen der Europäischen Gemeinschaft im Bereich Humangenetik und Fortpflanzungsmedizin" des „Centrum für Europarecht an der Universität Passau (CEP)" im Auftrag der Fraktion der Europäischen Volkspartei (Christdemokraten) und europäischer Demokraten (EVP-ED-Fraktion) im Europäischen Parlament vom August 2001

[2]   In: Bundesminister für Forschung und Technologie (Hrsg.), In-vitro-Fertilisation, Genomanalyse und Gentherapie, Gentechnologie, Chancen und Risiken, Nr. 6, J. Schweitzer, München 1985

[3]   Kommissionsbericht (N 1), S. 2 f.

[4]   BVerfGE 39, 1, 44

[6]   Empfehlungen der DFG zur Forschung mit menschlichen Embryonen; Wortlaut in FAZ vom 11.5.2001, S. 53

[6]   Zit. nach dem Gespräch mit Bundeskanzler Gerhard Schröder in der FAZ vom 3.5.2001, S. 56

[7]   So das Diskussionspapier, Frankfurter Rundschau vom 2.3.2001

[8]   DFG, a.a.O. (N 23)

[9]   Tom Kirkwood, FAZ vom 21.4.2001, S. 44

[10]   Hans Jonas, Das Prinzip Verantwortung, Frankfurt 1980, S. 49

[11]   BVerfGE 88, 203 [252]

[12]   Krawietz, in: Gedächtnisschrift für Friedrich Klein, München 1977, S. 245 ff. [257]

[13]   Vgl. v. Doemming/Füßlein/Matz, JöR N.F. 1 (1951), S. 49

[14]   BVerfGE 45, 187 [229]

[15]   So Günter Dürig, in: Maunz-Dürig-Herzog, GG-Kommentar, Art. 1 I Rnr. 18

[16]   E. Benda, Erprobung der Menschenwürde am Beispiel der Humangenetik (Freiburger Antrittsvorlesung 1984), in: Aus Politik und Zeitgeschichte, Beilage zu „Das Parlament", Nr. B 3/85 vom 19. Januar 1985, S. 18 ff. [35]

[17]   Vgl. Andreas Kuhlmann, FAZ vom 31.1.2001, S. 47

[18]   BVerfGE 1, 97 [104]

[19]   Vgl. den Bericht in der FAZ vom 5.5.2001, S. 2

[20]   Gott ist ein Freund des Lebens, S. 39 ff.

[21]   Johannes Fischer

[22]   Otfried Höffe, DIE ZEIT vom 1.2.2001

[23]   BVerfGE 39, 1 [36]

[24]   BVerfGE 88, 203 [LS 1]

[25]   Ph. Kunig, In: v. Münch/Kunig, GG, Art. 2 Rn. 85

[26]   Hierzu z.B. Michael Sachs, GG-Kommentar (München 1996), Art. 2 Rn. 170

[27]   DFG, a.a.O. (N 23)

[28]   Hierzu z.B. Michael Sachs, GG-Kommentar (München 1996), Art. 2 Rn. 170

[29]   BVerfGE 39, 1; 88, 203

[30]   BVerfGE 39, 1 [41]

[31]   FRANKFURTER RUNDSCHAU vom 1.6.2001, S. 16; vgl. BVerfGE 87, 2009 [228]

[32]   FAZ vom 26.5.2001

Der vorstehende Beitrag basiert auf einem Vortrag auf dem Biotechnologie-Kongreß der Hessischen Staatskanzlei am 11. April 2002 in Wiesbaden.

Die Risikodebatte zur grünen Gentechnologie und neue Lösungswege

von Klaus Ammann

Das neue Wissen in der molekularen Genetik wird einen größeren Einfluß auf die Landwirtschaft haben als seinerzeit die Grüne Revolution: Es wird uns ermöglichen, bei unseren wichtigsten Kulturpflanzen wie Reis, Mais und Weizen wesentlich schnellere Zuchterfolge zu erzielen. Das wachsende Wissen um die Gene wird uns Erfolge bringen, von denen wir bisher kaum zu träumen wagten. Große Fortschritte wurden bereits beim Reis erzielt, dessen Genom wie das anderer Kulturpflanzen von den größten Biotech-Firmen weltweit der Wissenschaft zur Verfügung gestellt wurde.

Dichtung und Wahrheit in der Risikodiskussion

Dieser optimistische Blick ist die eine Seite der Medaille; auf der anderen spielt sich eine bittere Debatte um die Risiken der freigesetzten transgenen Nutzpflanzen ab. Das Spektrum der Kontrahenten reicht von den Fundamentalisten, die jede grüne Gentechnologie ablehnen, bis zu den Machern, die gar keine Probleme sehen. Unglücklicherweise ist dabei viel Lagerdenken im Spiel, und die Wahrheit liegt – wie so oft – irgendwo in der Mitte.

Ein bekanntes Beispiel dafür ist die Einführung des Bt-Maises: Durch die Publikation von Losey in NATURE erfuhr die Öffentlichkeit, daß innerhalb von vier Tagen 40 Prozent der schönen Raupen des Monarch-Falters – des wohl populärsten Schmetterlings Nordamerikas – sterben, wenn sie den Pollen von Bt-Mais fressen müssen. Schockwellen von Zeitungsartikeln gingen um die Welt, und die Aktien der Firma Monsanto verloren in wenigen Tagen fünf Prozent ihres Werts.

Aber selbst Losey warnte vor einer zu einseitigen Interpretation seiner Laborresultate, die auf einer Zwangsfütterung der Raupen mit Pollen des transgenen Maises beruhten. Heute wissen wir, daß die Resultate von vielen Feldstudien ein anderes Bild zeigen: Die Larven und auch die adulten Tiere der meisten Insekten können selbst in ausgedehnten Flächen von transgenem Mais ganz gut überleben; hier sind sie zudem weniger von Pestiziden getroffen. Auch zeigen längere Feldstudien, daß mit den neuen herbizidtoleranten Sojabohnen der Boden geschont werden kann, weil er weniger gepflügt werden muß. Es wird langsam sichtbar, daß transgene Nutzpflanzen tatsächlich besser sind als ihr anfänglicher Ruf – vor allem wenn sie intelligent gezüchtet und angewendet werden. Sie können zur Nachhaltigkeit der Landwirtschaft durchaus einen Beitrag leisten. Es ist in den vergangenen Jahren auch klar geworden, daß Genfluß (Auskreuzen von Genen in andere Nutzpflanzen und ihre wilden Verwandten) überall dort stattfindet, wo er biologisch möglich ist – genauso wie dies in der traditionellen Landwirtschaft stattfindet. Heute stehen jedoch mit diesen Transgenen auch Markierungssysteme zur Verfügung, um den Genfluß zu verfolgen; zudem zeigen die heutigen Transgene keinerlei bemerkenswerte negative Auswirkungen, wenn sie in ihre wilden Verwandten auskreuzen. Ich kenne keine einzige Publikation, die eine schädliche Wirkung durch Genfluß belegt.

Dieser Genfluß ist ohnehin nur in solchen Fällen möglich, in denen auch fertile Nachkommen der Hybriden entstehen. Lange Jahre von Erfahrungen mit nichttransgenen Kultursorten haben gezeigt, daß einmal ausgekreuzte Gene in der Regel wieder verschwinden, sofern sie nicht einen klaren selektiven Vorteil bewirken. Wie das letzte Langzeitexperiment von Crawley zeigt, wurden für die vier untersuchten Kulturpflanzen und ihre Transgene nach zehn Jahren in keiner Versuchsfläche noch Spuren transgener Sorten gefunden. Offensichtlich hatten die untersuchten transgenen Kultursorten eine schlechtere Überlebenschance als ihre nicht-transgenen Gegenstücke.

Auch der horizontale Genfluß wird oft als Problem dargestellt. Bis heute konnte jedoch trotz zahlreicher Experimente in keinem Fall gezeigt werden, daß zum Beispiel Antibiotikaresistenz-Markergene, die in höhere Pflanzen eingebaut wurden, etwa in Bakterien wiedergefunden wurden. Selbst in dem viel zitierten Fall eines Transgens, das in den Organen der Honigbiene entdeckt wurde, fehlt letztlich der Beweis. Der Autor arbeitet noch immer daran.

Wir müssen aber auch realisieren, daß die frühen Risikoforschungsresultate ungenügend waren und auch statistisch keineswegs überzeugen konnten.

Die frühen Tage der Zulassungen von transgenen Kulturpflanzen in den USA hinterlassen deshalb im Rückblick einen etwas schalen Geschmack. Die Anzahl der betrachteten Fälle und der untersuchten Insekten war einfach zu klein. Die damaligen Verantwortlichen haben wohl die Trends der Risikoforschung richtig erkannt – und können von Glück reden, daß sich diese Abschätzungen bewahrheitet haben. Dennoch sollten wir auch beim heutigen besseren Wissensstand vorsichtig bleiben und Monitoring-Systeme für die Langzeitbeobachtung nach der Vermarktung etablieren. Inzwischen laufen zahlreiche Monitoring-Programme in den USA und in Europa, die statistisch aussagekräftiger sind. Einige wurden gerade in den „Proceedings" der National Academy of Sciences veröffentlicht. Das sollte helfen, Fehler zu vermeiden, die bei der ursprünglichen Einführung von Pflanzenschutzmitteln gemacht wurden. Wir wissen heute noch nicht genug über Langzeiteffekte in den komplizierten Nahrungsketten von Nichtziel-Insekten.

Es wäre nicht richtig, die generelle Besorgnis eines großen Bevölkerungsteils zu mißachten, denn es wird nun langsam klar, daß die Biologie als Wissenschaft ihre Unschuld verloren hat. Die Bevölkerung hat ein sehr feines Gespür für das, was in der Biologie vorgeht und welche Auswirkungen dies haben kann. Immerhin hat es sich herumgesprochen, daß die neuen molekularen Technologien den Gang der Evolution verändern können.

Andererseits wird im Zuge dieser Diskussion deutlich, daß wir schon längere Zeit an der Evolution von Kulturpflanzen herummanipulieren – eigentlich schon seit mehreren Jahrtausenden, wenn wir es genau nehmen. Moderner Mais zum Beispiel hat nichts mehr mit den natürlichen Sorten zu tun. In neuerer Zeit haben wir auch ohne Zögern Gamma-Strahlen eingesetzt, um neue Mutanten zu erzeugen. Heute essen wir diesen Weizen täglich: Er steckt in jedem Brot, und sogar die Biobauern lieben diese Hochleistungssorten. Wenn wir es so genau nehmen wie bei den transgenen Kulturpflanzen, müßten wir uns ernsthaft fragen, was wir dem Erbgut des Weizens alles angetan haben. Rund 20 000 Bestrahlungsexperimente wurden weltweit durchgeführt – und dies ganz einfach direkt im Feld. So können wir abschließend festhalten, daß wir in der Vergangenheit Mutantennahrung zu uns genommen haben; in Zukunft wird es wohl vermehrt Nahrung sein, die mit präziseren Genveränderungsmethoden gezüchtet wurde, bei denen die Entwickler wesentlich besser wissen, was sie tun.

Es wäre ein verhängnisvoller Fehler, sich bei den transgenen Kulturpflanzen nur auf die negativen Seiten zu konzentrieren. Diese Pflanzen bieten zweifellos wichtige Möglichkeiten für eine moderne Landwirtschaft. So könnte es mit den flexibleren und effizienteren molekularen Züchtungsmethoden gelingen, eine höhere Diversität im Bereich der Resistenzen zu schaffen und gleichzeitig die Genome auf jede Art von ökologischer und ökonomischer Anpassung auszurichten. Stellen Sie sich einen Beutel mit Saatgut vor, der über 20 hinsichtlich ihrer Resistenz unterschiedliche Sorten enthält, die alle auf dieselben ökologischen und ökonomischen Anforderungen hin optimiert sind.

Die moderne Landwirtschaft gilt es auf der ganzen Welt zu etablieren, denn es ist eine Illusion zu glauben, daß der Weg zurück zu traditionellen Ackerbaumethoden die dringendsten Ernährungsprobleme der rasch wachsenden Weltbevölkerung lösen wird. Es wäre aber auch naiv anzunehmen, daß dies ausschließlich mit gentechnologischen Methoden gelingen könnte. In letzter Zeit haben international renommierte Organisationen wie die UNO-Organisation UNDP (United Nations Development Programme) und die IUCN (World Conservation Union) dazu aufgerufen, mit intensiverer Landwirtschaft die unzureichende Nahrungsmittelproduktion zu bekämpfen und letzte naturnahe, artenreiche Gebiete vor der Bewirtschaftung zu schützen. Wenn wir in den Tropen mit der traditionellen Landwirtschaft fortfahren, was großflächige Kahlschläge und Brandrodung bedeutet, werden die letzten Regenwälder in Kürze verschwunden sein. Die einzige Lösung liegt hier in einer intensiveren Bewirtschaftung, um dafür einige besonders wertvolle Refugien vor der Ausbeutung durch den Menschen bewahren zu können. Wir brauchen also eine moderne Landwirtschaft – und dazu gehört die Gentechnik.

Rückblickend gesehen haben wir sehr schnell gelernt, individuell Gene in Kulturpflanzen einzuführen. Die daraus entstandenen ersten transgenen Kulturpflanzen sind mit Rekordgeschwindigkeit im Ursprungsland USA und gleich danach in vielen anderen Ländern eingeführt worden und produzieren gute Ernten. Obwohl das Resultat von Region zu Region variiert und in einigen Gebieten in bestimmten Jahren auch schon einmal bescheiden ausfiel, möchten die allermeisten Bauern, die erste Erfahrungen sammeln konnten, auf diese neuen Sorten nicht mehr verzichten.

Die rasche Entwicklung der Genomik (der Kenntnis der Gen-Funktionen) wird bald positive Resultate zeitigen: Viele wichtige landwirtschaftliche Eigenschaften werden entscheidend weiterentwickelt werden können. Besonders interessant dürfte zum Beispiel die Entwicklung von pilzresistenten Kartoffelsorten sein. Wir sollten uns trotzdem nicht nur um den Ersatz von Pestiziden durch gentechnisch hervorgebrachte Resistenzen bemühen; viel lohnender ist es, diese eleganten neuen Zuchtmethoden für bedeutungsvollere, vernünftigere Ziele im Ackerbau einzusetzen, zum Beispiel für eine höhere Toleranz gegen Trockenheit oder zu hohe Salzkonzentrationen in ariden Böden und für ein besseres Gedeihen in kaltem Klima.

Es kann nicht darum gehen, romantische Vorstellungen von mehr Natur in den Feldern mittels Gentechnologie zu verwirklichen. Es sollte aber möglich sein, die genetische Vielfalt auf dem Acker zu erhöhen, um damit dem unseligen Regime der Monokulturen ein Ende zu setzen. Unser endloser Kampf gegen Welle um Welle von neuen Schädlingen in den weiten und monotonen Feldern sollte uns zu prinzipiellem Nachdenken bringen. Wir müssen solche Kämpfe in Zukunft gewinnen, wenn wir die Nahrungsmittelproduktion erhöhen, intensivieren und gleichzeitig ökologisieren wollen. Es muß an dieser Stelle klar festgehalten werden, daß viele neue Zuchtmethoden, insbesondere auch die grüne Gentechnologie, maßstabsunabhängig sind: Das haben Hunderttausende von chinesischen Kleinbauern bewiesen, die keinesfalls auf die modernen transgenen Baumwollsorten verzichten möchten. Wer also glaubt, gentechnisch veränderte Pflanzen gehörten zwangsläufig zu einer industrialisierten Landwirtschaft, irrt gewaltig.

Einen ausgezeichneten Weg, diese komplexe Diskussion zu fördern und neue Lösungswege aufzuzeigen, haben die Neuseeländer gefunden: In einem öffentlichen, optimal transparenten Hearing-Prozeß wurden auf der Webseite *www.gmcommission.govt.nz/* Tausende von Eingaben, Erfahrungsberichte und Entgegnungen publiziert. Die mit dem Diskurs beauftragte Royal Commission hat nun auch einen 370-seitigen Bericht veröffentlicht, der auf derselben Website frei abrufbar ist. Dieser mühsame und langwierige Diskussionsprozeß wird hoffentlich bald zu ausbalancierten Lösungen für Neuseeland führen.

Eine andere gute Informationsquelle stellt die in diesem Jahr aufgebaute Webseite *http://www.bio-scope.org* dar. Sie bietet eine Datenbank mit Schlüsselworten, einen täglichen Newsclipping-Service und tagesaktuelle Biotech-News in Englisch, Deutsch und Französisch. Eine ganze Reihe von Experten steht bereit, um spezifische Fragen zu beantworten.

Viele Wege führen zu neuen Lösungen

Es führen viele Wege zum Verbesserungsziel, und wir sollten sie alle verfolgen. Im ersten Stadium der Faszination über die neuen Technologien haben eine ganze Anzahl von anderen Schädlingskontrollmethoden viel – zuviel – an Bedeutung verloren. Wir sollten Mischkulturen genauer ansehen und ihre Nachhaltigkeit kritisch überprüfen. Wir sollten auch die Erforschung der Biokontrolle von Schädlingen vermehrt fördern, ohne dabei die Risikoabklärung zu vergessen. Moderne Landwirtschaft könnte auch enorm von den Erfahrungen der Biobauern profitieren, die ich als ebenso wichtige Visionäre betrachte wie jene Bauern, die Hochtechnologie auf ihren Feldern verwirklichen. Wir sollten unsere neuen Kenntnisse der Erbeigenschaften dazu verwenden,

Kulturmethoden zu entwickeln, welche die Bodenfruchtbarkeit fördern und gleichzeitig das Aufkommen von massiven Unkrautpopulationen verhindern – kleinere aber zulassen, denn sie bieten Lebensraum für wichtige Nützlinge.

Auf der Basis unserer stetig verbesserten und bereits jetzt hochentwickelten Genomkenntnisse sollte es möglich sein, Kulturpflanzen zu entwickeln, die sich selber mit eigenen Kräften gegen Schädlingsbefall wehren können, indem sie ihre eigenen organischen Pestizide produzieren – und dies idealerweise nur in spezifischen, bedrohten Organen zur rechten Zeit tun. Wissenschaftler entwickeln nun Methoden, die es erlauben, daß die spezifischen Abwehrstoffe nicht in den reproduktiven Organen erscheinen. So läßt sich verhindern, daß diese beim Auskreuzen als Gene weitergegeben werden. Tönt das nach Zukunftsmusik? Zugegeben, es wird noch Jahre dauern, aber durch das stetig wachsende Wissen über die Genfunktionen bei Pflanzen sind solche Träume in Reichweite geraten.

Ökologisierung der Landwirtschaft durch molekulare Zuchtmethoden

Jedenfalls sollten wir diese einmalige Chance der Ökologisierung unserer Landwirtschaft mittels molekularer Zuchtmethoden wahrnehmen. Dies erfordert die aktive Zusammenarbeit zwischen solchen Biobauern, die wenigstens bereit sind, die Möglichkeit von eingebauten Transgenen zuzulassen, und jenen Biotechnologen, die ein größeres Verständnis für ökologische Anliegen im Ackerbau haben. Momentan hat der Markt an transgenen Kulturpflanzen wenig Überzeugendes zu bieten, um die immer noch bescheidene Fraktion jener Biobauern zu stärken, die in solchen Unterfangen mitmachen möchte. Auch wenn gerade die Reduktion des Pestizid- und Herbizidgebrauchs oft als Vorteil der transgenen Nutzpflanzen angepriesen wird, kann dies die Biobauern doch nur sehr begrenzt beeindrucken. Sie haben den vollständigen Verzicht auf chemisch hergestellte Pestizide und Herbizide schließlich auf ihre Art erfolgreich durchexerziert. (Immerhin sollen hier die Ersatzmittel nicht unerwähnt bleiben, denn viele der Biopestizide sind, obschon zugelassen, nicht ohne ökologische oder sogar gesundheitliche Probleme.)

Dennoch: Biobauern denken oft zu wenig weit, sie sind einem nicht gerade zukunftsweisenden negativen Marketing (Gentechfreiheit) verhaftet. Es wäre zu wünschen, daß sie sich der vielversprechenden, auf verbesserten Genomkenntnissen aufbauenden molekularen Zuchtmethodik nicht derart fundamentalistisch verschließen. Es sollte sie interessieren, daß der Anbau von herbizidtoleranten Kulturpflanzen es bei vernünftiger Anwendung erlaubt, fast vollständig auf das Pflügen zu verzichten – ein großer Schritt in Richtung bodenschonenden Landbaus. Wie die traditionellen Bauern können die Biobauern bei genauem Hinsehen auf die möglichen Verbesserungen in Zukunft kaum verzichten, schon gar nicht aufgrund reiner Ideologie. Denn letztlich sind auch im fairen Langzeitvergleich die Ernten der Biobauern deutlich geringer als jene der traditionellen Bauern.

Aber wir sollten fair sein: Alle landwirtschaftlichen Strategien haben ihre Vor- und Nachteile. Das gilt auch und vor allem für die Strategien, die einen Mittelweg versuchen,

KLAUS AMMANN

wie die integrierte Landwirtschaft. Mit ihrer stark ideologischen Haltung verschließen sich viele Biobauern modernen Entwicklungen. So lehnen beispielsweise alle offiziellen Vertreter der biologischen Landwirtschaft die Einführung artfremder Gene in Nutzpflanzen ab. Sie sind schnell dabei, oberflächliche und angstmachende Argumente von NGOs zu unterstützen, und – im Widerspruch zu gesicherten wissenschaftlichen Erkenntnissen – den Widerstand gegen transgenes Viehfutter anzuheizen.

Auf der anderen Seite ist heute zur Genüge bewiesen, daß die Biolandwirtschaft große Vorteile in der Erhaltung der Bodenfruchtbarkeit hat – eine Tatsache, die wiederum traditionelle Bauern nachdenklich stimmen sollte. Unglücklicherweise kritisieren die Verfechter einer modernen Landwirtschaft die Biolandwirtschaft zu leichtfertig, leider häufig mit billigen, ideologisch motivierten Argumenten. Es ist leider auch oft zu sehen, daß anstelle von nachhaltigen Lösungen kurzfristiger Profit angestrebt wird; als Folge davon ist man dann bald mit neuen Reparaturmaßnahmen beschäftigt.

Ich habe aber trotz der hier beschriebenen schier unüberwindlichen Gegensätze gelernt, daß ein erfolgreiches Gespräch möglich ist. Meine eigene Erfahrung zeigte mir, daß ein Dialog sogar zwischen sehr dezidierten Biobauern und Hardlinern unter den Ackerbau-Technokraten zu Resultaten führen kann. Einen wichtigen Erfolgsfaktor werde ich im Anschluß an die Schilderung des folgenden Erlebnisses beschreiben.

Mein Familienname kann in direkter Linie bis zu den Amischen zurückverfolgt werden. Ein gewisser Jakob Ammann hat 1693 die erste der Mennoniten-Gemeinden in Pennsylvania gegründet und ihr seinen Namen gegeben. Dieser mutige Emigrant, der wie so viele andere in breit angelegten und brutal durchgeführten religiösen Säuberungen aus dem schweizerischen Emmental vertrieben wurde, hat den Grundstein für zahlreiche Mennoniten-Gemeinden gelegt, wie sie nun über ganz Amerika verbreitet sind. Diese Gemeinden haben nicht nur ihren ursprünglichen Wiedertäufer-Glauben bewahrt, sondern sind auch ihrer alten Landwirtschaft treu geblieben, die man heute mit Fug und Recht als Biolandwirtschaft betrachten kann.

Wer nun glaubt, diese Amischen Bauern hielten stur an ihren Traditionen fest, wird schon bei der ersten Begegnung eines Besseren belehrt. Die tiefe Neugier dieser Dorfbewohner ist faszinierend. Ich kann bestätigen, daß die Freunde, die ich in Lancaster/Pennsylvania kennenlernen durfte, nicht dem Stereotyp engstirniger Fanatiker entsprachen. Als Biobauern lehnen sie moderne Technologie nicht grundsätzlich ab, sondern prüfen im Gegenteil sorgfältig ihre Folgen – ob etwa ihre religiösen Gefühle verletzt oder ihre sozialen Gebräuche dadurch gefährdet werden. Sie haben zum Beispiel nichts gegen sehr moderne Milchkühlanlagen. Ich führte eine Reihe von erfreulichen, sehr objektiven Diskussionen zur grünen Gentechnologie, und zu meinem eigenen Erstaunen entschieden sie sich, einen Test mit transgenen Kartoffeln durchzuführen. Diese Versuche laufen zur Zeit, und ich kann mir im Augenblick keinen Grund vorstellen, wie transgene Kartoffeln die festgefügten religiösen und sozialen Strukturen der Amischen Bauern gefährden könnten – ganz abgesehen von der landwirtschaftlichen Ökologie.

Ich weiß nicht, ob die Amischen den Anbau dieser neuen Kartoffelsorte fortsetzen werden, und es ist ihre ganz eigene Entscheidung, auf die ich keinen Einfluß nehmen will. Mich hat erstaunt, wie schnell gerade diese sehr traditionellen Bauern bereit waren, diese neuen Sorten auszuprobieren. Ich habe erst später gelernt, wo die Ursache ihres löblichen Pragmatismus liegen könnte: Es ist ihre eigene, festgefügte Spiritualität, die sie befähigt, viel Vertrauen in die eigene Urteilskraft zu setzen.

Denselben Eindruck gewann ich in meinen Diskussionen mit Buddhisten verschiedener Herkunft – tibetischen Mönchen, amerikanischen, zum Buddhismus bekehrten Physikern, Zen-Buddhisten in führenden Positionen und einem Lehrer des heutigen Dalai Lama: Immer wieder begegnete ich dieser unbändigen Neugier, die weder Furcht noch Vorurteil kannte, um diese neuen visionären Technologien in der Landwirtschaft kennenzulernen. Technologien, die in unseren Gegenden leider zu oft verurteilt werden, ohne genau hinzuhören.

Der vorstehende Text basiert auf den Ausführungen von Prof. Dr. Klaus Ammann auf dem Workshop „Journalisten und Wissenschaftler im Gespräch", den die BASF AG unter dem Titel „Biotechnology meets Chemistry" am 23. und 24. Oktober 2001 in Berlin veranstaltete.

Stufungen des vorgeburtlichen Lebensschutzes

von Horst Dreier

In der bioethischen Debatte im allgemeinen, der Frage nach der verbrauchenden Embryonenforschung im besonderen spielen ohne Zweifel Rechts- und Verfassungsgüter von hohem und höchstem Rang eine Rolle: immer wieder genannt werden dabei die Menschenwürde, das Recht auf Leben, aber auch die Forschungsfreiheit. Klar ist, daß diese Güter nicht gleichwertig sind, sondern die Menschenwürde einen übergeordneten Rang einnimmt. Sie ist, wie das Grundgesetz sagt, „unantastbar", das heißt: sie kann und darf nicht gegenüber anderen Verfassungsgütern abgewogen werden. Jede Berührung, jeder Eingriff in die Menschenwürde stellt automatisch eine Verletzung dar. Außerdem fällt der erste Grundgesetz-Artikel unter die sogenannte Ewigkeitsklausel des Grundgesetzes, kann also auch durch den verfassungsändernden Gesetzgeber nicht aufgehoben oder in seinem Kern eingeschränkt werden. Das bedeutet im Ergebnis, daß sich eine Beeinträchtigung der Menschenwürde nicht mit noch so hochrangigen Zielen der Forschungsfreiheit (und schon gar nicht mit einem Hinweis auf den Standortfaktor Deutschland) rechtfertigen ließe. Art. 1 I GG ist abwägungsresistent und schließt Eingriffe jeglicher Art aus.

Vom Normtext her etwas weniger deutlich ist die Sachlage beim Lebensrecht, Art. 2 II 1 des Grundgesetzes („Jeder hat das Recht auf Leben und körperliche Unversehrtheit"). Denn hier fügt das Grundgesetz hinzu, daß in dieses Recht „aufgrund eines Gesetzes" eingegriffen werden kann (Art. 2 II 3 GG). Ein solcher Eingriff kann im Falle des Lebensrechts nur in der Tötung bestehen. Doch hat das Grundgesetz, was geborene Menschen angeht, hier ersichtlich nur die bekannten Fälle der Nothilfe, des polizeilichen Rettungsschusses, der Militäreinsätze oder vergleichbare Konstellationen im Blick.

Ganz klar ist aber auch hier, daß das Lebensrecht eines *geborenen* Menschen niemals gegen die Forschungsfreiheit oder Nutzenkalküle medizinischer oder sonstiger Art aufgewogen werden darf. Ein einzelnes Leben muß auch nicht geopfert werden, um das Leben eines anderen Menschen oder sogar mehrerer Menschen zu retten. Ein hypothetisches Beispiel: Angenommen, wir haben vier Personen vor uns, von denen drei (A, B und C) ein jeweils schweres Herz-, Nieren- und Leberleiden haben und ohne Organtransplantation innerhalb weniger Tage sterben würden. Die vierte Person (D) hingegen ist kerngesund: mit ihren Organen könnte das Leben der drei kranken Menschen gerettet werden. Freilich würde das den Tod des D bedeuten. Unterläßt man die

Organtransplantation, so würde alsbald nur noch D leben; im anderen Falle könnte unter Inkaufnahme seiner Tötung das Leben der drei anderen (A, B und C) gerettet werden. Und doch ist klar, daß die Rettung der Kranken durch Tötung des gesunden D nie und nimmer in Betracht kommt. Eine derartige „utilitaristische Gesamtkalkulation auf Kosten des Individuums" [1] wäre eine ungeheuerliche Vorstellung, die auch in allen zivilisierten Staaten der Welt als Ungeheuerlichkeit empfunden würde. Insofern besteht Einigkeit, lebende Menschen nicht für medizinische oder andere Zwecke zu opfern, weder für das konkrete Wohl anderer lebender Personen noch für die abstrakte Aussicht auf gewaltige medizinische Erfolge in der Zukunft. Es ist niemand ersichtlich, der diesen Konsens aufkündigen möchte.

Bekanntlich herrscht aber überhaupt kein Konsens in der Frage der Embryonenforschung und, wenn wir das Themenspektrum etwas weiter ziehen, des vorgeburtlichen Lebens. Man muß sich hier nur die Rechtslage in vielen freiheitlichen, westlichen Demokratien zum Schwangerschaftsabbruch sowie zur Embryonenforschung vergegenwärtigen. Beim vorgeburtlichen Leben scheinen also Abstufungen und geringere Schutzniveaus möglich zu sein, akzeptiert und praktiziert zu werden. Die Parallelen, die einige Kritiker der Embryonenforschung zwischen dieser und den Menschenversuchen im NS-System gezogen haben, suchen gerade aus einer Identifizierung des einen Sachverhalts mit dem anderen ein schlagkräftiges Argument zu gewinnen, das aber nur wenige Anhänger gefunden hat. Und *daß* es nur sehr wenige Anhänger gefunden hat, scheint mir daran zu liegen, daß zwischen der Opferung eines geborenen Menschen für bestimmte Zwecke (niedere oder hohe) einerseits, der Forschung an überzähligen Embryonen im frühen Entwicklungsstadium vor der Nidation andererseits intuitiv große Unterschiede gesehen werden. Nun ist Intuition allein noch kein überzeugendes Argument, sondern vielmehr nur der Ausgangspunkt für eine rationale Argumentation, die hier skizzenhaft versucht werden soll.

Dabei impliziert das im folgenden zu entwickelnde Konzept, das im Kern auf einer immanenten Rekonstruktion der Rechtsordnung beruht, eine doppelte Aussage: zum einen die, daß ein kategorialer Unterschied zwischen dem Lebensrecht geborener Personen und dem Schutz ungeborenen Lebens besteht; und zum zweiten, daß das vorgeburtliche Leben in etwa parallel zu seinem Wachstum stärkeren rechtlichen Schutz genießt, wir also von einem wachsenden oder zunehmenden vorgeburtlichen Lebensschutz sprechen können. [2] Bei diesem Konzept eines gestuften oder gradualisierten vorgeburtlichen Lebensschutzes handelt es sich nicht um ein irgendwie beliebiges oder künstlich erdachtes Modell, eine intellektuelle Kopfgeburt oder möglicherweise interessante Hypothese. Vielmehr läßt sich zeigen, daß jenes Konzept unserer Rechtsordnung und derjenigen vergleichbarer demokratischer Verfassungsstaaten inhärent, ihnen also gewissermaßen eingeschrieben ist.

I. Kategoriale Differenz zwischen dem Lebensrecht geborener Menschen und dem Schutz vorgeburtlichen Lebens

Das Konzept eines gradualisierten vorgeburtlichen Lebensschutzes impliziert die Ablehnung eines Kardinalsatzes der Kritiker von Embryonenforschung und Stammzellimport. [3] Dieser Satz lautet, daß nach der oder mit der Verschmelzung von Ei- und Samenzelle der damit vorliegenden Form menschlichen Lebens der volle Schutz des Grundrechtes auf Leben (und auch der Menschenwürdegarantie) zukomme. Stimmt dieser Satz? Stimmt er mit unserer Rechtsordnung überein? Oder mit der Rechtsordnung anderer Länder – zivilisierter, rechtsstaatlicher Demokratien, wohlgemerkt? Die Antwort lautet: nein. Das sei an einigen Beispielen demonstriert.

Schauen wir zuerst aufs Bürgerliche Recht. In § 1 des Bürgerlichen Gesetzbuches (BGB) heißt es klipp und klar, daß die Rechtsfähigkeit des Menschen mit der Vollendung der Geburt beginnt. § 1923 II BGB muß die Geburt des noch nicht Geborenen ausdrücklich fingieren, um ihm die Erbfähigkeit zu vermitteln. Ganz eindeutig sind ferner die Regelungen im Strafrecht: Auch hier wird der Embryo nicht als Mensch im Sinne der Tötungsdelikte betrachtet. Der Schutz des Embryos wird vielmehr weit weniger streng gewährleistet, nämlich über die besonderen Delikte der §§ 218 ff. des Strafgesetzbuches (StGB), in denen das Wort Mensch überhaupt nicht vorkommt. Würde man diese Delikte streichen, wäre der Embryo strafrechtlich nicht mehr geschützt, da er eben nicht unter die gewöhnlichen Tötungstatbestände fällt.

In keiner entwickelten mir bekannten Rechtsordnung wird im übrigen die Tötung eines geborenen Menschen gleich streng bestraft wie die des ungeborenen Lebens. Statt dessen steht – nehmen wir die Lage in Deutschland – auf Mord die lebenslange Freiheitsstrafe, beim Totschlag lautet die Strafandrohung *nicht unter* fünf Jahren, bei der Abtreibung *bis zu* drei Jahren (und bis zu fünf Jahren dann, wenn sie zum Beispiel gegen den Willen der Schwangeren erfolgt), während die Benutzung nidationshemmender Mittel bislang gänzlich straffrei ist.

Das Bundesverfassungsgericht, das man gern als Kronzeugen für die skizzierte Grundposition der Kritiker anruft, hat den unterschiedlich ausgeprägten Schutz von geborenem und ungeborenem Leben nicht etwa negiert oder in Frage gestellt, sondern ganz offen und deutlich bestätigt. Das Gericht sagt: „Der Gesetzgeber ist grundsätzlich nicht verpflichtet, die gleichen Maßnahmen strafrechtlicher Art zum Schutze des ungeborenen Lebens zu ergreifen, wie er sie zur Sicherung des geborenen Lebens für zweckdienlich und geboten hält." [4] Auf diesen Satz folgen rechtsgeschichtliche und rechtsvergleichende Hinweise, die das gefundene Ergebnis vom unterschiedlichen rechtlichen Schutz geborener Personen und ungeborenen Lebens durchweg bestätigen. Das Zitat entstammt dem ersten Abtreibungsurteil von 1975, das im Ergebnis zumindest an der Notwendigkeit einer Strafbarkeit für einen nicht-indizierten Abbruch festgehalten hat.

Im zweiten Abtreibungsurteil von 1993 ist das Gericht bekanntlich deutlich weiter gegangen und hat den Übergang zu einem neuen Schutzkonzept akzeptiert: ein Konzept, das letztendlich auf einer Art Gesamtbilanzierung der Schutzmöglichkeiten für das ungeborene Leben basiert und damit jene „utilitaristische Gesamtkalkulation" vornimmt, die wir – wie oben gesehen – bei geborenen Menschen nie und nimmer akzeptieren würden.

Die geschilderte Rechtslage und die Ausführungen des Bundesverfassungsgerichts sind nicht recht zu verstehen, wenn das ungeborene Leben in den Genuß des gleichen und vollen (Grund-) Rechtsschutzes gelangen soll wie das geborene, wie der oben referierte Kardinalsatz der Kritiker lautet. Ja mehr und deutlicher noch: wenn, wie gesagt wird, mit der Verschmelzung von Ei- und Samenzelle der volle Lebens- und

Würdeschutz greift – dann haben in der Tat nicht nur jene recht, die in diesem Zusammenhang von Embryonenopfern sprechen (und damit wohl nicht nur metaphorisch ‚Menschenopfer' assoziieren wollen). Dann kann man eigentlich auch nichts gegen das überscharfe Wort von den ‚Menschenversuchen' oder gar vom ‚Kannibalismus' haben (Kardinal Meisner); denn das wären durchaus treffende Bezeichnungen für die Embryonenforschung, wenn wir den frühen und frühesten Formen embryonalen Lebens den gleichen Schutz schuldeten wie geborenen Personen.

Aber mit alledem wird die fundamentale Zäsur der Geburt verkannt. Es ist eben so, wie Volker Gerhardt schreibt: „Der Mensch wird geboren". [5] Damit tritt er unter uns, wird einer von uns: als selbständige Person mit voller Rechtsfähigkeit nach BGB und mit striktem Lebensrecht, wie es Art. 2 II 1 GG verbürgt.

Diese Zäsur ist im übrigen kein willkürlicher Schnitt des Rechtssystems, sondern kulturell tief verankert und bringt sich in vielen lebensweltlichen und sozialen Handlungs- und Interpretationsmustern zum Ausdruck. [6] Deswegen feiern wir unseren Geburtstag, nicht den Tag unserer Erzeugung. Deswegen werden bei Volkszählungen schwangere Frauen nicht doppelt gezählt. Deswegen sagen wir bei einem Unfall, der für zwei Männer und eine schwangere Frau sowie ihre Leibesfrucht tödlich ausgegangen ist, nicht, er habe vier Menschenleben gekostet. [7] Wohin man auch schaut: in die Rechtsordnung, die Lebenspraxis oder auf unseren Sprachgebrauch – stets bestätigt sich das scharfe, aber treffende Wort von Richard Schröder, daß, wer dem Unterschied zwischen dem geborenen und dem ungeborenen Leben keine Bedeutung zumesse, entweder verblendet oder dumm sei. [8]

II. Gestufter vorgeburtlicher Lebensschutz in der Rechtsordnung

Eine kategoriale Differenz zwischen dem Lebensschutz geborener Menschen und dem des ungeborenen Lebens zu erkennen oder anzuerkennen bedeutet selbstverständlich keineswegs, das vorgeburtliche Stadium vollständig schutzlos zu stellen. Und es bedeutet auch nicht automatisch, Stufungen des vorgeburtlichen Lebensschutzes zu akzeptieren. Man könnte sich ja theoretisch vorstellen, daß es einen einheitlichen Rechtsstatus *nach* und einen ebenfalls monochromen Rechtsstatus *vor* der Geburt gibt, der für den acht Monate alten Fötus nicht anders ausfällt als für die Zygote oder den Achtzeller zwei bis drei Tage nach der Befruchtung. In der Tat deutet sich ja eine solche Ansicht in der oft wiederholten Auffassung der Kritiker von Embryonenforschung und Stammzellimport an, wonach alle Zäsuren des beginnenden Lebensschutzes nach der Verschmelzung von Ei- und Samenzelle „willkürlich" seien und von daher nicht getroffen werden dürften. Aber auch die Vorstellung eines derart monochromen Rechtsstatus von Beginn an und ohne wachsende Intensität steht weder mit unseren Intuitionen noch mit der Rechtslage in Einklang. Die gravierende Problematik der Spätabtreibungen wird auch in jenen Staaten empfunden, die den Rechtsschutz für das embryonale Leben erst mit der Nidation beginnen lassen. So ist gerade in Ländern, die wie Norwegen, Schweden und die Niederlande in der Frühphase der Schwangerschaft einen Abbruch vergleichsweise weitgehend zulassen, die Beobachtung zu machen, daß man dort in der Spätphase der Schwangerschaft um so strenger verfährt. In den Niederlanden kann der ungeborene lebensfähige Embryo Opfer eines Totschlags i. S. d. Art. 287 des niederländischen StGB werden; in Norwegen findet sich eine zeitliche Obergrenze, indem bei „Grund zu der Annahme, daß die Leibesfrucht lebensfähig ist, eine Erlaubnis zum Schwangerschaftsabbruch nicht erteilt werden (kann)", und auch in Japan erfolgt der Schwangerschaftsabbruch aufgrund einer Entscheidung der Schwangeren legalerweise nur, „solange der Fötus außerhalb des Mutterleibs nicht lebensfähig ist" [9].

Die rechtlichen Regelungen spiegeln die erhebliche Differenz zwischen dem Schutz pränidativen, früh- und spätembryonalen Lebens mit großer Deutlichkeit wider. Ich beziehe mich im folgenden naturgemäß wieder auf die deutsche Rechtsordnung und fasse zunächst nur die natürliche Fortpflanzung ins Auge, also die Rechtslage für das Leben *in vivo* bzw. *in utero*. Die Besonderheiten beim Embryonenschutzgesetz kommen unter III. 2 zur Sprache.

1. Pränidative Phase

In Fällen der natürlichen Befruchtung ist das werdende Leben nach der Vereinigung von Ei- und Samenzelle strafrechtlich ungeschützt. § 218 I 2 StGB erklärt ausdrücklich, daß Handlungen, deren Wirkung vor Abschluß der Einnistung des befruchteten Eies in der Gebärmutter eintritt, nicht als Schwangerschaftsabbruch im Sinne des Gesetzes gelten. Und da, wie oben gezeigt, der Embryo strafrechtlich nicht als Mensch gilt, sind die entsprechenden Handlungen wie die Verwendung einer Spirale oder die Einnahme einer „Pille danach" erlaubt. Die gesetzliche Formulierung zeigt im übrigen, daß es überhaupt nicht darauf ankommt, ob etwa die Spirale tatsächlich bereits schon die Befruchtung und nicht erst die Einnistung verhindert (eine Frage, die bei der Pille danach wohl eindeutig sein dürfte). Der Gesetzgeber ist stets von der Straflosigkeit der Verwendung von Mitteln ausgegangen, die die Einnistung einer befruchteten Eizelle verhinderten, sie damit also faktisch abtöten; und das Bundesverfassungsgericht hat das unbeanstandet gelassen. [10]

Gern wird zur vorgeblichen Erklärung dieser Rechtslage vorgebracht, der Gesetzgeber könne in diesem Intimbereich nicht in erfolgversprechender Weise regulierend und reglementierend eingreifen. Doch ist ohne weiteres ersichtlich (und wurde bei der Pille danach ja auch diskutiert), daß man hier mit einem schlichten Produkt- und Vertriebsverbot arbeiten könnte. Daß dessen Effektivität nicht einhundertprozentig sein dürfte, versteht sich, ist aber kein Gegenargument. Viel wichtiger scheint mir, daß allgemeiner Intuition zufolge die Verwendung derartiger Mittel weder als Tötung und eben auch nicht als in der Gewichtung mit einer Abtreibungshandlung vergleichbar empfunden wird. Wiederum gilt: das trifft auf die Bundesrepublik Deutschland wie auf zahlreiche andere freiheitliche und demokratische Verfassungsstaaten zu. Ganz unannehmbar müßte dies alles für die Position sein, die vollen Lebens- und Würdeschutz für den Zeitpunkt ab Verschmelzung von Ei- und Samenzelle postuliert.

2. Von der Nidation bis zur zwölften Schwangerschaftswoche

Nach der Nidation genießt der Embryo in der Bundesrepublik nur einen stark eingeschränkten Schutz. Hier besteht faktisch eine Fristenregelung mit Beratungspflicht, wobei die Beratung nicht mehr als die physische Präsenz der Schwangeren erfordert, deren Motivationen breit gestreut sein können. Für diese Regelung und vor allem ihre

Vereinbarkeit mit der sehr viel strengeren Rechtslage beim ESchG werden im wesentlichen drei Argumente angeführt.

a) Zum einen ist dies die Autonomie der Frau und ihr Selbstbestimmungsrecht. Für eine solche Auffassung mag es gute Gründe geben. Sie steht aber in ersichtlichem Gegensatz zur Position der Kritiker, wonach der Embryo mit Verschmelzung von Ei- und Samenzelle Träger des vollen Lebensschutzes sein soll. Konsequenterweise dürften die Kritiker also im Einklang mit der Position der katholischen Kirche lediglich eine enge medizinische Indikation für zulässig halten. Auch hier gilt: stimmt die Prämisse der Kritiker und Gegner, dann ist die Bezeichnung der für eine Abtreibung in den ersten zwölf Wochen notwendigen Beratungsbescheinigung als „Tötungslizenz" (Bischof Dyba) im Grunde absolut korrekt und treffend. Erstaunlicherweise halten aber viele Kritiker der Embryonenforschung, des Stammzellimports oder der PID die Rechtslage beim Schwangerschaftsabbruch für absolut einwandfrei; man denke nur an unsere Justizministerin. [11]

b) Ein zweiter Hinweis betrifft den Umstand, daß das Bundesverfassungsgericht die Abtreibung in den ersten zwölf Wochen als rechtswidrig und lediglich als nicht strafbar bezeichnet hat. Das Rechtswidrigkeitsverdikt, so die These, zeige mit hinlänglicher Deutlichkeit, daß die Rechtsordnung die Handlung „eigentlich" ablehnt. Doch handelt es sich bei der Formulierung, wie leicht zu zeigen ist, um einen Formelkompromiß, man könnte auch weniger zurückhaltend sagen: um einen Etikettenschwindel. Denn hier wird im eklatanten Unterschied zur Situation bei anderen rechtswidrigen Handlungen Nothilfe zugunsten des Embryos explizit ausgeschlossen. [12] Dafür gibt es für die als rechtswidrig apostrophierte Abtreibungshandlung Lohnfortzahlungsansprüche gegen den Arbeitgeber und Sozialhilfe für die mittellose abtreibungswillige Frau. Und die Tätigkeit der die Abtreibung vornehmenden Ärzte, also eine angeblich rechtswidrige Handlung, fällt, wie das Bundesverfassungsgericht später ausdrücklich entschieden hat, unter den grundrechtlichen Schutz der Berufsfreiheit. [13] Das heißt im Ergebnis: das Gericht bezeichnet die Abtreibung zwar als Unrecht und als rechtswidrig, behandelt sie aber als rechtmäßig. [14] Insofern ist die kürzlich ergangene Entscheidung des Landgerichts Heilbronn nur folgerichtig: das Gericht stellte fest, daß der Vorwurf, „rechtswidrige Abtreibungen" vorzunehmen, unwahr sei, wenn die gesetzlichen Bestimmungen zum Schwangerschaftsabbruch eingehalten werden. [15]

c) Das dritte Argument ist wohl das beliebteste. Es besagt, der Schutz des werdenden Lebens sei nicht gegen die schwangere Frau durchzusetzen, sondern allein mit ihr. Deshalb sei eine Strafandrohung das falsche Mittel; das Strafrecht „erreiche" die Schwangere gleichsam nicht. An diesem Argument fällt zunächst wieder die „utilitaristische Gesamtkalkulation" auf. Denn ersichtlich wäre ja ein striktes Verbot durchaus geeignet, in vermutlich nicht wenigen Fällen abschreckend zu wirken und Abtreibungen zu verhindern. Nur die Gesamtbilanz fällt nicht mit Sicherheit positiv aus. Noch wichtiger ist aber ein anderer Gesichtspunkt, der die Unhaltbarkeit dieses Argumentes offenbart: denn warum erreicht dasselbe Strafrecht, dem bis zur Ablauf der 12. Woche die Unfähigkeit zur Verhinderung von Abtreibungen bescheinigt wird, dann plötzlich doch die Schwangere, die nun nicht mehr allein aufgrund von Beratung abbrechen darf, sondern nur noch im Falle des Vorliegens einer sogenannten kriminologischen oder medizinischen Indikation? Was hat sich eigentlich zwischen der 10. und – sagen wir – der 20. Woche geändert? Prinzipiell doch eigentlich nichts, wenn wir den Kritikern und ihrer These vom vollen Lebensschutz von Anfang an Glauben schenken. Aber das werdende Leben im Mutterleib ist gewachsen und hat sich weiterentwickelt, ist dem Zeitpunkt der Geburt näher gerückt. Parallel dazu ist der Schutzanspruch des Ungeborenen gewachsen und nimmt daher an Intensität zu.

3. Von der 13. bis zur 22. Schwangerschaftswoche

Freilich ist auch dieser Schutz noch nicht mit dem geborener Personen identisch. Es gibt noch bezeichnende Unterschiede. Diese liegen im Umstand begründet, daß bei bestimmten Indikationen die Tötung des Embryos beziehungsweise des Fötus zugelassen wird.

Die zeitliche Zäsur der 22. Woche begegnet uns im geltenden Recht nur noch bei § 218a IV StGB. Bei dieser Regelung handelt es sich zwar lediglich um einen Strafausschließungsgrund für die Schwangere, bei dem es in der Sache darum geht, die Beratung nach der 12. Woche noch zugunsten des werdenden Lebens praktizieren zu können. [16] Gleichwohl ist bemerkenswert, daß hier der Staat nicht auf der Pflicht zur Austragung des Kindes, die im zweiten Abtreibungsurteil klar formuliert worden ist, besteht. [17]

Bis 1995 spielte die Frist von 22 Wochen allerdings eine wichtige Rolle für die embryopathische Indikation. Nach der gesetzlichen Formulierung (§ 218a II Nr. 1 iVm III [bis 15.6.1993] beziehungsweise § 218a III StGB [bis 30.9.1995]) war bis zu diesem Zeitpunkt eine Abtreibung bis Juni 1993 nicht strafbar und zwischen 16. Juni 1993 und 30. September 1995 sogar nicht rechtswidrig, „wenn nach ärztlicher Erkenntnis dringende Gründe für die Annahme sprechen, daß das Kind infolge einer Erbanlage oder schädlicher Einflüsse vor der Geburt an einer nicht behebbaren Schädigung seines Gesundheitszustandes leiden würde, die so schwer wiegt, daß von der Schwangeren die Fortsetzung der Schwangerschaft nicht verlangt werden kann."

Letztlich war hier, wie das Bundesverfassungsgericht in seinem zweiten Abtreibungsurteil von 1993 formuliert hat, der Gedanke der Unzumutbarkeit zentral. [18] Für eine solche Unzumutbarkeit „müssen Belastungen gegeben sein, die ein solches Maß an Aufopferung eigener Lebenswerte verlangen, daß dies von der Frau nicht erwartet werden kann". Für die Pflicht zum Austragen des Kindes folge daraus, daß, „ihre hinreichend genaue Umgrenzung vorausgesetzt", auch die embryopathische Indikation als Ausnahmetatbestand vor der Verfassung Bestand haben könne. Der Gesetzgeber hat übrigens, in Parenthese gesagt, diese Aufforderung nicht nur nicht befolgt, sondern er hat das Gegenteil getan und die embryopathische Indikation durch Vermengung mit der medizinischen vollständig verdunkelt. Anders als bei der sogleich zu erläuternden medizinischen Indikation mußte nicht ein (tragischer) Konflikt zwischen dem Leben des Kindes und dem der Mutter vorliegen, um die Tötung des Fötus zu rechtfertigen. Auch bedarf es im Unterschied zum Standardfall der Tötung eines anderen in Notwehr zur Rechtfertigung keines „rechtswidrigen Angriffs"; zu diesem wäre der Fötus wohl kaum in der Lage. Vielmehr bot das Kriterium der Unzumutbarkeit des Austragens des *nasciturus* genügend Raum, auch psychische Belastungen oder die Zerstörung von Lebensplänen und anderes als hinreichend erscheinen zu lassen. Noch einmal sei betont, daß ich persönlich diese Regelung für richtig halte und auch kein Gegner der Fristenregelung mit Beratungspflicht bin. Doch prüfen wir ja hier durchgängig die These, ob unserer Rechtsordnung wirklich die Vorstellung eines von Beginn an vollen Lebensschutzes zugrundeliegt, wie die Kritiker dies behaupten. Und hier zeigt die referierte Regelung der embryopathischen Indikation, daß beim ungeborenen Leben eine Konfliktlösung zu dessen Ungunsten zugelassen wird, die bei einem Konflikt mit lebenden Personen nie und nimmer akzeptabel wäre. Norbert Hoerster hat es auf den Punkt gebracht: „Wenn der Gesetzgeber etwa anordnen würde, daß man Kleinkinder, die für ihre Eltern eine psychische Belastung darstellen, töten darf, so wäre dies mit dem Recht auf Leben dieser Kinder sicher nicht vereinbar." [19] Daß es bei der embryopathischen Indikation mit der Rechtsordnung und mit unseren Intuitionen vereinbar ist, zeigt ein weiteres Mal, daß die Annahme des vollen Lebensschutzes selbst für frühembryonales Leben nicht trägt. *Sie* – diese These der Kritiker – ist ein bloßes Konstrukt, nicht die hier vertretene Position eines gestuften vorgeburtlichen Lebensschutzes.

Der Vollständigkeit und Klarheit halber ist freilich darauf hinzuweisen, daß die embryopathische Indikation mittlerweile als selbständige Indikation aufgehoben worden und in der medizinischen Indikation aufgegangen ist. Das geschah ganz offenkundig auf Druck der Behindertenverbände und wohl auch der Kirchen und zeigt ein weiteres Mal, daß der gute Wille nicht unbedingt auch gute Werke hervorbringt. Denn Folge der Abschaffung der embryopathischen Indikation, durch die sich angeblich die Behinderten diskriminiert fühlten, war, daß neben der Beratungspflicht die Frist von 22 Wochen entfallen sowie eine eigene statistische Erfassung der embryopathisch indizierten Abtreibungen unmöglich geworden ist.

Lassen wir diese Sonderproblematik beiseite und wenden uns der letzten Phase zu: der zwischen der 23. Woche und der Geburt.

4. Von der 23. Schwangerschaftswoche bis zur Geburt

Dieser Fall scheint nun wirklich unproblematisch. Denn die enge medizinische Indikation, von welcher man beim Konflikt zwischen dem Leben der Mutter, das durch den *nasciturus* gefährdet wird, und dem Leben des Fötus spricht, ist selbst von der katholischen Kirche als Notlage, in der das Leben der Schwangeren Vorrang hat, akzeptiert. Und dennoch ist auch diese Konstellation ein weiterer und letzter Beweis für die hier vertretene Position einer kategorialen Differenz zwischen geborenen Menschen und dem ungeborenen Leben sowie der stufenweise anwachsenden Intensität des vorgeburtlichen Lebensschutzes. Führen wir uns noch einmal die Kardinalthese der Kritiker vor Augen: wenn dem ungeborenen Leben der gleiche Lebensschutz wie geborenen Menschen zukommt, dann erscheint überhaupt nicht selbstverständlich, daß bei einem Konflikt die Entscheidung immer und ausnahmslos zugunsten der Schwangeren und zuungunsten des *nasciturus* ausfällt – und schon gar nicht, daß die entsprechende Handlung strafrechtlich als gerechtfertigt angesehen wird. [20] Stimmig ist die medizinische Indikation nur, wenn man von der Ungleichwertigkeit geborenen und ungeborenen Lebens ausgeht. Schon eine Minute nach der Geburt wäre bei einem hypothetischen Konflikt zwischen Leben der Mutter und dem des Neugeborenen der Staat außerstande, hier eine allgemeine Regel zugunsten einer der beiden Personen zu statuieren. Übrigens gibt es durchaus – wenngleich nur selten artikulierte – Stimmen, die den Vorrang des Lebens der Schwangeren bei der medizinischen Indikation in Frage stellen. So konnte man 1983 in der „Zeitschrift für Medizinrecht" lesen:

„Selbst in Fällen vitaler Indikation, in denen das Leben der Schwangeren bedroht ist ..., ist der Abort nicht rechtmäßig. Wenn es um das eigene (geborene) Leben ginge, würde niemand eine Pflicht zur Aufopferung für die Lebensrettung eines anderen als rechtens anerkennen. Von demjenigen, dem in Todesgefahr kein freiwillig zum Einsatz des eigenen Lebens bereiter Helfer bereitsteht, erwartet unsere Rechtsordnung die heroische Hinnahme des Todesschicksals. Wegen der Gleichwertigkeit geborenen und ungeborenen Lebens muß dasselbe auch für die Schwangere in Lebensgefahr gelten." [21]

Ich wiederhole, daß ich diese Auffassung keineswegs teile. Sie zeigt nur, auf welch absurde Gedanken man kommt, wenn man das Postulat des gleich strengen und gleichwertigen Lebensschutzes für ungeborenes Leben wie für geborene Personen aufrechterhalten will.

5. Zwischenergebnis

Dermaßen überspannte Annahmen werden vermieden, wenn man dem Konzept des gestuften vorgeburtlichen Lebensschutzes folgt, dessen Aussagen als Zwischenergebnis wie folgt resümiert werden können.

Die Intensität des staatlichen Schutzes nimmt mit dem Wachstum des Lebens *in utero*, also im Mutterleib, zu. Relativ gering ist der – erst mit der Nidation einsetzende – Schutz bis zur zwölften Schwangerschaftswoche ausgeprägt, wo wir praktisch eine Fristenregelung mit Beratungspflicht vorfinden. Danach werden die Hürden deutlich höher: bis zur 22. Woche, ab der die extrauterine Lebensfähigkeit des Embryos beginnt, durfte nach alter (und relativ klarer) Rechtslage im Falle der embryopathischen Indikation abgebrochen werden. Heute begegnet uns die Frist nur noch in § 218a IV StGB. Ab der 23. Woche bis zur Geburt schließlich ist der Schutz des *nasciturus* nochmals deutlich gesteigert, da es bei der rein medizinischen Indikation eines existentiellen Konflikts mit dem Lebensrecht der Mutter bedarf. Aber auf einer Stufe mit diesem steht auch der Fötus im achten Monat noch nicht, auch noch nicht eine Minute vor der Geburt. Erst mit der Geburt [22] kommt ihm ein striktes, das heißt das für alle geborenen Menschen geltende Lebensrecht zu, für das nur noch die bekannten Einschränkungen wie Nothilfe, Rettungsschuß, Militäreinsätze oder ähnliches greifen.

III. Einwände

Gegen die hier vorgestellte Konzeption, die sich als immanente Rekonstruktion des geltenden und für verfassungsgemäß befundenen Rechts begreift, sind selbstverständlich Einwände denkbar. Deren vier seien kurz angesprochen, ohne damit behaupten zu wollen, mehr gebe es nicht.

1. Selbstand des Verfassungsrechts?

Zunächst ließe sich wohl der Bezug auf das einfache Gesetzesrecht monieren. Stellt das nicht die Normenhierarchie auf den Kopf? Man muß doch die Verfassungsmäßigkeit des Gesetzes prüfen, nicht die Gesetzmäßigkeit der Verfassung!

Das ist natürlich richtig. [23] Unser Problem besteht nur darin, daß in Bezug auf das ungeborene und noch viel stärker auf das frühembryonale Leben unsere Verfassung, konkret Art. 2 II 1 GG, schweigt. Der Wortlaut ist offen. Im Parlamentarischen Rat hat man die Frage, ob die Norm auch das ungeborene Leben erfaßt, ausgeklammert. Auch ideengeschichtliche und rechtsvergleichende Betrachtungen helfen nicht weiter. Gleiches gilt übrigens für verschiedene internationale Pakte zum Schutz des Kindes oder die Bioethik-Konvention. Man kann nicht einfach auf Art. 2 II 1 GG starren und behaupten, natürlich sei damit auch der Achtzeller oder die Blastozyste geschützt. Wenn man den festen Kern einer Regel, wie er beim Lebensrecht etwa im eingangs geschilderten Beispielsfall (Organspende für drei Schwerkranke unter Inkaufnahme der Tötung des Gesunden) berührt wäre, verläßt, muß man indirektere Auslegungen und Verständnisse bemühen und zugleich die Prärogative des Gesetzgebers respektieren. Es gibt so etwas wie Grundrechtsentfaltung und -konkretisierung durch das Gesetz. [24] Und dann muß man eben für schwierige Grenzfälle auch darauf schauen, welche Regelungen der Gesetzgeber in bestimmten Bereichen getroffen hat (hier: im Abtreibungsrecht), um daraus Schlüsse für andere Bereiche zu ziehen (dort: Embryonenforschung, Stammzellimport etc.). Zudem: wenn das Ganze auch noch bundesverfassungs*gerichtlich* unbeanstandet geblieben ist, dann bewegen sich die zur Parallele herangezogenen oder verallgemeinerten Argumentationen gleichsam auf geprüfter Verfassungsgrundlage.

Es wird also nicht die Normenhierarchie umgestoßen, sondern zum näheren Verständnis einer Verfassungsnorm ein gesetzliches Normgefüge herangezogen, das das BVerfG für verfassungskonform befunden hat.

2. Das Embryonenschutzgesetz als Gegenbeispiel?

Aber zeigt nicht das Embryonenschutzgesetz (ESchG), daß der Gesetzgeber auch und zugleich eine ganz andere Konzeption verfolgt? Das wirft in der Tat schwierige Fragen auf. Denn während das anhand der abtreibungsrechtlichen Regelungen entfaltete Bild dem einer geraden aufsteigenden Linie eines sich bis zur Geburt hin stetig verstärkenden Lebensschutz gleicht, wird unter Einbeziehung des hohen Schutzes, den das ESchG schon für die Zygote, die befruchtete Eizelle also, vorsieht, daraus eine Art Achterbahn. Natürlich wäre es befriedigender, der Gesetzgeber würde angesichts der auf der Hand liegenden Parallelen zwischen dem Embryo *in vivo* und *in vitro* auch gleiche Schutzstandards in bezug auf die gleichen Entwicklungsstufen entwickeln. Daß er das nicht getan hat, könnte man als Verstoß gegen Art. 3 I GG, also den Gleichheitssatz, bewerten. Doch so weit muß man nicht gehen. Möglicherweise lassen sich für die sehr viel restriktiveren Regeln des ESchG Motive des Gesetzgebers finden, die eine Andersbehandlung tragen. Aber: diese sind nicht so stark, daß die strengen Normierungen verfassungsrechtlich zwingend geboten wären. Ich sage also nicht, daß die derzeitige, gleichsam ‚gespaltene‘ Rechtslage schon für sich genommen verfassungswidrig ist. Aber ich vertrete dezidiert die Auffassung, daß der Gesetzgeber durch die Verfassung nicht gehindert ist, eine weitgehende ‚Liberalisierung‘ des ESchG herbeizuführen. [25]

3. Unvereinbarkeit mit der Judikatur des Bundesverfassungsgerichts?

Doch, dies der dritte Punkt: steht dem nicht die Judikatur des BVerfG entgegen?
Das wird gern und oft behauptet oder zumindest insinuiert. Das Gericht müsse nur konsequent auf der Linie seiner bisherigen Argumentation in den beiden Urteilen zum

Schwangerschaftsabbruch fortfahren, um zum vollen Lebens- und auch Würdeschutz für den Embryo *in vitro* zu gelangen. Das Wort „jedenfalls" spielt dann plötzlich eine große Rolle. [26] Aber zum einen vergessen all' jene Hochrechnungen und gutgemeinten Ratschläge an das Gericht auf Vorrat, daß die beiden Urteile schon derzeit in sich hoffnungslos inkonsequent sind: passen doch die konkreten Entscheidungsinhalte überhaupt nicht zu den abstrakten Prämissen beziehungsweise den vorgeschalteten allgemeinen Erwägungen zu Art. 1 I und 2 II GG. Das hat die Literatur oft genug demonstriert. [27]Bei konsequenter Deduktion hätte allein die enge medizinische Indikation Bestand haben können. Aber das Gericht hat anders und – nach meiner Auffassung – im Ergebnis richtig entschieden. Zudem sollten die Entscheidungspropheten noch einmal das erste Urteil genau durchlesen, wo nämlich für den Zeitpunkt des Beginns des Lebensschutzes nicht nur auf die Nidation, sondern auch – wenn auch nur mit diesem einen Wort – auf die Individuation hingewiesen wird [28], die bekanntlich erst knapp zwei Wochen nach der Konzeption eintritt. Das heißt: eine Entscheidung des Gerichts im Falle der Liberalisierung des ESchG wäre, um das geringste zu sagen, völlig offen. Eine entgegenstehende bundesverfassungsgerichtliche Judikatur gibt es nicht.

4. Abnehmendes Lebensrecht als Pendant?

Schließlich der letzte, vielleicht der gewichtigste Einwand. Er fragt, was das Konzept, das wir mit Blick auf den Beginn des Lebens entfaltet haben, für das Ende desselben bedeutet – und ob sich hier nicht bedrohliche Perspektiven auftun. Muß nicht die Relativierung des frühembryonalen Lebens zu einer parallelen Stufung am Ende des Lebens führen, so daß dem wachsenden Lebensrecht von der Befruchtung bis zur Geburt ein gleichsam abnehmendes Lebensrecht in Gestalt des verlöschenden Lebens gegenübersteht? Lesen wir am Ende des Ganges, an dessen Anfang „gestufter vorgeburtlicher Lebensschutz" steht, nicht mit Flammenschrift das Wort „Euthanasie" geschrieben?

Solche Bedenken sind ernstzunehmen, allein weil es entsprechende Befürchtungen gibt und vor allem, weil sie in tiefer Sorge von ernstzunehmenden Personen geteilt und vorgebracht werden. Doch laufen sie gegenüber dem hier präsentierten Konzept leer. Denn anders als manche radikalen Ethiker gehe ich nicht den Weg, ein allgemeines und für *alle* Phasen des Lebens geltendes Kriterium (etwa: Selbstbestimmung, Autonomie, Lebensinteresse) herauszuarbeiten, dessen Fehlen in den Anfangs- wie in den Endphasen humanen Lebens konstatiert werden könnte. Vielmehr nimmt die hier vertretene Position das strikte Lebensrecht [29] *geborener* Personen als feste und unverrückbare Grundlage.

Wer geboren wurde und unter uns lebt, dessen Existenz kann nicht im Wege von Gesamtkalkulationen verrechnet oder den Interessen Dritter untergeordnet werden. Es bleibt sein Recht bis zum Tode; er kann darüber verfügen und hat im übrigen ein Recht auf einen würdigen, das heißt auch selbstbestimmten Tod. Die Stufungen beziehen sich einzig und allein auf die vorgeburtliche Phase.

IV. Konsequenzen

Fragen wir abschließend, welche Konsequenzen das hier vorgestellte Konzept hat. Eine erste denkbare Folge, die Relativierung des strikten Lebensrechts am Ende, wurde soeben ausgeschlossen. Was bedeutet die Stufung des vorgeburtlichen Lebensschutzes nun etwa für die Frage nach der verbrauchenden Embryonenforschung? Kann und darf Forschung hier alles? Auch hier lautet die klare Antwort: nein.

Denn dargelegt ist ja mit alledem bislang lediglich *erstens*, daß die Verwendung (überzähliger) Embryonen zur Forschung nicht auf gleicher Stufe mit Menschenversuchen steht. Und dargelegt ist *zweitens*, daß dem wachsenden Leben im Mutterleib ein stärker werdender Lebensschutz mit entsprechend ansteigender rechtlicher Intensität entspricht – bis dieser Schutz mit der Geburt zu einem ‚strikten' Lebensrecht wird.

Im Gegenschluß bedeutet dies alles aber keineswegs, daß frühestes embryonales Leben *in vitro* beliebigen Zugriffen völlig schutzlos preisgegeben wäre. Alle Beschränkungen und Verfahrensregelungen für den Import von Stammzellen, wie sie auch von der Mehrheit des Nationalen Ethikrates gefordert wurden [30], lassen sich ja nur dadurch erklären, daß menschliches Leben auch im Zygoten- oder Blastozytenstadium kein bloßer Rohstoff ist, keine Biomasse, keine beliebig ausbeutbare Ressource. Hinsichtlich der Gewichtung der abzuwägenden Belange bleibt freilich zu bedenken, daß es bei der Forschung an überzähligen Embryonen allein um die früheste, nämlich die pränidative Phase geht und wir es mit absolut schmerzunfähigen, noch nicht einmal individuierten Zellverbänden zu tun haben, deren alternatives Schicksal in der Kryokonservierung *ad infinitum* oder ihrer „Entsorgung" bestünde. [31]

So schafft die Einsicht in vorgeburtliche Stufungen des Lebensschutzes zunächst lediglich eine argumentative Ausgangslage, auf deren Basis *überhaupt* Abwägungen zwischen dem Zugriff auf Frühformen humanen embryonalen Lebens einerseits, der Forschungsfreiheit mit der langfristigen Zielperspektive medizinischer Heilverfahren andererseits in Betracht gezogen werden können. Alles weitere ist und bleibt Sache wie verantwortungsvoll wahrzunehmende Aufgabe des parlamentarischen Gesetzgebers. [32]

Literatur

[1]   N. Hoerster, Ethik des Embryonenschutzes. Ein rechtsphilosophischer Essay, 2002, S. 34. – Die Nachweise beschränken sich im folgenden auf ein Minimum. Für ausführlichere Belege zur Gesamtdebatte und zur Menschenwürdeproblematik siehe H. Dreier, Lebensschutz und Menschenwürde in der bioethischen Diskussion, in: ders./W. Huber, Bioethik und Menschenwürde, 2002, S. 9-49

[2]   Vgl. R. Neidert, Zunehmendes Lebensrecht, in: DEUTSCHES ÄRZTEBLATT 2000, S. A 3483 ff.

[3]   Deren Argumentation ist zusammengefaßt in der Stellungnahme des Nationalen Ethikrates „Zum Import menschlicher embryonaler Stammzellen" vom Dezember 2001, 2002, S. 28 ff. („Argumente wider die Gewinnung von embryonalen Stammzellen"), die hier vertretene Position deckt sich mit den dort S. 14 ff. vorgetragenen „Argumente(n) für die Gewinnung von embryonalen Stammzellen".

[4]   BVerfGE 39, 1 (45)

[5]   V. Gerhardt, Der Mensch wird geboren. Kleine Apologie der Humanität, 2001

[6]   Zum folgenden auch A. Lübbe, Das Bundesverfassungsgericht hat gesprochen: Embryonen sind Menschen zweiter Klasse, in: KritV 76 (1993), S. 313 ff (314)

[7] Hoerster, Ethik (Fn. 1), S. 43 f.

[8] R. Schröder, Die Forschung an embryonalen Stammzellen, Ms. 2002, S. 29. (erscheint in: BERLINER THEOLOGISCHE ZEITSCHRIFT 2002)

[9] A. Eser/H.-G. Koch, Schwangerschaftsabbruch im internationalen Vergleich, Teil 3: Rechtsvergleichender Querschnitt – Rechtspolitische Schlußbetrachtungen – Dokumentation zur neueren Rechtsentwicklung, 1999, S. 580

[10] Vgl. U. Schroth, JZ 2002, 170 (177); jüngst auch B. Schlink, Aktuelle Fragen des pränatalen Lebensschutzes, 2002, S. 8 (Diese Schrift ist erst nach Abschluß des Manuskriptes erschienen und konnte nur noch in den Fußnoten berücksichtigt werden. H.D.)

[11] H. Däubler-Gmelin, Die Würde des Embryos ist unbezweifelbar, in: FAZ Nr. 118 vom 22.5.2001, S. 52 f. (Interview)

[12] Hierzu und zum folgenden BVerfGE 88, 203 (279, 321 ff.)

[13] BVerfGE 98, 265 (296 ff.)

[14] Treffend Hoerster, Ethik (Fn. 1), S. 60

[15] Im konkreten Fall hatte ein Abtreibungsgegner vor einer gynäkologischen Praxis, in der unter Beachtung der gesetzlichen Bestimmungen Schwangerschaftsabbrüche vorgenommen wurden, Handzettel mit der Aufschrift „Stoppt rechtswidrige Abtreibungen in der Praxis ..." (es folgten Name und Anschrift). Das LG Heilbronn gab dem Unterlassungsbegehren des Praxisinhabers mit der Begründung statt, daß ein Schwangerschaftsabbruch, „dessen Voraussetzungen detailliert geregelt sind und an dessen Durchführung zudem staatliche und kirchliche Stellen im Rahmen des obligatorischen Beratungsgespräches mittelbar mitwirken, ... nach dem Verständnis eines unvoreingenommenen und verständigen Publikums wenn auch nicht erwünscht, so doch rechtmäßig" sei. Diese Entscheidung (LG Heilbronn, in: Zeitschrift für Lebensrecht 2002, 20 ff.) wurde in der nächsten Instanz in vollem Umfang bestätigt (OLG Stuttgart, ebd., S. 54 f.).

[16] A. Eser, in: Schönke/Schröder, Kommentar zum StGB, 26. Auflage 2001, § 218a Rn. 69

[17] Vgl. nur BVerfGE 88, 203 Leitsatz 3

[18] BVerfGE 88, 203 (256 f.). Die folgenden Zitate im Text finden sich auf S. 257.

[19] Hoerster, Ethik (Fn. 1), S. 47

[20] So die ganz h. M.: vgl. A. Eser, in: Schönke/Schröder, Kommentar zum StGB, 26. Auflage 2001, § 218a Rn. 2; J. Wessels/M. Hettinger, Strafrecht, Besonderer Teil/1, 26. Auflage 2001, Rn. 231 f.

[21] W. Esser, Die Rechtswidrigkeit des Aborts, in: MedR 1983, S. 57 ff. (59)

[22] Die Strafrechtler ziehen überwiegend mit dem Einsetzen der Geburtswehen die entscheidende Trennlinie: vgl. eingehend R. Herzberg/A. Herzberg, Der Beginn des Menschseins im Strafrecht – Die Vollendung der Geburt, in: JZ 2001, S. 1106 ff. (welche jedoch selbst dafür votieren, den maßgeblichen Zeitpunkt erst in der Vollendung der Geburt zu sehen).

[23] Zum Vorrang der Verfassung siehe nur R. Wahl, Der Staat 20 (1981), 485 ff.; H. Dreier, BayVBl. 1999, 513 ff.; P. Unruh, Der Verfassungsbegriff des Grundgesetzes, 2002

[24] Ausführlich M. Jestaedt, Grundrechtsentfaltung im Gesetz, 1999

[25] Siehe bereits H. Dreier, in: ders. (Hrsg.), Grundgesetz-Kommentar, Bd. I, 1996, Art. 1 I Rn. 56 ff., 62

[26] BVerfGE 39, 1 (37)

[27] G. Hermes/S. Walther, NJW 1993, 2337 ff.; H. Dreier, DÖV 1995, 1036 ff.; Schlink, Fragen (Fn. 10), S. 6 ff.

[28] BVerfGE 39, 1 (37)

[29] Als ‚absolut' kann es wegen der schon mehrfach erwähnten Fälle der Nothilfe, des Rettungsschusses, der Militäreinsätze etc. nicht gut bezeichnet werden. ‚Strikt' bringt zum Ausdruck, daß nur diese Fälle und solche von gleichem oder vergleichbarem Gewicht zur Einschränkung führen können. Eben das ist der zentrale Unterschied zum pränatalen Lebensschutz.

[30] Vgl. Stellungnahme (Fn. 3), S. 49 ff.

[31] Dazu Schröder, Forschung (Fn. 8), S. 12; Schlink, Fragen (Fn. 10), S. 17, 19 f.

[32] Beherzigenswert Schlink, Fragen (Fn. 10), S. 21: „Der Gesetzgeber des zu novellierenden Embryonenschutzgesetzes muß sich den Problemen stellen, statt sie rigoristisch zu leugnen oder listig an Importeure zu delegieren. (…) Die Welt zu belehren, daß sie im medizinisch-technischen Fortschritt innehält – dazu kommt die Philosophie zu spät und ist das Recht zu schwach. Gleichwohl darauf zu insistieren, daß sie innehalten soll, ist nicht nur müßig, sondern wird auch der Verantwortung nicht gerecht, die das Recht für die Begleitung des Fortschritts hat. Dem Fortschritt einen Rahmen zu geben, dieses zu erleichtern und jenes zu erschweren, im einzelnen auch zu verbieten – das ist die Möglichkeit und die Verantwortung, die das Recht hat."

Der Beitrag basiert auf einem Vortrag auf der Tagung „Genetik und die Zukunft des Menschen – Positionen aus dem Ethikrat", Schloß Elmau 19. bis 21. Juli 2002.

Braucht Deutschland Grüne Gentechnik?

von Hans-Olaf Henkel

Die Deutschen fürchten sich gerne: in den Siebzigern vor dem Computer, in den Achtzigern und Neunzigern vor dem Atom, heute vor der Manipulation der Gene. Die Furcht beruht oft auf Unkenntnis und dem fehlenden Einblick in wissenschaftliche Zusammenhänge. Sie führt zu der verbreiteten Haltung, im Zweifel lieber etwas nicht zu tun, dessen vollständige und totale Ungefährlichkeit nicht sicher bewiesen ist. Eigentlich eine vernünftige Haltung, wenn man mal davon absieht, daß die Nichtexistenz einer Sache gar nicht bewiesen werden kann. Wir sollten uns aber davor hüten, Vorurteile und unbegründete Befürchtungen von Minderheiten zum Maßstab des Handelns werden zu lassen, um „auf der sicheren Seite" zu sein. Denn oftmals werden dadurch ökonomische und gesellschaftlichen Entwicklungschancen verschenkt.

Die Grüne Gentechnik ist so ein Fall. Hier münden Vorbehalte der Bevölkerung in Deutschland und der EU in eine seit 1999 extrem restriktive Politik. In der EU wird der Transfer von Grundlagenforschungsergebnissen aus dem Labor in die Anwendung stark erschwert. Ein EU-Moratorium verhindert weitgehend den Anbau (die Fachleute sprechen von „Freisetzung") gentechnisch veränderter Pflanzen. Die Zahl der Freisetzungen ist EU-weit von 264 im Jahr 1998 auf 88 im Jahr 2001 gesunken. In Deutschland von 18 auf 8 im selben Zeitraum. Verbraucherschutzministerin Renate Künast ist wie die Mehrheit der EU-Umweltminister für die Beibehaltung des Moratoriums. EU-Forschungskommissar Philippe Busquin ist dagegen, weil er die Abwanderung von Firmen und Arbeitsplätzen befürchtet. Wie ich finde zu Recht.

Man könnte es sich angesichts der Vorbehalte in der deutschen Bevölkerung einfach machen und sagen: Lassen wir's. Deutschland kann auf Grüne Gentechnik verzichten. Die Landwirtschaft ist, gemessen an der Zahl der Arbeitsplätze (943.000 von 41 Millionen) und des Anteils an der Bruttowertschöpfung aller Wirtschaftszweige (1,2%), in Deutschland ein unbedeutender Wirtschaftszweig. Da spielt es für die gesamtwirtschaftliche Entwicklung eigentlich kaum eine Rolle, was in diesem Sektor passiert. Zumal gentechnisch veränderte Pflanzen in Deutschland auf gerade einmal 400 Hektar angebaut werden. Die weltweite Anbaufläche dieser sogenannten GVOs betrug 2001 hingegen rund 53 Millionen Hektar und damit die vierfache Fläche der Bundesrepublik.

Aber können wir aus eigenem nationalen Entschluß auf Nahrungsmittel verzichten, bei deren Erzeugung gentechnisch veränderte Organismen eingesetzt wurden oder die direkt aus gentechnisch veränderten Pflanzen stammen?

Faktisch ist das längst nicht mehr möglich. Dazu sind die internationalen Verflechtungen der Agrarwirtschaft viel zu eng, der Anbau gentechnisch modifizierter Pflanzen weltweit viel zu verbreitet. Die EU-Staaten führen pro Jahr rund 40 Millionen Tonnen Getreide und Futtermittel ein, hauptsächlich Soja-Bohnen aus Nord- und Südamerika. Dort wird der Anbau gentechnisch veränderter Pflanzen (mit Herbizidtoleranz und Insektenresistenz) im großen Stil betrieben. In den USA stammen bereits sechzig Prozent der Sojabohnenernte aus transgenen Sorten.

Nun muß man wissen: Beimischungen „fremder" Gene zu herkömmlichen Feldfrüchten lassen sich überhaupt nicht verhindern. Durch die Lagerhaltung in großen Silos und den Transport in riesigen Containerschiffen kommt es zwangsläufig zu Vermischungen. Zweitens kommt es beim Anbau durch Fremdbestäubung zu Auskreuzungen, so daß Genmaterial aus GVOs auf benachbarte Felder gelangt. Das geschieht wohlgemerkt auch zwischen herkömmlich gezüchteten Sorten. Die Konsequenz: Garantiert Gentechnik-freie Lebensmittel gibt es nicht.

Faktisch Protektionismus durch die Hintertür

Die EU-Landwirtschaft ist auf den Import der genannten Futtermittel angewiesen. Die von Öko-Verbänden geforderte „Nulltoleranz" für Beimischungen „fremder" Gene bedeutete das Ende für Agrarimporte in die EU. Faktisch also Protektionismus durch die Hintertür.

Die deutsche Debatte dreht sich meist um die sprichwörtliche Gentomate. Die Tomate steht sinnbildlich für Nahrungsmittel, deren Geschmack, Haltbarkeit oder andere Eigenschaften mit gentechnischen Methoden verändert wurden. Die Erzeugung solcher Nahrungsmittel ist aber, soweit ich das beurteilen kann, gar nicht das Ziel der Wissenschaftler in den Labors. Die wichtigsten gentechnisch veränderten Kulturpflanzen sind nämlich Sojabohnen, Mais, Baumwolle, Raps, bei denen die Veränderungen nicht auf neue Eigenschaften der Feldfrucht zielen, sondern auf Erleichterungen beim Anbau (durch Herbizidtoleranz und Insektenresistenz). Weltweit nutzten das 1999 bereits 2 Millionen Landwirte. Heute sind es schon 5,5 Millionen. Die Einsparungen gegenüber herkömmlichen Anbau durch den Verzicht auf Schädlingsbekämpfungsmittel, Treibstoff und den höheren Ertrag werden für 1999 auf 700 Mio. US-$ beziffert. Man könnte auch sagen: Grüne Gentechnik schützt die Umwelt.

Die gegenwärtige restriktive Politik gefährdet auch die Entwicklung neuartiger nachwachsender (und damit umweltschonender) Rohstoffe. So ist es den Wissenschaftlern zweier Leibniz-Institute gelungen, Spinnengene in Tabakpflanzen zu übertragen. Die Pflanzen produzieren nun Eiweißstoffe, aus denen sich vollkommen allergiefreie Wundverbände und später vielleicht Seile mit ungeahnter Tragkraft herstellen lassen. In dieser und anderen Entwicklungen steckt großes ökonomisches Potential. Das dürfen wir nicht verschenken.

Kritiker werden entgegnen: Was nützt die beste Technologie, wenn sie gefährlich ist? Aber ist Grüne Gentechnik wirklich gefährlich, wie uns Öko-Verbände um Umweltaktivisten einreden wollen? Sind die Horrorvisionen von vagabundierenden Genen und Todesgefahren für Allergiker berechtigt? Die Forschung gibt eine ziemlich klare Antwort.

Professor Ulrich Wobus aus dem sachsen-anhaltinischen Gatersleben ist einer der führenden Experten. Der Direktor des Leibniz-Instituts für Pflanzengenetik und Kul-

HANS-OLAF HENKEL

turpflanzenforschung hat mir berichtet: „Bislang ließen sich alle prognostizierten Gefahren wissenschaftlich nicht belegen. Die Debatte wird vorwiegend ideologisch geführt. Angesichts der Tatsache, daß die gesamte US-Bevölkerung seit Jahren GVO-Nahrung konsumiert ohne einen einzigen, wissenschaftlich belegten Problemfall, ist die Vernichtung von Mais- und Rapsfeldern in Deutschland nach der Auffindung von Spuren von GVO-Erbmaterial (unter 0,1%) der beste Beleg für den gänzlich unrationalen Handlungsrahmen der Politik."

Die Akzeptanz der Gentechnik beim Wähler wächst

Warum handelt die Politik so? Weil die Politiker einen Chef haben, dem sie gefallen wollen. Das ist der Wähler. Wie denkt der über Gentechnologie? Verhalten positiv. Das Bundespresseamt hat Ende 2001 eine Allensbach-Umfrage zur Gentechnologie in Auftrag gegeben, die zeigt, daß die Akzeptanz wächst. 44% der Befragten glauben, daß der Nutzen die Risiken überwiegt. 1998 waren das erst 25%. Die Gruppe der Kritiker schrumpfte im selben Zeitraum von 34% auf 19%.

Offenbar paßte das Ergebnis der rot-grünen Regierung nicht in den Kram. Die Studie wurde lange unter Verschluß gehalten. Nur eine Zusammenfassung wurde öffentlich bekannt. Vor kurzem ist sie dann doch noch veröffentlicht worden.

Allerdings zeigt die Studie auch: Die wachsende Akzeptanz gründet vor allem auf den Hoffnungen bei der Bekämpfung schwerer Krankheiten und der Erkennung und Vermeidung von Erbschäden („Rote Gentechnik"). Der Einsatz der Grünen Gentechnik in der Landwirtschaft wird weniger positiv beurteilt. Dort gibt es nur knappe Mehrheiten für die Befürworter. Man ist versucht, diese Haltung zynisch zu nennen. Gentechnik, die dem deutschen Patienten hilft, ist erwünscht. Gentechnik, die auch den Hungernden in den Entwicklungsländern helfen würde, gilt als gefährlich.

Unser Wohlstand beruht auf Technologie

Hier besteht Handlungsbedarf. Politik und Wissenschaft müssen immer wieder klar machen: Unser Wohlstand beruht auf Technologie. Technologie beruht auf Forschung. Wir dürfen uns Forschungsskepsis nicht leisten, wenn wir in Deutschland weiter gut leben wollen und wenn wir unserer Verpflichtung gegenüber ärmeren Ländern gerecht werden wollen. Dies sollten alle politischen Parteien beherzigen. Wo es Vorbehalte und Vorurteile im Volk gibt, müssen sie sich um Aufklärung bemühen. Sie dürfen Vorurteile aus wahltaktischem Kalkül nicht noch verstärken. Diese Ermahnung richtet sich im Fall der Grünen Gentechnik an die rot-grüne Regierung. Im Fall des Zuwanderungsgesetzes richtet sie sich an die CDU/CSU. Aber das ist ein anderes Thema.

Braucht Deutschland Grüne Gentechnik? Ich möchte als Fazit ziehen: Die Welt braucht Grüne Gentechnik aus Deutschland.

Enquête-Kommissionen und Biopolitik

Erfahrungen und Überlegungen am Beispiel der
Enquête-Kommission Recht und Ethik der modernen Medizin

von Linus Geisler

Enquête-Kommissionen (EK) zählen heute auf Bundesebene zu den wichtigsten Instrumenten der Politikberatung. [1] Sie stellen eine der entscheidenden Schnittstellen zwischen Politik, Wissenschaft und auch Öffentlichkeit dar. Naturgemäß bilden sie gleichzeitig die aktuellen politischen und gesellschaftlichen Brennpunkte sowie Streitfragen ab, insbesondere wenn diese durch einen ausgeprägten Dissens bestimmt sind. So standen in den 60er und 70er Jahren „Fragen der Verfassungsreform", „Auswärtige Kulturpolitik" oder „Frau und Gesellschaft" auf den Themenlisten von EK. „Zukünftige Energiepolitik" beschäftigte in der 8. Wahlperiode des Bundestages (1976-80) eine aus sieben Parlamentariern und acht Sachverständigen gebildete EK.

Im Zuge der explosiven Entwicklung der Biowissenschaften trat die Auseinandersetzung mit der Gentechnologie und die Abschätzung von Technikfolgen in den Vordergrund des parlamentarischen Beratungsbedarfs (EK „Chancen und Risiken der Gentechnologie" sowie „Einschätzung und Bewertung von Technikfolgen; Gestaltung von Rahmenbedingungen der technischen Entwicklung"). In der vergangenen Legislaturperiode waren neben den dominierenden biopolitischen Fragen Herausforderungen durch den demographischen Wandel und die Globalisierung der Weltwirtschaft Themenstellungen für EK.

EK können nach § 56 der Geschäftsordnung des Deutschen Bundestages [2] zur „Vorbereitung von Entscheidungen über umfangreiche und bedeutsame Sachkomplexe", die das Parlament zu treffen hat, eingesetzt werden. Als Arbeitsgruppe aus Abgeordneten und Sachverständigen werden sie für jeweils eine Legislaturperiode berufen, sofern mindestens 25 Prozent der Mitglieder des Parlaments dies beantragen. EK stellen also, anders als beispielsweise der Nationale Ethikrat, parlamentarisch legitimierte Gremien dar. Die parlamentarischen Mitglieder werden von den jeweiligen Fraktionen entsandt. Die sachverständigen Kommissionsmitglieder gehören nicht dem Bundestag an. Es sind Wissenschaftler, die von den Fraktionen benannt und vom Bundestagspräsidenten in die Kommission berufen werden.

Die Aufgaben einer EK werden nicht selten in der Gewinnung und Verarbeitung von Informationen (Wissen, Datenmaterial, Literatur) gesehen, wobei neben dem internen Sachverstand der Mitglieder externer Sachverstand, beispielsweise im Rahmen von Anhörungen oder durch Einholung von Gutachten herangezogen werden kann. Die Gewinnung und Verarbeitung von Informationen für das Parlament stellt jedoch keineswegs das einzige und wahrscheinlich nicht einmal das wichtigste Instrumentarium einer EK dar. Der Abschlußbericht einer EK wäre dann kaum mehr als eine Datensammlung. Viel wichtiger erscheint die Frage, mit welcher Zielrichtung eine EK die von ihr gewonnenen und aufgearbeiteten Informationen an das Parlament heranträgt.

Enquête-Kommission Recht und Ethik der modernen Medizin (EKREM)

Am 24. März 2000 wurde die EKREM vom Deutschen Bundestag eingesetzt. Dies gelang erst nach einem längeren Anlauf. Noch im September 1999 hatten die Parlamentarischen Geschäftsführer der Fraktionen beschlossen, keine EK zur Biomedizin einzusetzen. Unter anderem wurde befürchtet, dies könne die Bioethikkonvention des Europarates stoppen oder den Beschluß nötiger Gesetze verzögern. [3] Auch um den Vorsitz der Kommission, der ursprünglich Wolfgang Wodarg (SPD) zugedacht war, entbrannten Auseinandersetzungen. Die Wahl von Margot von Renesse wurde in der SÜDDEUTSCHEN ZEITUNG als „Handstreich" im Streit um den Vorsitz der Kommission bezeichnet. [4] Die Kommission setzte sich aus 13 parlamentarischen Mitgliedern sowie 13 sachverständigen Mitgliedern zusammen, die weder dem Bundestag noch der Bundesregierung angehören durften.

Der Einsetzungsantrag der Fraktionen SPD, CDU/CSU, BÜNDNIS 90/DIE GRÜNEN und FDP vom 22. März 2000 [5] wurde unter anderem begründet mit der schnell fortschreitenden Entwicklung in Biologie und Medizin sowie mit neuen Ansätzen für Prävention, Diagnostik und Therapie bislang nicht oder nur begrenzt heilbarer Leiden. Diese Entwicklung, so lautete der Antrag, werfe zugleich „grundsätzliche ethische und moralische Fragen auf, die unser Verständnis von Gesundheit, Krankheit und Behinderung berühren und die Frage nach ihrer Vereinbarkeit mit dem verfassungsmäßig gebotenen Schutz der Würde des Menschen stellen".

Konkret angesprochen wurden Fragen der Fortpflanzungsmedizin und des Embryonenschutzes, der genetischen Diagnostik und des dazugehörenden Datenschutzes, der Allokation von Organersatz und der Xenotransplantation, des Klonens und des gezielten Eingriffs in die menschlichen Erbanlagen, ferner der Schutz des geistigen Eigentums an biologisch-medizinischen Innovationen sowie Probleme der Medizin an der Schwelle zwischen Leben und Tod.

Im Einzelnen wurde der Auftrag der Enquête-Kommission folgendermaßen beschrieben:
– den Sachstand über wichtige derzeitige und zukünftige Entwicklungen und daraus resultierende Probleme in der modernen medizinischen Forschung, Diagnostik und Therapie unter Einbeziehung ethischer, verfassungsrechtlicher, sozialer, gesetzgeberischer und politischer Aspekte darzustellen;
– die zugehörige Forschungspraxis zu untersuchen und insbesondere auf gesetzlich nur unvollständig geregelte Bereiche hinzuweisen;

–   Kriterien für die Grenzen der medizinischen Forschung, Diagnostik und Therapie
    sowie ihrer Anwendungen zu entwickeln, die das unbedingte Gebot zur Wahrung
    der Menschenwürde beinhalten.

Darüber hinaus war es der Wunsch des Parlaments, die Kommission solle sich an der
Beratung von Gesetzesvorhaben und an der Vorbereitung von Entscheidungen des
Deutschen Bundestages beteiligen, die das Arbeitsprogramm der Kommission betra-
fen. Außerdem sollte sie durch ihre Arbeit zu einer Vertiefung des öffentlichen Diskurses über die mit der Entwicklung und Anwendung der Biotechnologie und der modernen Medizin verbundenen Fragen beitragen.

In diesem Zusammenhang erscheint es erwähnenswert, daß der Auftrag an die
EKREM ausdrücklich auch die Entwicklung von *Kriterien für die Grenzen* der medizi-
schen Forschung umfaßt. Offenbar ohne Kenntnis dieses Auftragsinhaltes hat das
Herausarbeiten von Grenzkriterien gelegentlich der Kommission beziehungsweise
einzelnen Mitgliedern den Vorwurf fundamentalistischer Tendenzen eingetragen.

Im Einsetzungsantrag war damit das gesamte Panorama der ethisch und rechtlich
problematischen Aspekte der modernen Biomedizin in den Themenbereich der EK
einbezogen worden. Daß die umfassende und sorgfältige Aufarbeitung aller dieser
Themen in den verbleibenden zwei Jahren bis zum Ende der 14. Legislaturperiode
praktisch nicht geleistet werden konnte, war schon zu diesem Zeitpunkt abzusehen. Der
Untersuchungsauftrag einiger anderer EK nimmt sich dazu vergleichsweise eng gefaßt
aus.

Es war daher eine kluge Entscheidung der EKREM deutliche Schwerpunkte zu
setzen und den Mut aufzubringen, nicht ausführlich und/oder abschließend beratene
Themen in einem Kapitel „Desiderate" in ihrem Schlußbericht zu beschreiben. [6] Damit
konnte eine umfassende Beratung besonders wichtiger oder politisch brisanter Fragen
(zum Beispiel Import embryonaler Stammzellen) erreicht werden. Für die Darstellung
und Beratung zeitlich drängender Themenstellungen erfolgte auch die vorgezogene
Veröffentlichung als Zwischenbericht vor der Fertigstellung des Schlußberichtes am 29.
April 2002.

Im Verlauf ihrer Arbeit hat die Enquête-Kommission zwei solcher Zwischenberich-
te vorgelegt:

1. Der erste Zwischenbericht trug den Titel „Teilbericht zum Schutz des geistigen
Eigentums in der Biotechnologie" (Bundestagsdrucksache 14/5157) und wurde im
Januar 2001 fertig gestellt. Die Kommission nahm die Vorarbeiten zur Umsetzung der
Biopatent-Richtlinie der Europäischen Union in deutsches Recht zum Anlaß, die
Ergebnisse ihrer Beratungen über die künftige Entwicklung des Schutzes biotechnolo-
gischer Erfindungen vorzustellen.

2. Im November 2001 übergab die Kommission dem Bundestag ihren Zweiten
Zwischenbericht mit dem Titel „Teilbericht Stammzellforschung" (Bundestagsdrucksache 14/7546). [7]

Grundlage dieses mehr als zweihundert Seiten umfassenden Berichts war ein
Auftrag des Parlaments vom 5. Juli 2001. Damals hatte der Bundestag festgelegt, sich
noch im laufenden Jahr mit der Frage der Forschung an importierten humanen embryonalen Stammzellen zu befassen und dabei eine Stellungnahme der Enquête-Kommission zu berücksichtigen (Bundestagsdrucksache 14/6551). Der Bericht enthält im Anhang
auch den stenographischen Bericht der 214. Sitzung des Deutschen Bundestages vom

30. Januar 2002 (Plenarprotokoll 14/214) zu den drei Zusatztagesordnungspunkten, die sich mit Alternativen der rechtlichen Regelung des Imports menschlicher embryonaler Stammzellen beschäftigen. Diese Debatte wurde von politischer Seite und in der Öffentlichkeit mit großer Aufmerksamkeit verfolgt.

Ein wesentlicher Anteil der Arbeit der EKREM wurde innerhalb ihrer drei Themengruppen geleistet (Reproduktionsmedizin und Embryonenschutz, angewandte medizinische Forschung und neue diagnostische und therapeutische Verfahren sowie Genetische Daten). Die Themengruppen untersuchten ausgewählte Entwicklungen und Verfahren in der Medizin aus ethischer, verfassungsrechtlicher, sozialer, gesetzgeberischer und politischer Sicht und bereiteten die Empfehlungen der EK vor.

Schwerpunktmäßige Themenfelder des Abschlußberichtes waren:
– *In-vitro*-Fertilisation (IVF) und Präimplantationsdiagnostik (PID) sowie
– genetische Daten.

Der 600 Seiten umfassende Schlußbericht enthält darüber hinaus Beiträge zu Menschenwürde und Menschenrechten, zu individual- und sozialethischen Orientierungspunkten, zum Komplex Diskurs und Partizipation so wie allgemeine Empfehlungen zur Weiterführung der Ethikdebatte.

Biopolitisches Klima

Die EKREM, eingesetzt im Lauf des zweiten Jahres der Legislaturperiode und sozusagen behaftet mit dem Mangel der „späten Geburt", startete ihre Tätigkeit zu einem Zeitpunkt, in dem der Diskurs über Fragen der Biomedizin in einem zuvor kaum gekannten Ausmaß die Themenfelder von Gesellschaft, Politik, Wissenschaften, Medien und Kirchen bewegte. Die Entschlüsselung des menschlichen Erbgutes im Sommer 2000, die kurz davor gezeigte Möglichkeit, menschliche embryonale Stammzellen in Kulturen zu züchten, die rasanten Fortschritte der genetischen Diagnostik durch eine hocheffiziente Chiptechnologie, kontrovers diskutierte Patenterteilungen auf „biologische Materialien" durch das Europäische Patentamt u. a. bildeten den Zündstoff für Debatten ebenso in wissenschaftlichen Gremien und kirchlichen Akademien wie in den Feuilletons renommierter Tageszeitungen und in Talkshows. In Dutzenden biomedizinischen und biopolitischen Artikeln, zum Teil auf hohem Niveau, trug insbesondere die Frankfurter Allgemeine Zeitung dazu bei, die Vielfalt und Brisanz dieser Themen in der Öffentlichkeit bewußt zu machen und ständig „am Kochen" zu halten. Die FAZ vom 5. September 2001 sprach vom „heißen Herbst der Biopolitik", in dem weitreichende Entscheidungen zur Stammzellforschung, Präimplantationsdiagnostik, grünen Gentechnik und über Biopatente getroffen werden müßten. [8] Erst im Sommer 2000 habe sich in Berlin die Biopolitik als eigenständiges Feld etabliert.

Fast alle dieser Debatten wiesen als Schwachpunkt eine oft nur ungenaue Trennung zwischen Darlegung des jeweiligen Sachstandes auf der einen und politischer, ethischer und rechtlicher Bewertung auf der anderen Seite auf. Eine Durchtränkung mit weltanschaulichen und emotional gefärbten Argumenten diente nicht eben der Transparenz des Gegenstandes.

Gerade aus dieser Erfahrung heraus bemühte sich die EK um eine streng systematische Aufarbeitung ihrer Themen, getrennt nach Sachstand, ethischer Bewertung mit

Blick auf die Ziele und die Mittel und rechtlicher Bewertung, gefolgt von differenzierten Empfehlungen für das Parlament.

Stammzellforschung als biopolitischer Zündstoff

An kaum einer Frage entzündete sich die biopolitische Debatte intensiver als an der Gewinnung, Verarbeitung und dem Import von menschlichen embryonalen Stammzellen. Das Interesse an diesem Forschungszweig wurde schlagartig geweckt, nachdem 1998 erstmals humane embryonale Stammzellen isoliert und kultiviert werden konnten. [9]

Stammzellen sind Zellen, die sich durch Zellteilung selbst erneuern und in einzelne oder mehrere Zelltypen ausreifen können. Sie eignen sich deshalb vor allem für den Zell- und Gewebeersatz, nicht aber für die „Züchtung von Organen aus der Retorte" (wie immer wieder in der Laienpresse behauptet wird). Damit verbinden sich langfristig Hoffnungen auf neue therapeutische Maßnahmen bei Krankheiten, die bislang als nur unbefriedigend behandelbar gelten. Die Stammzellforschung strebt zudem ein vertieftes Verständnis der Entwicklung von Zellen, Geweben und Organen an (Entwicklungsbiologie).

Nach ihrer Herkunft unterscheidet man
– embryonale Stammzellen, gewonnen aus Embryonen, die durch *In-vitro*-Fertilisation entstanden sind (sogenannte überzählige Embryonen)
– durch Zellkerntransfer erzeugte embryonale Stammzellen (sogenanntes therapeutisches Klonen")
– embryonale Keimzellen aus Schwangerschaftsabbrüchen,
– neonatale Stammzellen aus Nabelschnurblut und
– adulte oder somatische Stammzellen, die gewebespezifisch und in jedem Lebensalter zu finden sind.

Die Herkunft der Stammzellen bestimmt entscheidend das Gewicht der ethischen Problematik. Die Gewinnung von Stammzellen aus sogenannten überzähligen Embryonen oder durch sogenanntes therapeutisches Klonen [10], die zwangsläufig einen „Embryonenverbrauch" voraussetzen, besitzt naturgemäß die höchste ethische Brisanz.

Für die rechtliche Beurteilung der Forschung an Embryonen und die Gewinnung von Stammzellen aus Embryonen ist das Embryonenschutzgesetz (ESchG) vom 13. Dezember 1990 maßgeblich. Das Embryonenschutzgesetz geht von einer umfassenden Schutzwürdigkeit des menschlichen Embryos *in vitro* aus. Die gesetzliche Regelung erfaßt den Embryo *in vitro* bis zu seiner Einnistung im Uterus der Frau. Mit dem Embryo darf nichts geschehen, was nicht seiner Erhaltung dient. [11] Die künstliche Befruchtung einer Eizelle und damit die Herstellung eines Embryos *in vitro* ist nur zum Zwecke der Herbeiführung einer Schwangerschaft erlaubt. [12]

Als Embryo im Sinne des Embryonenschutzgesetzes gilt „bereits die einzelne befruchtete, entwicklungsfähige menschliche Eizelle vom Zeitpunkt der Kernverschmelzung an, ferner jede einem Embryo entnommene totipotente Zelle, die sich bei Vorliegen der dafür erforderlichen weiteren Voraussetzungen zu teilen und zu einem Individuum zu entwickeln vermag." [13]

Damit ist die Erzeugung von Embryonen zu Forschungszwecken und die Forschung an Embryonen und einzelnen totipotenten Zellen in Deutschland verboten. Das

Verbot erstreckt sich auch auf solche Embryonen, die zum Zwecke der Herbeiführung einer Schwangerschaft hergestellt wurden, aber nicht mehr dafür verwendet werden können, etwa wegen nicht nur vorübergehender Erkrankung der Frau. Mit den Verboten, mehr Eizellen zu befruchten als der Frau innerhalb eines Zyklus übertragen werden können und mehr als drei Embryonen innerhalb eines Zyklus zu übertragen (§ 1 Abs. 1 Nrn. 3 und 5), zielt das Embryonenschutzgesetz darauf ab, die Entstehung von sogenannten überzähligen Embryonen, also solchen Embryonen, die auf die Dauer nicht mehr zur Herbeiführung einer Schwangerschaft verwendet werden können, zu vermeiden. [14]

Verbot oder Zulässigkeit eines Imports von humanen embryonalen Stammzellen sind im ESchG nicht geregelt, weil die Idee oder sogar die Möglichkeit der Vernutzung von Embryonen zu Forschungszwecken damals noch nicht konkret zur Debatte stand. In § 2 ESchG sollte umfassend eine Verwendung des extrakorporal verfügbaren Embryos zu anderen als Fortpflanzungszwecken ausgeschlossen werden. [15] Das Fehlen eines ausdrücklichen Verbots des Imports von menschlichen embryonalen Stammzellen wurde später als Regelungslücke interpretiert und der Import daher, insbesondere von seiten der Forschung, als nicht rechtswidrig angesehen. Dem wurde entgegengehalten, daß die Rechtslage zum Import dem Geist des Embryonenschutzgesetzes widerspricht.

Die Perspektive der Forschung geben die Empfehlungen der Deutschen Forschungsgemeinschaft zum Stammzellimport vom Mai 2001 wieder. In ihnen wurde von der Rechtmäßigkeit des Imports humaner embryonaler Stammzellen ausgegangen: „Akzeptiert man daher, daß Rechtsunterschiede im internationalen Vergleich nicht per se anstößig sind und Handlungen im Ausland, abgesehen von Fällen weltweit geächteten Unrechts, an den jeweils dort geltenden Rechtsvorstellungen zu messen sind, dann gibt es mit Blick auf die verfassungsrechtliche Garantie der Forschungsfreiheit keine Rechtfertigung dafür, die Forschung mit legal im Ausland hergestellten embryonalen Stammzellen grundsätzlich auszuschließen. Die DFG spricht sich daher dafür aus, die bestehende rechtliche Zulässigkeit des Imports menschlicher embryonaler Stammzellen nicht einzuschränken. Allerdings sollen nach Auffassung der DFG nur Stammzellen importiert werden dürfen, die aus sogenannten überzähligen Embryonen gewonnen wurden." [16]

Die Regelungsoptionen und Empfehlungen der EKREM zur Forschung an importierten embryonalen Stammzellen können als modellhaft für das prinzipielle Vorgehen der Kommission angesehen werden. Zunächst wurde der grundsätzliche Konsens der Kommissionsmitglieder formuliert und danach Regelungsalternativen aufgezeigt. Die Kommission ging von folgender gemeinsamer Position aus:

Die Enquête-Kommission des Deutschen Bundestages „Recht und Ethik der modernen Medizin" hielt angesichts der ethischen Konflikte die Gewinnung von Stammzellen aus Embryonen, wobei menschliches Leben vernichtet wird, auch weiterhin für nicht verantwortbar. Sie war sich darin einig, daß die Tötung von Embryonen zu Forschungszwecken verhindert werden sollte und sprach sich dafür aus, das hohe Schutzniveau des Embryonenschutzgesetzes beizubehalten.

Zur Frage des Imports menschlicher embryonaler Stammzellen zu Forschungszwecken wurden in der Enquête-Kommission zwei Argumentationslinien entwickelt, wobei beide Positionen in der Auffassung übereinstimmten, daß die erforderlichen

Regelungen gleichermaßen für den öffentlichen wie für den privaten Sektor gelten müßten und deshalb auf eine gesetzliche Grundlage gestellt werden sollten:

Argumentation A:

Die Enquête-Kommission spricht sich in Würdigung aller Argumente gegen den Import von menschlichen embryonalen Stammzellen aus. Sie ist der Meinung, daß der Deutsche Bundestag und die Bundesregierung alle Möglichkeiten ausschöpfen sollten, um den Import von menschlichen embryonalen Stammzellen zu verhindern.

Die Enquête-Kommission hält die Verwendung von menschlichen Embryonen zu Forschungszwecken, auch wenn diese im Ausland stattfindet, ethisch für nicht vertretbar und wissenschaftlich für nicht ausreichend begründet. Die notwendige Grundlagenforschung kann mit Stammzellen anderer Herkunft (embryonale Stammzellen von Primaten, Nabelschnurblut-Stammzellen, adulte Stammzellen u. a.) in ausreichendem Maße verfolgt werden, ohne das Tor für die Verzweckung von menschlichen Embryonen zu öffnen.

Argumentation B:

Nach den Beratungen der Enquête-Kommission erscheint es zweifelhaft, ob ein vollständiges Verbot des Imports von menschlichen embryonalen Stammzellen, die im Ausland aus Embryonen gewonnen wurden, verfassungs- und europarechtlich begründet werden kann. Der Import von menschlichen embryonalen Stammzellen ist daher unter engen Voraussetzungen zu tolerieren. Die Erfüllung der Voraussetzungen ist von einer transparent arbeitenden staatlich legitimierten Kontrollbehörde zu überwachen.

Als notwendige Voraussetzung für die Zulässigkeit des Imports sieht die Enquête-Kommission insbesondere an: Beschränkungen des Imports auf die derzeit bereits vorhandenen, aus kryokonservierten sogenannten überzähligen Embryonen gewonnenen embryonalen Stammzellinien (Festlegung eines bestimmten Stichtages entsprechend der „Bush-Regelung" vom 9. August 2001); Darlegung der Geeignetheit, Notwendigkeit und Verhältnismäßigkeit des Forschungsprojektes, für das der Import beantragt wird; Nachweis eines qualifizierten informed consent.

Ein Import ist unter diesen engen Genehmigungsvoraussetzungen im Rahmen einer ethischen Abwägung tolerierbar, zumal mit der Beschränkung der Zulässigkeit des Imports auf die derzeit bereits vorhandenen Stammzellinien die Tötung weiterer Embryonen zu Forschungszwecken verhindert wird.

Diese Importregulierung ist an die Gewährleistung des Embryonenschutzes in Deutschland auf seinem bisherigen hohen Niveau zu binden. [17]

Für die Argumentation A sprach sich mit 26 namentlich aufgeführten Stimmen die Mehrheit des Kommissionsmitglieder aus. Für die Argumentation B stimmten 12 Mitglieder, darunter die Vorsitzende.

Die Analyse zeigt, daß sich die beiden Argumentationslinien auf sehr unterschiedliche Voraussetzungen stützen. Position A führt vor allem ethische und wissenschaftliche Argumente ins Feld. Position B argumentiert in erster Linie mit der Schwierigkeit, ein Importverbot verfassungs- und europarechtlich durchzusetzen, weshalb der Import unter engen Voraussetzungen zu tolerieren sei. Sie geht ferner davon aus, daß mit der

Beschränkung der Zulässigkeit des Imports auf die derzeit bereits vorhandenen Stammzellinien (Stichtagsregelung) die Tötung weiterer Embryonen zu Forschungszwecken verhindert werde.

Mit diesen Regelungsalternativen hat die Kommission einen Kern an konsensfähigen Inhalten dargestellt, aber dann keine einheitliche Empfehlung abgegeben, sondern eine „Gabelung" der Argumentationslinien erarbeitet, allerdings mit unterschiedlichen Mehrheiten. Hier stellt sich die Frage, ob diese unterschiedlichen Mehrheiten als weitere indirekte „Empfehlung" an das Parlament zu verstehen sind. Warum dies zu verneinen ist, wird später begründet.

Das Stammzellgesetz (StZG)

Der Teilbericht Stammzellforschung (Drucksache 14/7546) wurde am 30. Januar 2002 in einer fast vierstündigen Sitzung im Deutschen Bundestag in Form dreier fraktionsübergreifender Anträge beraten. Erwartungsgemäß tauchten die Argumente des Teilberichts in der Debatte in vielfältiger Weise auf. So wurden zum Beispiel die verfassungsrechtlichen Bedenken gegen ein totales Importverbot [18] oder das Argument der Schutzwürdigkeit des Embryos von Anfang an [19] in den Debatten immer wieder eingebracht. Von radikalen Verfechtern eines uneingeschränkten Importverbotes wiederum wurde die Stammzellforschung als unverzichtbar angesehen („menschenfreundliche Basisinnovation des 21. Jahrhunderts") und zwar ebenfalls mit dem Menschenwürdeargument [20].

In der 2. Abstimmung (Schlußabstimmung) wurde der Antrag „*Keine verbrauchende Embryonenforschung: Import humaner embryonaler Stammzellen grundsätzlich verbieten und nur unter engen Voraussetzungen zulassen*" (Drucksache 14/8102) der Abgeordneten Maria Böhmer, Margot von Renesse, Andrea Fischer und andere., der den Import embryonaler Stammzellen unter Auflagen zuläßt, mit 339 von 618 Stimmen angenommen. Er entspricht im Kern der Argumentationslinie B. Damit war eine Umkehrung der Mehrheitsverhältnisse im Vergleich zu den Empfehlungen des Stammzellberichts zu verzeichnen. Dieser Antrag wurde im wesentlichen inhaltlich in das Stammzellgesetz vom 28. Juni 2002 (Gesetz zur Sicherstellung des Embryonenschutzes im Zusammenhang mit Einfuhr und Verwendung menschlicher embryonaler Stammzellen – StZG) übernommen.

Das StZG verbietet in § 4 zwar grundsätzlich die Einfuhr und Verwendung embryonaler Stammzellen, erlaubt aber unter bestimmten, enggefaßten Voraussetzungen doch den Import (§ 5). So müssen hochrangige Forschungsziele oder die Entwicklung diagnostischer, präventiver oder therapeutischer Verfahren beim Menschen angestrebt werden, und der Erkenntnisgewinn soll voraussichtlich nur mit embryonalen Stammzellen erreichbar sein. Diese Prämisse erscheint allerdings fragwürdig, da sie einen nicht unerheblichen Erkenntnisgewinn über embryonale Stammzellen voraussetzt.

Die Einfuhr und Verwendung embryonaler Stammzellen zu Forschungszwecken setzt voraus, daß
- die embryonalen Stammzellen im Herkunftsland vor dem 1. Januar 2002 gewonnen und in Kultur gehalten wurden (Stichtagsregelung),
- die Stammzellen aus Embryonen stammen, die für die künstliche Befruchtung erzeugt wurden und „überzählig" sind und

- kein Entgelt oder geldwerter Vorteil für die Überlassung der Embryonen geleistet wurde.

Die genauere Analyse zeigt, daß das neue StZG nicht nur einseitig einer einzelnen Argumentationslinie folgt. Das hohe Schutzniveau des Embryonenschutzgesetzes wird beibehalten und der Import humaner embryonaler Stammzellen grundsätzlich verboten. Die Ausnahmen vom Importverbot sind enggefaßt und nur für hochrangige und alternativlose Forschungsziele zulässig. Nicht zu Unrecht wurde allerdings kritisiert, daß Alternativlosigkeit und Hochrangigkeit in der Forschung normativ nicht unumstrittene Begriffe sind. Hochrangigkeit ist häufig erst *a posteriori* zu belegen, und Alternativlosigkeit im strikten Sinne äußerst selten gegeben.

Konkret betrachtet hat der Stammzellbericht der EnquêteKREM dem Parlament einen umfassenden Informationsstand über die Stammzellforschung geboten und sich mehrheitlich in einer Argumentationslinie gegen den Import humaner embryonaler Stammzellen ausgesprochen. Die parlamentarische Debatte über diesen Bericht hatte dann jedoch zu einer gesetzlichen Regelung geführt, die den Import grundsätzlich verbietet, in engen Grenzen jedoch für Forschungszwecke zuläßt.

Auswirkungen des Stammzellgesetzes

Das Stammzellgesetz ist vielfach als nicht befriedigender Kompromiß zwischen den Wünschen der Forschergemeinde und den Vertretern eines von Anfang an umfassenden Würde- und Lebensschutzes menschlicher Embryonen bewertet worden. Was einerseits als Einengung der Forschungsfreiheit ausgelegt wurde, erschien andererseits als Beginn der Aushöhlung des Embryonenschutzes. Gerade die Hauptintention des Gesetzes, dem Verbrauch von Embryonen insgesamt für die Forschung einen wirksamen Riegel vorzuschieben, erscheint nicht gesichert. Diesen Zweifel habe ich an anderer Stelle begründet. [21]

Die Kritik der Forscher richtete sich vor allem gegen die Stichtagsregelung. Sie erlaube lediglich den Import von Stammzellinien, die nicht nach neuesten Standards etabliert worden und deshalb für bestimmte Fragestellungen *a priori* nicht aussagefähig seien. Im internationalen Wettbewerb der Stammzellforschung bedeute dies einen gravierenden Nachteil. Auch die mögliche Kontaminierung mit infektiösem Material schließe die Verwendung für therapeutische Ansätze beim Menschen aus.

Die Deutsche Forschungsgemeinschaft (DFG) übte ungewöhnlich deutliche Kritik am Bundestag und dessen forschungspolitischen Entscheidungen. Durch sie drohe die deutsche Wissenschaft international ins Hintertreffen zu geraten. Auf der Jahresversammlung der DFG in Bonn kritisierte der damalige DFG-Präsident Ernst-Ludwig Winnacker dabei vor allem das seit Juni 2002 geltende Stammzellgesetz und die Aufnahme des Tierschutzes als Staatsziel in das Grundgesetz. Beides seien Beispiele für eine „provinzielle Praxis deutscher Parlamentsarbeit"[22]. Begrüßt wurde die im §15 StZG vorgesehene Regelung, wonach die Bundesregierung dem Bundestag im Abstand von zwei Jahren, erstmals zum Ablauf des Jahres 2003, einen Erfahrungsbericht über die Durchführung des Gesetzes zu übermitteln hat.

Die Kirchen in Deutschland würdigten hingegen die Arbeit der EKREM und ihre Impulse für die öffentliche Diskussion. [23] Sie habe mitbewirkt, daß in den jüngsten

Debatten des Parlaments zu biopolitischen Fragen ethische Aspekte über die Parteigrenzen hinweg erörtert worden seien. Der Vorsitzende der Deutschen Bischofskonferenz, Kardinal Karl Lehmann, sprach dem Abschlußbericht der Enquête-Kommission des Deutschen Bundestages „Recht und Ethik der modernen Medizin" deutliches Lob aus. Der Bericht sei es „wert, gründlich studiert zu werden und verdient es nicht, in Schubladen zu verschwinden" [24].

In der Debatte des Bundestages über die Arbeit der Kommission am 13. Juni überwog ein positives Echo. Die frühere Bundesjustizministerin Herta Däubler-Gmelin (SPD) bewertete die Arbeit der Bundestags-Enquête-Kommission Recht und Ethik der modernen Medizin als vorbildlich. Die Kommission habe mit ihrem Abschlußbericht nicht nur eine gute Vorlage für das Parlament gegeben, sagte Däubler-Gmelin. Sie sei mit ihrer Arbeit auch ein Vorbild dafür, wie demokratische Institutionen mit neuen Fragen, wie sie sich etwa aus der Gentechnik ergeben, umgehen können. [25]

Daß das deutsche Stammzellgesetz möglicherweise auch im europäischen Raum eine gewisse Wirkung entfaltet hat, ist an der Tatsache abzulesen, daß bis Ende 2003 keine EU-Gelder für die Forschung an embryonalen Stammzellen bereitgestellt werden. Im sechsten Forschungsrahmenprogramm der EU wurden praktisch die deutschen Auflagen für die Stammzellforschung übernommen. [26]

Was sollen und was können Enquête-Kommissionen für die Politik leisten?

Eine bemerkenswerte Einschätzung der Auswirkungen der Enquêtearbeit auf das parlamentarische Gesetzgebungsverfahren stammt von der Vorsitzenden der Kommission Margot von Renesse: „Ich denke, daß wir ein Stück weitergekommen sind, wenn wir – wie wir das beim Stammzellgesetz versuchsweise getan haben, wie schlecht und recht auch immer – Wege finden, Gegenwart und Zukunft zu ermöglichen, ohne letzte Fragen zu entscheiden. Vieles von dem, was wir entscheiden, ist nur scheinbar prinzipiell. Viel von unseren Erfahrungen, Einschätzungen, Sorgen und Ängsten kommt hinzu. Ich denke, das alles gehört mit zur Realität." [27] Politik, schreibt Volker Gerhardt, sei „als ganzes ein riskanter Großversuch mit dem Leben". [28] Das gilt in noch strengerem Maße für Biopolitik. Sie soll nichts Geringeres als den Umgang der Gesellschaft mit dem Leben regeln und zwar auf Feldern, die eine bisher nie für denkbar gehaltene Einflußnahme auf frühestes menschliches Leben ermöglichen, Verwerfung und Vernutzung menschlicher Embryonen eingeschlossen. Dabei stehen ethisch bedenkliche Eingriffsmöglichkeiten in einem starken Spannungsbogen zu möglicher Linderung oder gar Verhinderung menschlichen Leidens. Dieser Spannungsbogen, dessen Auflösung im öffentlichen Diskurs oftmals als unmöglich erscheint, darf nicht verhindern, daß gesetzliche Regelungen geschaffen werden, die ein „rechtes Leben" ermöglichen. Einem Parlament kann nicht auch noch die Bürde aufgeladen werden, über „letzte Fragen" zu entscheiden. Die Politik wiederum kann einer sie beratenden Kommission, wie zum Beispiel der EKREM, nicht eine Antwort auf derartige „letzte Fragen" abverlangen.

Enquête-Kommissionen sollen daher nicht alternativlose Regelungsmodelle anbieten, sondern (auch) Entscheidungsgabelungen, die sorgfältig untermauerte, unterschiedliche Argumentationslinien widerspiegeln. Es geht nicht um eine plakative Gegenüberstellung von Pro- und Contra-Positionen, sondern um das Aufzeigen von verschiedenen Regelungsalternativen für das Parlament.

Die „Dienstleistung", die eine EK für das Parlament erbringen kann, ist in erster Linie eine sorgfältige Differenzierung und Gewichtung von Problemen und Positionen. Soweit Konsens über unverrückbare ethische Grenzen besteht, hat sie diese aufzuzeigen. Bei abweichenden Meinungen sollte sie für das Parlament Gabelungen für die möglichen Entscheidungen und Regelungsalternativen aufzeigen, wobei Enquête-interne Mehrheitsverhältnisse eine eher untergeordnete Rolle spielen. Denn EK können aufgrund ihrer Zusammensetzung keine Abbildung der Meinung der Gesellschaft im Maßstab 1:1 sein.

Was das Parlament von einer EK erwarten kann, ist neben der Darstellung des aktuellen Sachstands das Aufzeigen des Regelungsbedarfs und der Regelungsmöglichkeiten sowie die Unterbreitung von Regelungsvorschlägen – durchaus auch im Sinne von Regelungsalternativen. Es kann jedoch nicht Aufgabe einer EK sein, Entscheidungen des Parlaments zu präformieren, die politische Auseinandersetzung vorwegzunehmen oder Bühne für parlamentarische Auseinandersetzungen zu sein.

Schlußberichte einer EK können ebenso wenig wie gesetzliche Entscheidungen in der Biopolitik ein letztes Wort in ethisch-philosophischen Grenzfragen darstellen. Regelungen in der Biopolitik zeitlich zu begrenzen oder eine zeitnahe Rechtsfolgenabschätzung zu bestimmen, erscheint als sinnvoll.

Eine neue Enquête-Kommission
Recht und Ethik der modernen Medizin?

Von den verschiedensten Seiten wurde auch für die gegenwärtige Legislaturperiode die Einsetzung einer Enquête-Kommission, die sich mit ethischen und rechtlichen Fragen der Biomedizin beschäftigt, für sinnvoll und notwendig angesehen. [29] Dies einmal mit Hinweis auf die umfangreichen Desiderate der jetzt zu Ende gegangenen EK, vordringlicher jedoch im Hinblick auf die großen Zukunftsprobleme der Biomedizin. Sie reichen von Eingriffen in die Keimbahn mit dem Ziel der Eliminierung „schädlicher" genetischer Faktoren, aber auch der „Optimierung" (enhancement) des Erbgutes bis zu der Frage, ob menschliches Leben für menschliches Leben genutzt werden darf und in wieweit durch solche Eingriffe das normative Selbstbild des Menschen verändert wird. [30] Hier eine qualifizierte Debatte vorzubereiten und gesetzliche Regelungsmöglichkeiten oder -alternativen zu erarbeiten dürfte sich als besonders verantwortungsvolle Herausforderung erweisen.

In einem eigenen Kapitel zur „Struktur der Ethikdebatte in Deutschland und im Ausland" hat die EKREM in ihrem Schlußbericht dem Deutschen Bundestag empfohlen, sich mit der Frage der Kultur der Ethikdebatte in Deutschland und ihrer adäquaten Förderung und Organisierung zu befassen und eine geeignete Institution zu schaffen, die im Dialog mit der Öffentlichkeit die parlamentarische Debatte und Entscheidung in medizin- und bioethischen Fragen angemessen vorbereitet und begleitet. Dies sollte in der Arbeitsweise einer Enquête-Kommission oder in Form einer ständigen Kommission geschehen, auf der nicht der Zeitdruck der Begrenzung auf eine Legislaturperiode lastet. Es sei darauf zu achten, daß

- die erforderliche demokratische Legitimation durch Beschluß des Bundestages gewährleistet ist;
- die sachliche Kompetenz vorhanden ist;
- die Unabhängigkeit der Arbeit gewährleistet ist. Erwägenswert ist eine Ansiedlung beim Bundespräsidenten oder beim Deutschen Bundestag;
- die Gefahr einer Delegation der parlamentarisch zu treffenden Entscheidungen vermieden wird (kein Stellvertreter-Gremium für die Volksvertreterinnen und Volksvertreter);
- ein angemessener Austausch mit dem Parlament stattfindet;
- die Beratungsprozesse, die Positionen der beteiligten Akteure und die Arbeitsergebnisse transparent gemacht werden;
- die Vernetzung mit der öffentlichen Debatte und den gesellschaftlichen Gruppen und Institutionen, mit der wissenschaftlichen Entwicklung und den Institutionen der Wissenschaft, den Gremien der beruflichen Selbstverwaltung und den bereits bestehenden Einrichtungen im Bereich der Medizin- und Bioethik angemessen hergestellt wird und
- die notwendige Partizipation an der europäischen und internationalen Debatte und Entscheidungsfindung erfolgt.

Ebenso hat die Kommission dem Bundestag empfohlen, für den notwendigen Dialog mit der Öffentlichkeit folgende Instrumente aufzugreifen oder auszubauen:

- die aktuelle Unterrichtung der Öffentlichkeit durch Berichte, Gutachten, Stellungnahmen und ähnliches unter Nutzung der Möglichkeiten des Internets;
- Dialogveranstaltungen und öffentliche Anhörungen;
- Kooperation mit Gremien und Institutionen außerhalb des Parlaments;
- Förderung von Möglichkeiten des Dialogs innerhalb der Gesellschaft mit Hilfe des Internets (Online-Foren und -Konferenzen und ähnliches);
- intensive Zusammenarbeit mit den Medien.

Schlußbemerkungen

Es ist abzusehen, daß die Politik schon in naher Zukunft durch rasante Fortentwicklungen der Biomedizin noch mehr als bisher vor kaum gekannte Herausforderungen gestellt werden wird. Der Bundestag steht gegenüber den Bürgern in der Pflicht, demokratische Kontrolle und parlamentarische Verantwortung in der Biomedizin wahrzunehmen. [31] Die Aufgabe, zwischen dem Möglichen und dem Verantwortbaren, dem Wünschenswerten und dem ökonomisch Leistbaren möglichst eindeutig zu differenzieren, wird er angesichts der Komplexität der Materie alleine nicht zu leisten vermögen. Auf die Beratung durch parlamentarisch legitimierte, sachkundige und unabhängige Gremien wird die Legislative nicht verzichten können. Diese sollen weder die parlamentarische Debatte ersetzen noch gesetzliche Regelungen präformieren. Ihre Aufgabe ist die Darstellung und Gewichtung von Problemen, das Aufzeigen von

Grenzen und die Erarbeitung von Regelungsempfehlungen, wobei durchaus mehrere begründete Alternativen entwickelt werden können. Dabei sollte die europäische und internationale Ethikdebatte im Blickfeld behalten werden. Enquête-Kommissionen erfüllen in der Regel diese Voraussetzungen. Der Ort der Entscheidung bleibt auch in Zukunft das Parlament.

Literatur

[1]   Heyer, Chr., St. Liening: Stichwort Enquête-Kommissionen. Deutscher Bundestag. Referat Öffentlichkeitsarbeit

[2]   Geschäftsordnung des Deutschen Bundestages (GO-BT)

[3]   Emmrich, M.: Der Streit beginnt nach der Einigung. Im Blickpunkt: Weichen für Kommission zu moderner Medizin gestellt. FRANKFURTER RUNDSCHAU, 23.02.2000

[4]   SÜDDEUTSCHE ZEITUNG vom 25./26.3.2000: „Die SPD-Abgeordnete war ursprünglich eine Gegnerin jener Kommission, für deren Vorsitz sie nun vorgeschlagen wird."

[5]   Antrag der Fraktionen SPD, CDU/CSU, BÜNDNIS 90/GRÜNE und FDP. Einsetzung einer Enquête-Kommission Recht und Ethik der modernen Medizin. Bundestagsdrucksache 14/3011 vom 22.03.2000

[6]   Schlußbericht der Enquête-Kommission Recht und Ethik der modernen Medizin. Desiderate, S. 409-445. Zur Sache 2/2002

[7]   Enquête-Kommission Recht und Ethik der modernen Medizin: Stammzellforschung und die Debatte des Deutschen Bundestages zum Import von menschlichen embryonalen Stammzellen. Zur Sache 1/2000

[8]   FRANKFURTER ALLGEMEINE ZEITUNG vom 5.9.2001, Nr. 206 / Seite 5

[9]   Thomson, J. A. et al: Embryonic stem cell lines derived from human blastocysts. Science 282,1145-1147, 1998

[10] Beim therapeutischen Klonen ergibt sich eine zusätzliche ethische Problematik durch den hohen Bedarf an weiblichen Eizellen.

[11] § 2 Abs. 1 ESchG: „Wer einen extrakorporal erzeugten oder einer Frau vor Abschluß seiner Einnistung in der Gebärmutter entnommenen menschlichen Embryo veräußert oder zu einem nicht seiner Erhaltung dienenden Zweck abgibt, erwirbt oder verwendet, wird mit Freiheitsstrafe bis zu drei Jahren oder mit Geldstrafe bestraft." Abs. 2: „Ebenso wird bestraft, wer zu einem anderen Zweck als der Herbeiführung einer Schwangerschaft bewirkt, daß sich ein menschlicher Embryo extrakorporal weiterentwickelt."

[12] § 1 Abs. 1 Nr. 1 ESchG: „Mit Freiheitsstrafe bis zu drei Jahren oder mit Geldstrafe wird bestraft, wer … es unternimmt, eine Eizelle zu einem anderen Zweck künstlich zu befruchten, als eine Schwangerschaft der Frau herbeizuführen, von der die Eizelle stammt, …".

[13] Vgl. § 8 Abs. 1 ESchG

[14] Das Embryonenschutzgesetz hat in diesem Punkt seine Wirkung effektiv entfaltet, da es auch nach elfjähriger Geltung nach Kenntnis der Behörden nur wenige „überzählige" Embryonen in Deutschland gibt.

[15] Keller, R. et al: Embryonenschutzgesetz – Kommentar zum Embryonenschutzgesetz. Kohlhammer, Stuttg. Bln. Köln. 1992

[16] Empfehlungen der Deutschen Forschungsgemeinschaft zur Forschung mit menschlichen Stammzellen 3.5.2001

[17] Enquête-Kommission Recht und Ethik der modernen Medizin: Stammzellforschung und die Debatte des Deutschen Bundestages zum Import von menschlichen embryonalen Stammzellen. Zur Sache 1/2000, S. 136

[18] Margot von Renesse (SPD): „Ich meine, daß ein „Nein-Gesetz" an der Klippe der Verfassung scheitern würde. Der „TÜV" in Karlsruhe könnte anderer Meinung sein."

[19] Wolfgang Wodarg (SPD): „Alle Menschen in allen Entwicklungsphasen haben Anteil an der Menschenwürde."

[20] Peter Hintze (CDU/CSU): „Uns geht es um die Menschenwürde, um den Respekt vor der Würde des Menschen, der auch darin seinen Ausdruck findet, daß wir unsere Kraft, unsere Fähigkeit und unseren Willen einsetzen, damit Menschen geholfen wird..."

[21] Geisler, L.: Stammzellen - Rechtliche Aspekte. Vortrag anläßlich der Tagung „Deutscher Arzt Recht Tag 2002" am 9.3.2002 in Frankfurt am Main: „Es gibt gute Gründe zu bezweifeln, daß das geplante Gesetz dem Verbrauch weiterer Embryonen zur Gewinnung humaner embryonaler Stammzellen tatsächlich entgegenwirken kann. Jede nach Deutschland importierte Stammzelllinie reduziert den Gesamtbestand der Stammzelllinien im Ausland und damit das verfügbare „Angebot". Dadurch entstehen verstärkte Anreize zur Tötung weiterer Embryonen für die Etablierung neuer Stammzelllinien. Das gleiche gilt, wenn sich erweisen sollte, daß die vorhandenen Stammzelllinien qualitativ den Ansprüchen der Forschung nicht genügen. Dieses Gesetz wird allenfalls – zeitlich begrenzt – verhindern können, daß weitere Embryonen für die deutsche Forschung verbraucht werden, nicht aber wegen der Embryonenforschung in Deutschland."

[22] „Deutscher Wissenschaft droht Rückfall", SÜDDEUTSCHE ZEITUNG VOM 4.7.2002

[23] Gemeinsames Schreiben von Kardinal Lehmann und Präses Manfred Kock an die Mitglieder der Enquête-Kommission Recht und Ethik der modernen Medizin vom 14.5.2002

[24] DIE WELT vom 05.06.2002 (Politik/Deutschland)

[25] Deutsches Ärzteblatt Online vom 14.6.2002

[26] Netzeitung vom 30.09.2002: EU übernimmt deutsche Auflagen für Stammzellforschung

[27] 242. Sitzung des Deutschen Bundestages am 13.6.2002, Tagesordnungspunkt 7.

[28] Gerhardt, V.: Was Biopolitik ist und was gegen sie spricht. Zeitschrift für Biopolitik. Nr. 1, Jg 2002, S. 43-47

[29] FRANKFURTER ALLGEMEINE ZEITUNG vom 31.10.2002, Nr. 253, Seite 1

[30] Honnefelder, L.: Dialogveranstaltung der EKREM am 3.6.2002 in Karlsruhe

[31] Hubert Hüppe (MdB), ehemaliger Stellvertretender Vorsitzender der EKREM. Pressemitteilung vom 17. 10. 2002. „Ein richtiger erster Schritt ist hierbei die zügige Wiedereinsetzung einer Enquête-Kommission, wie sie auch der Schlußbericht der Kommission „Recht und Ethik der modernen Medizin" (BT-Drs. 14/9020) empfohlen hat."

Wachsender Embryo – wachsendes Lebensrecht?

von Rainer Beckmann

In seinem Aufsatz „Stufungen des vorgeburtlichen Lebensschutzes" (ZEITSCHRIFT FÜR BIOPOLITIK 2/2002, S. 4 ff.) versucht der Würzburger Verfassungsrechtler Horst Dreier aufzuzeigen, daß eine „kategoriale Differenz" zwischen dem Lebensrecht geborener Menschen und dem Schutz „vorgeburtlichen Lebens" bestehe. Gleichzeitig plädiert er für einen abgestuften („wachsenden") vorgeburtlichen Lebensschutz. Seine auf den ersten Blick eingängige „Beweisführung" bleibt jedoch an der Oberfläche: Eine genuin verfassungsrechtliche Argumentation ist nicht zu erkennen; die unterschiedlichen Kategorien, denen der „geborene Mensch" und „das vorgeburtliche Leben" angehören sollen, werden nicht genannt; eine Begründung, weshalb die gesetzlichen Abstufungen im vorgeburtlichen Lebensschutz richtig sind, sucht man vergebens.

I. Die vergebliche Suche nach einem „kategorialen Unterschied"

Im ersten Teil seiner Ausführungen bemüht sich Dreier, einen „kategorialen Unterschied zwischen dem Lebensrecht geborener Personen und dem Schutz ungeborenen Lebens" [1] darzulegen. Er begründet seine Auffassung mit Ausführungen zum Zivil- und Strafrecht und durch Bezugnahme auf die Rechtsprechung des Bundesverfassungsgerichts.

1. Bürgerliches Recht

Daß die Rechtsfähigkeit des Menschen gemäß § 1 BGB mit der Vollendung der Geburt beginnt, ist hinlänglich bekannt, aber wenig aussagekräftig für den Umgang mit dem vorgeburtlichen Leben. Systematisch dürfte seit jeher unstrittig sein, daß § 1 BGB sich allein auf die *zivilrechtliche* Rechtsfähigkeit bezieht. Diese Norm enthält keine für alle Rechtsbereiche gültige Festlegung der Rechtsposition des Menschen.

Immerhin erkannten bereits die Verfasser des BGB, daß es nicht angemessen wäre, wenn ein noch nicht geborener Abkömmling, der aber bereits „unterwegs" ist, von der Erbfolge ausgeschlossen würde. In § 1923 Abs. 2 BGB wurde hierfür eine gesetzestechnische Lösung gefunden. Der „nasciturus" wird so behandelt, als wäre er zum Zeitpunkt des Erbfalls bereits geboren gewesen. Die Existenz des ungeborenen Kindes wird darüber hinaus von den Zivilgerichten im Deliktsrecht berücksichtigt.[2] Dem hat sich das Bundessozialgericht bei Versorgungs- und Opferentschädigungsansprüchen angeschlossen.[3]

2. Strafrecht

Zutreffend führt Dreier an, daß die Tötung geborener Menschen im Strafrecht ungleich stärker bestraft wird als die ungeborener Menschen. Das Wort „Mensch" kommt in § 211 StGB, nicht aber in den §§ 218 ff. StGB vor. Diese Ungleichbehandlung muß allerdings nicht unbedingt darauf beruhen, daß den unterschiedlichen Rechtsfolgen die Auffassung zugrundeläge, es seien Rechtsgüter „unterschiedlicher Kategorie" betroffen. Das in den einzelnen Strafrechtsbestimmungen angedrohte Strafmaß richtet sich nicht allein nach dem geschützten Rechtsgut, sondern auch nach tat- und täterbezogenen Merkmalen. Im Falle der Abtreibungsvorschriften wurden von dem ursprünglich sehr hohen Strafmaß im Laufe des 20. Jahrhunderts immer stärkere Abstriche gemacht, weil zunächst die soziale und später die „psychosoziale" Bedrängnissituation ungewollt schwangerer Frauen in den Blick genommen wurde. Im Rahmen der ersten grundlegenden Reform des Abtreibungsstrafrechts in den 70er Jahren hat der Gesetzgeber dann ausdrücklich Konfliktlagen (Indikationen) normiert. Bei der Neufassung der Vorschriften im Jahr 1995 wurde das Bestehen einer Konfliktlage generalisierend vorausgesetzt und deshalb eine verpflichtende Beratung vorgeschrieben. [4]

Sicherlich hat es auch immer wieder Stimmen gegeben, die im menschlichen Embryo keinen Menschen, sondern etwas anderes gesehen haben. Diese Sichtweise hatte aber – wenn man den Gesetzesbegründungen und den jeweiligen parlamentarischen Äußerungen glauben darf – nie bestimmenden Einfluß auf die Motivation des Gesetzgebers. Bei den jeweiligen Reformvorhaben wurden Schutzbedürftigkeit und Schutzwürdigkeit ungeborener Kinder nicht in Zweifel gezogen. Die Zahl der Abtreibungen sollte reduziert werden. [5] Auch bei der letzten Reform ging es darum, durch die Rücknahme der Strafdrohung und die Etablierung eines „Beratungsschutzkonzeptes" einen besseren Schutz als zuvor zu erreichen. [6]

Die Aussage, der Embryo werde „nicht als Mensch im Sinne der Tötungsdelikte" [7] betrachtet, ist für das Strafrecht einerseits formal richtig, andererseits aber auch tendenziöse Interpretation. Bereits die systematische Stellung der §§ 218 ff. StGB in dem Abschnitt des Strafgesetzbuches, in dem die Tötungsdelikte zusammengefaßt sind, belegt, daß es auch hier um Menschen geht. Alle Tötungsdelikte des StGB beziehen sich auf den Menschen. Wenn es nun außer einem Grundtatbestand der Tötung, in dem ausdrücklich von Menschen die Rede ist, noch spezielle Strafvorschriften gibt, die sich sachlich mit der vorgeburtlichen Phase des Menschseins befassen, dann kann man daraus nicht auf eine unterschiedliche Qualifizierung als „Menschen" und „Nicht-Menschen" schließen, sondern lediglich auf unterschiedliche zeitliche Anwendungsbereiche. [8]

3. Rechtsprechung des Bundesverfassungsgerichts

Für seine Auffassung von der „kategorialen Differenz" zwischen geborenen Menschen und „ungeborenem Leben" stützt sich Dreier auch auf die Rechtsprechung des Bundesverfassungsgerichts: „Der Gesetzgeber ist grundsätzlich nicht verpflichtet, die gleichen Maßnahmen strafrechtlicher Art zum Schutze des ungeborenen Lebens zu ergreifen, wie er sie zur Sicherung des geborenen Lebens für zweckdienlich und geboten hält". [9] Diese Aussage würde die Annahme einer „kategorialen Differenz", aber nur dann stützen, wenn sie auch vom BVerfG entsprechend begründet wäre. Weder in der zitierten

Entscheidung, noch zu einem späteren Zeitpunkt hat das BVerfG jedoch die vor- und nachgeburtliche Lebensphase des Menschen unterschiedlichen verfassungsrechtlichen Kategorien zugeordnet. Es hat vielmehr stets die Gleichwertigkeit beider Lebensphasen unterstrichen und die Art. 1 (Menschenwürde) und 2 Abs. 2 S. 1 GG (Lebensrecht) für einschlägig gehalten. [10] Dem Gericht ging es ersichtlich um die Frage, mit welchem Instrumentarium ein möglichst wirksamer Schutz erreicht werden könne. Es nimmt daher auch in dem genannten Zitat Bezug auf den Gesichtspunkt der „Zweckdienlichkeit". Der grundrechtliche Status oder die „Kategorie", in die das ungeborene Leben im Gegensatz zum geborenen Leben einzuordnen sei, hat damit nichts zu tun.

4. Geburt entscheidend?

Worin nun die „kategoriale Differenz" zwischen „geborenen Menschen" und dem „ungeborenen Leben" besteht, sagt Dreier letztlich nicht. Er bleibt bei der bloßen Behauptung stehen, die „fundamentale Zäsur der Geburt" werde verkannt. Es sei eben so, „wie Volker Gerhardt schreibt: ‚Der Mensch wird geboren'." [11]

Nun ist es aber auch so, daß der Mensch (jedenfalls bislang ganz überwiegend) gezeugt wird und eine ca. neunmonatige Entwicklung im Mutterleib hinter sich hat, wenn er geboren wird. Er fällt nicht plötzlich bei der Geburt fertig vom Himmel, sondern ist schon vorher „da", wenn auch im Mutterleib verborgen. Die Entwicklung jedes Menschen beginnt lange vor der Geburt und ist mit der Geburt nicht beendet. Die Aussage Dreiers: „Damit [i.e.: mit der Geburt] tritt er unter uns, wird einer von uns: als selbständige Person ..." ist so nicht richtig. Der „selbständige" Säugling tritt nirgendwohin, sondern muß noch lange Zeit getragen werden und braucht jede Menge Hilfestellung, um seine Anlagen entfalten und zu einer „selbständigen Person" werden zu können.

Auch wenn es sich nur wenige wünschen werden, könnte die Sichtweise von Dreier schon in nicht allzu ferner Zeit von der biotechnologischen Entwicklung überholt werden. Wissenschaftler arbeiten seit längerem daran, die vorgeburtliche Entwicklung in eine künstliche Gebärmutter zu verlagern. [12] Sollte sich herausstellen, daß es möglich ist, auch ohne Geburt ausgewachsene Exemplare der Gattung *Homo sapiens* „herzustellen", wäre der Geburtsvorgang als Kriterium der Menschwerdung überflüssig.

Die von Dreier insinuierte Vorstellung, daß vor und nach der Durchtrennung der Nabelschnur Lebewesen unterschiedlicher Kategorie existierten („kategoriale Differenz"), geht offenkundig fehl. Warum bekennt er nicht Farbe und sagt, welcher Kategorie von Lebewesen denn das ungeborene Kind (ob nun im 2. oder 8. Schwangerschaftsmonat) angehören soll? Es wäre interessant zu erfahren, mit welchen embryologischen Erkenntnissen dem ungeborenen Kind der Charakter des Menschseins abgesprochen werden könnte.

II. Stufen des Lebensschutzes in der Rechtsordnung und ihre Bedeutung

Im zweiten Teil seines Aufsatzes geht Dreier auf die unterschiedlichen zeitlichen Phasen des vorgeburtlichen Rechtsschutzes ein, die sich aus den Bestimmungen der §§ 218 ff.

StGB ergeben. [13] Während in der pränidativen Phase kein Strafrechtsschutz besteht (§ 218 Abs. 1 S. 2 StGB), steigt die Schutzintensität bis zur Geburt an (bis zur 12. Schwangerschaftswoche gilt die Beratungsregelung – § 218 a Abs. 1 StGB –, danach die medizinische Indikation – § 218 a Abs. 2 StGB). Der phasenweise aufgehobene beziehungsweise äußerst schwache Strafrechtsschutz sei mit einer Position, die vollen Lebens- und Würdeschutz ab Verschmelzung von Ei- und Samenzelle postuliere, nicht vereinbar. [14]

1. Inkonsequenz der Gegner ersetzt keine Begründung

Dreier greift damit zunächst die Inkonsequenz derer an, die von einem verfassungsrechtlich gebotenen Lebensschutz für ungeborene Kinder von Anfang an ausgehen, aber an den geltenden Strafrechtsbestimmungen zum Schwangerschaftsabbruch nichts auszusetzen haben. Mit dieser Kritik hat Dreier weitgehend recht. Die Inkonsequenz zahlreicher Politiker und Juristen, die einerseits einen verfassungsrechtlichen „vollen" oder „strikten" Lebensschutz für den Embryo bejahen, aber im einfachen Recht keine Konsequenzen daraus ziehen, ist jedoch kein Beweis für die Richtigkeit des von Dreier propagierten „gestuften Lebensschutzes".

Das gilt um so mehr, als Dreier selbst inkonsequent ist und auch für die frühesten Entwicklungsphasen des menschlichen Lebens die verbrauchende Embryonenforschung nicht unbeschränkt zulassen will. Dreier hält die „Verwendung (überzähliger) Embryonen zur Forschung" nicht für „Menschenversuche". [15] Wenn menschliche Embryonen keine Menschen und die Forschung an ihnen keine „Menschenversuche" sind, dann kommen Art. 1 und 2 GG als Schutznormen nicht in Betracht. Was sollte aber dann der für die Embryonenforschung reklamierten Forschungsfreiheit entgegenstehen – insbesondere, wenn es sich einerseits um „hochrangige Forschungsziele" und andererseits nur um so genannte „überzählige" Embryonen handelt? Hier nimmt Dreier ohne ersichtlichen Grund keine konsequente Position ein. Wer mit dem Vorwurf der Inkonsequenz arbeitet, sollte darauf achten, selbst konsequent zu sein.

2. Aussagekraft der strafrechtlichen Fristen

Zur Begründung seines Konzepts verweist Dreier auf die im Abtreibungsstrafrecht vorhandenen Phasen unterschiedlicher Schutzintensität. Soweit er dabei schlicht die geltende Rechtslage nach dem StGB darstellt, hat er – beschränkt auf den Bereich der natürlichen Zeugung – mit seiner Analyse im wesentlichen recht. Die Vorschriften der §§ 218 ff. StGB kennen eine anwachsende Intensität des Lebensschutzes von der Zeugung bis zur Geburt.

Von diesen gesetzlichen Gegebenheiten (dem rechtlichen „Sein") auf die Begründetheit seines Lebensschutzkonzepts (dem rechtlichen „Sollen") zu schließen, wäre aber verfehlt. Gesetze sind nicht deshalb richtig, weil sie so sind, wie sie sind. Ob sich der von Art. 1 bzw. 2 Abs. 2 S. 1 GG geforderte Lebensschutz in den einfachen Gesetzen hinreichend realisiert hat oder hinter dem gebotenen Schutz zurückbleibt, müßte erst einmal begründet werden. Dazu bringt Dreier nichts vor.

Betrachtet man die unterschiedlichen Phasen des Schutzes nach dem StGB, finden sich auch keine Anhaltspunkte, die eine Differenzierung beim Lebensrecht rechtfertigen würden.

a) Nidation

Die Straflosigkeit von Handlungen, deren Wirkung vor Abschluß der Einnistung des befruchteten Eies in der Gebärmutter eintritt (§ 218 Abs. 1 S. 2 StGB), beruht nicht auf der Berücksichtigung einer biologisch-anthropologischen Zäsur in der vorgeburtlichen Entwicklung. Sie wurde im Zuge der Abtreibungsreform in den 70er Jahren aus pragmatischen Gründen eingeführt, um die Verwendung von Nidationshemmern zur Geburtenkontrolle zu ermöglichen. [16]

Nur zum Teil wurde damals die „Individuation" oder „Personalisation" als maßgebliches Kriterium für die Entstehung eines neuen menschlichen Individuums angesehen. [17] Die „Individuation" galt mit dem Abschluß der Einnistung am 13. Entwicklungstag des Embryos ebenfalls als abgeschlossen. Dieses Kriterium gelangte durch die vier Strafrechtssonderausschußberichte des Jahres 1974 an prominenter Stelle in die Gesetzesmaterialien. [18] Der Theorie von der „Individuation" wurde aber in der politischen Diskussion keine nennenswerte Bedeutung beigemessen.

Als Anknüpfungspunkt für die Maßgeblichkeit der Nidation könnte der Umstand dienen, daß vor dem Abschluß der Einnistung des Embryos in die Gebärmutterschleimhaut eine Mehrlingsbildung noch nicht ausgeschlossen ist. Aus Versuchen mit Tierembryonen ist bekannt, daß jede einzelne Zelle eines frühen Embryos (etwa bis zum 8-Zell-Stadium) nach Trennung von den anderen Zellen die Fähigkeit besitzt, sich selbständig weiterentwickeln zu können (,,totipotente" Zellen). [19] So können auf natürlichem wie auch auf künstlichem Wege eineiige Zwillinge oder höhergradige Mehrlinge entstehen. Die grundsätzliche Teilungsfähigkeit besteht aber auch noch bis zum Abschluß der Einnistung in die Gebärmutter am 13. Entwicklungstag, da die Keimscheibe des in der Einnistung befindlichen Embryos sich noch teilen kann. [20] Ist diese Teilung nicht vollständig, dann entstehen sogenannte „siamesische Zwillinge". Kann also bis zum Abschluß der Einnistung von „individuellem" Leben gesprochen werden, obwohl dieses Wesen noch „teilbar" ist? [21]

Zunächst ist an dieser Fragestellung zu beanstanden, daß aus Überlegungen, die absolute Ausnahmefälle betreffen – es entstehen ca. ein bis zwei Prozent Mehrlinge, wovon nur ein Bruchteil (ca. 0,4 Prozent) eineiig ist -, eine für den Normalfall gültige Bewertung abgeleitet werden soll. Das Gegenteil ist richtig. Aus der Tatsache, daß in fast allen Fällen aus mehreren angeblich totipotenten Zellen dennoch nur ein Kind hervorgeht, muß man schließen, daß innerhalb dieses Zellverbandes eine Zuordnung der Zellen und damit ein Ausschluß der Möglichkeit zur Mehrlingsbildung gegeben ist.

Die künstliche Teilbarkeit von Mehrzell-Embryos bis etwa zum 8-Zell-Stadium, die in der Tierzucht verbreitet und wohl auch beim Menschen möglich ist, und die zur selbständigen Weiterentwicklung der abgespaltenen Zellen zu vollständigen Individuen führt, kann als ungeschlechtliche Vermehrung aufgefaßt werden, ohne die Individualität des ursprünglichen Embryos zu verneinen. [22] Der Begriff des „Individuums" kommt aus der griechischen Naturphilosophie und bezeichnet den „kleinstmöglichen Teil einer Substanz, bei deren analytischer Zertrennung der Charakter dieser Substanz verloren ginge ...". [23] Bei lebenden Organismen gibt es aber offensichtlich zwei gegensätzlich Arten der Teilung: die Zerstörung des Organismus durch Beschädigung der Ganzheit und die Teilung zur ungeschlechtlichen Vermehrung. „Biologische Unteilbarkeit" und „Individualität" im philosophischen Sinne sind keine sich entsprechenden Begriffe. Ein individueller Organismus, der sich durch Teilung vermehren kann, verliert dadurch nicht den Charakter eines Individuums.

Bestätigt wird diese Überlegung durch die in den letzten Jahren entwickelte Methode des reproduktiven Klonens. [24] Die Erzeugung von genetischen Kopien erwachsener Tiere – erstmals gelungen mit dem Klon-Schaf „Dolly" – wird dadurch erzielt, daß der Ausgangsorganismus durch Entnahme eines Zellkerns „geteilt" wird. Dessen Individualität bleibt aber von diesem Vorgang unberührt. [25]

Die embryologische Faktenlage bietet letztlich keinen Ansatzpunkt dafür, die Nidation als einen qualitativen Sprung in der vorgeburtlichen Entwicklung zu betrachten. Sie ist biologisch ein allmählicher Vorgang, der bereits am 5. bis 6. Entwicklungstag beginnt und sich über mehrere Tage hin erstreckt. Vor und nach dieser Phase ist eine kontinuierliche humanspezifische Entwicklung in einem dynamischen, sich selbst organisierenden System gegeben, die irreversibel auf die Ausprägung der Endgestalt zustrebt. [26]

b) 12-Wochen-Frist

Hinsichtlich der 12-Wochen-Frist (§ 218 a Abs. 1 Nr. 3 StGB) ist keine embryonale „Wachstumsstufe" erkennbar, die Anlaß für einen „wachsenden Lebensschutz" im Sinne Dreiers sein könnte. Weder bei der erstmaligen Einführung einer solchen Befristung im Rahmen der sogenannten „Fristenlösung" von 1974 [27] noch zu einem späteren Zeitpunkt wurde die für diesen Zeitraum vorgesehene Straffreiheit damit begründet, daß es nach der 12. Entwicklungswoche des ungeborenen Kindes einen „qualitativen Sprung" gebe, der für den unterschiedlichen strafrechtlichen Schutz davor beziehungsweise danach maßgebend sei.

Die 12-Wochen-Frist kann man nicht einmal mit der medizinischen Terminologie in Zusammenhang bringen. Das ungeborene Kind wird bis zum Ende der achten Entwicklungswoche als „Embryo", danach als „Fötus" bezeichnet. [28]

c) 22-Wochen-Frist

Soweit Dreier als weitere „Stufe" des Lebensschutzes die 22-Wochen-Frist des § 218 a Abs. 4 StGB bemüht [29], ist wiederum kein Gesichtspunkt erkennbar, der mit der „Qualität" oder dem „Wachstum" des Embryos zusammenhängen könnte. Es handelt sich um einen persönlichen Straffreistellungsgrund für die Frau [30], das heißt der Arzt handelt bei der Abtreibung rechtswidrig und macht sich strafbar. Ob diese Privilegierung der Frau berechtigt ist oder nicht, muß hier nicht diskutiert werden. Sie hat jedenfalls mit der Rechtsqualität und dem Lebensrecht des Embryos als solchem nichts zu tun. Das gleiche gilt auch für die Befristung der früheren eugenischen beziehungsweise embryopathischen Indikation. Diese orientierte sich an den technischen Möglichkeiten der pränatalen Diagnostik zum Nachweis von vorgeburtlichen Gendefekten. Auch insoweit ist ein Zusammenhang mit dem „Wachstum des Embryos" nicht ersichtlich.

d) Berücksichtigung des Embryonenschutzgesetzes

Bezeichnenderweise bezieht Dreier das Embryonenschutzgesetz bei seinen „Stufen"-Überlegungen nicht mit ein. Das ESchG dokumentiert aber eine Schutzkonzeption innerhalb der geltendenden Rechtsordnung, die dem Konzept von Dreier diametral entgegensteht: hoher Schutz trotz geringen Wachstums. Das ESchG ist damit ein weiterer Beweis dafür, daß es dem Gesetzgeber bei seinen Schutzvorschriften gerade nicht auf das Wachstum des Embryos ankommt, sondern andere Motive ausschlaggebend sind. Dreier versucht gar nicht erst, das ESchG in sein angeblich aus dem „geltenden Recht" abgeleitetes Konzept zu integrieren. Bei seiner Erwiderung auf Einwände löst er dieses Problem auf elegante, aber wenig überzeugende Weise: man könne das ESchG ja liberalisieren![31]

Der Deutsche Bundestag hat erst jüngst durch die Verabschiedung des Stammzellgesetzes (StZG) die Motive für den Erlaß des Embryonenschutzgesetzes, nämlich den Schutz der Menschenwürde und des Lebens, bekräftigt[32] und auch zur Grundlage des Umgangs mit embryonalen Stammzellen gemacht. Aus der staatlichen Verpflichtung, „die Menschenwürde und das Recht auf Leben zu achten und zu schützen" wird unter anderem das Ziel abgeleitet, „zu vermeiden, daß von Deutschland aus eine Gewinnung embryonaler Stammzellen oder eine Erzeugung von Embryonen zur Gewinnung embryonaler Stammzellen veranlaßt wird".[33] Beides würde den „Verbrauch", also die Tötung menschlicher Embryonen voraussetzen.

Es ist schon gewagt, aus größtenteils willkürlichen, mit der embryologischen Entwicklung nicht in Einklang zu bringenden Fristen ein „gestuftes Lebensschutzkonzept" herleiten zu wollen. Wenn dieses Unternehmen dann auch noch als „immanente Rekonstruktion der Rechtsordnung" beziehungsweise „des geltenden ... Rechts"[34] ausgegeben wird, obwohl ein Teil des geltenden Rechts (der sich genau auf den Bereich bezieht, dem Dreier eine argumentative Rechtfertigung verschaffen will) seiner Auffassung diametral entgegensteht, dann ist der Boden einer seriösen Darstellung verlassen.

Aus dem geltenden Recht läßt sich gegenwärtig nur ablesen, daß Embryonen *in vitro* und Embryonen *in utero* unterschiedlich behandelt werden. Dies mag nachvollziehbare Gründe haben oder auch nicht.[35] Ein möglicher Verstoß gegen den Gleichbehandlungsgrundsatz als solcher besagt nicht, in welche Richtung dieser „Wertungswiderspruch" aufgelöst werden müßte. Weshalb das niedrigere Schutzniveau – statt des höheren – verwirklicht werden soll, bedarf der Begründung. Dreier begründet aber nichts, sondern verweist dort, wo seine These unstimmig ist, schlicht auf die Möglichkeit der Gesetzesänderung.[36]

3. Das Bundesverfassungsgericht als untauglicher Kronzeuge

Dreier ist sich offenbar bewußt, daß seine Darlegungen aus sich heraus nicht zu überzeugen vermögen. Er beruft sich daher mehrfach auf das Bundesverfassungsgericht. Seine Konzeption begreife sich als Rekonstruktion des geltenden „und für verfassungsgemäß befundenen Rechts".[37] Das von ihm herangezogene Normgefüge habe „das BVerfG für verfassungskonform befunden", er bewege sich „gleichsam auf geprüfter Verfassungsgrundlage".[38]

Diese Autoritätsargumentation bleibt jedoch ohne Wirkung, weil Dreier gleichzeitig die einschlägigen Entscheidungen des BVerfG als „in sich hoffnungslos inkonsequent"[39] brandmarkt. Ein solch schwerwiegender Vorwurf entwertet genau die Verfassungsgerichtsurteile, die Dreier als Bestätigung der eigenen Position ausgibt. Ist eine Argumentation inkonsequent und widersprüchlich, dann taugt sie überhaupt nicht als Beweis. Das gilt umso mehr, wenn sich die Gegenposition mindestens genauso gut auf das BVerfG berufen kann wie Dreier. So sagt das Gericht unter anderem, das „verfassungsrechtlich gebotene Maß des Schutzes ist unabhängig vom Alter der Schwangerschaft. Das Grundgesetz enthält für das ungeborene Leben keine vom Ablauf bestimmter Fristen abhängige, dem Entwicklungsprozeß der Schwangerschaft folgende Abstufungen des Lebensrechts und seines Schutzes". [40]

4. Schweigt die Verfassung zum Lebensrecht Ungeborener?

Dreier entledigt sich der Notwendigkeit einer genuin verfassungsrechtlichen Argumentation mit der Behauptung, in Bezug auf das ungeborene Leben schweige die Verfassung. [41] Ist dem wirklich so?

Natürlich finden sich keine konkreten Aussagen zur Embryonenforschung oder ähnlichem. Die heute anstehende Diskussion über den Schutz menschlicher Embryonen, die im Rahmen der extrakorporalen Befruchtung entstehen und zum begehrten Forschungsobjekt geworden sind, konnten die Mütter und Väter des Grundgesetzes nicht erahnen. Insofern schweigt die Verfassung tatsächlich. Sie schweigt aber auch zum Thema „informationelle Selbstbestimmung" oder anderen „modernen" Rechtsproblemen, die keine wörtliche Erwähnung im Grundgesetz fanden. Es kommt also auf eine Interpretation der Verfassungsnormen an.

Die Würde „des Menschen" ist unantastbar und „jeder" – was soviel heißt wie „jeder Mensch" – hat ein Recht auf Leben (Art. 1 Abs. 1 und 2 Abs. 2 S. 1 GG). Was heißt das? Stellen wir uns auf den Standpunkt, es herrsche Einigkeit, daß der neugeborene Säugling ein Mensch ist (so auch Dreier). Mit welchem Argument will man begründen, daß er eine Stunde oder eine Minute vor der Geburt kein Mensch gewesen sei? Wenn wir es also auch vor der Geburt mit Menschen zu tun haben, ist in Bezug auf die weiteren Entwicklungsphasen davor zu fragen, ob an diesem oder jenem Punkt der entscheidende Schritt zum Menschen gemacht wird. Wo entsteht im Laufe der vorgeburtlichen Entwicklung aus einem nicht-menschlichen Gebilde oder Wesen ein Mensch? Hier ist nicht der Ort, diesen Fragen im einzelnen nachzugehen. [42] Man sollte aber die Verfassung an diesem zentralen Punkt ernster nehmen als es Dreier tut und danach fragen, was denn sinnvollerweise „Mensch" im Kontext des Art. 1 bzw. „jeder" in Bezug auf Art. 2 Abs. 2 S. 1 GG heißen kann.

5. „Zunehmendes" und „abnehmendes" Lebensrecht

Als „vielleicht gewichtigsten Einwand" erwähnt Dreier schließlich die „bedrohlichen Perspektiven", die sich mit seinem Konzept am Ende des Lebens auftun könnten. Müsse nicht die Relativierung des frühembryonalen Lebens zu einer parallelen Abstufung am Ende des Lebens führen? [43]

Er versucht diese Bedenken mit der Bemerkung zu zerstreuen, die von ihm vertretene Position nehme „das strikte Lebensrecht geborener Personen als feste und unverrückbare Grundlage". Warum diese Grundlage fest und unverrückbar sei, erläutert er inhaltlich nicht, hat aber ein formal bestechendes Argument parat: er gehe „nicht den Weg, ein allgemeines und für alle Phasen des Lebens geltendes Kriterium (etwa: Selbstbestimmung, Autonomie, Lebensinteresse) herauszuarbeiten, dessen Fehlen in den Anfangs- wie in den Endphasen humanen Lebens konstatiert werden könnte."[44] Damit bleibt aber als Argument für die Beschränkung des „Stufenkonzepts" auf die vorgeburtliche Lebensphase des Menschen nichts als die reine Willkür. Was vor der Geburt sich an „wachsendem Leben" orientiert, soll nach der Geburt nicht mehr wachsen oder abnehmen dürfen, obwohl auch hier Wachstums- und Degenerationsprozesse offenkundig sind. Durch das bloße Ignorieren dieser Umstände wird sich die Diskussion um angebliche Stufungen des Lebensrechts nicht auf den Zeitraum vor der Geburt beschränken lassen.

III. Fazit

Das „Konzept eines gradualisierten vorgeburtlichen Lebensschutzes" wird von Dreier an keiner Stelle inhaltlich begründet, sondern dem geltenden Recht mehr oder weniger geschickt untergeschoben. Er bewegt sich dabei allein auf der Ebene des einfachen Gesetzes, dessen unterschiedliche Schutzintensität sich gerade nicht am Wachstum des Embryos im Mutterleib orientiert.

Würde und Lebensrecht des geborenen Menschen sind nicht an seinem „Wachstum" zu messen. Auch andere Kriterien haben sich – zumindest bis heute – nicht durchgesetzt. Einzige Voraussetzung für die Teilhabe am Schutz der Menschenwürde und des Rechts auf Leben ist es, Mensch zu sein. Es ist ein Gebot der Logik, dies auch für die vorgeburtliche Lebensphase des Menschen anzuerkennen, wenn nicht dargelegt werden kann, daß die Veränderungen, die durch die Geburt eintreten, eine fundamentale qualitative Zäsur mit sich bringen. Das gleiche gilt für alle weiteren biologischen Entwicklungsschritte im Kontinuum der menschlichen Entwicklung von der Befruchtung bis zum Tod.

Inwieweit die geltenden Gesetze diesen Überlegungen Rechnung tragen, steht auf einem anderen Blatt. Oft genug handelt der Gesetzgeber nicht rational, sondern zweckorientiert. Diese Kluft zwischen grundrechtlichem Anspruch und legislativer Ausgestaltung sollte nicht verdeckt und vordergründig gerechtfertigt werden. Sie sollte Stein des Anstoßes und Anreiz zum Nach- und Umdenken bleiben.

Anmerkungen

[1]   Dreier, Zeitschrift für Biopolitik 2/2002, S. 5 f.

[2]   Vgl. BGHZ 58, 48 (49 ff.), NJW 89, 1538 (1539). Zusammengefaßt lassen sich die verschiedenen Ansprüche Ungeborener im Zivilrecht auch als „partielle Rechtsfähigkeit" bezeichnen (vgl. Palandt, BGB, 62. Aufl. 2003, § 1 Rz. 7).

[3]   Vgl. BSGE 18, 55; BSG, NJW 2002, 3125

[4]   Die vorausgesetzte Konfliktlage kommt in § 219 Abs. 1 S. 4 StGB zum Ausdruck: „Die Beratung soll durch Rat und Hilfe dazu beitragen, die in Zusammenhang mit der Schwangerschaft bestehende Konfliktlage zu bewältigen und einer Notlage abzuhelfen."

[5]   So heißt es im Gesetzentwurf zur „Fristenlösung" von1974, Staat und Gesellschaft müßten „darauf hinwirken, daß Schwangerschaftsabbrüche möglichst unterbleiben" (BT-Drs. 7/375, S. 6).

[6]   So die Stellungnahme der Bundesregierung im zweiten Verfahren zum Abtreibungsstrafrecht vor dem Bundesverfassungsgericht. Vgl. BVerfGE 88, 203 (244).

[7]   Dreier (Fn. 1), S. 5

[8]   Vgl. Beckmann, ZRP 87, 82. Zutreffend die Formulierung bei Tröndle/Fischer, StGB, 50. Aufl. 2001, Vor § 211 Rz 3 („… Begrenzung der Anwendbarkeit der §§ 211 ff. auf die Tötung geborener Menschen").

[9]   Vgl. Dreier (Fn. 1), S. 5 f.; BVerfGE 39, 1 (45)

[10] Vgl. BVerfGE 39, 1 (36 ff.); 88, 203 (251 ff.)

[11] Vgl. Dreier (Fn. 1), S. 6.

[12] Vgl. FAZ, 04.03.2002; Spektrum der Wissenschaft, Dossier 4/2002, S. 48 ff., Zum Thema „Ektogenese und Strafrecht" vgl. Hilgendorf, MedR 1994, 429

[13] Vgl. Dreier (Fn. 1), S. 6 ff.

[14] Vgl. a.a.O., S. 6 f.

[15] Vgl. a.a.O., S. 11.

[16] Vgl. BT-Drs. 7/375, S. 6; 7/1981 (neu), S. 1; Michael Gante, § 218 in der Diskussion, 1991, S. 362 ff.

[17] Vgl. M. Gante (Fn. 16), S. 311 ff.

[18] Sie bezogen sich unter anderem auf Ausführungen von Prof. Hinrichsen in einer Sachverständigenanhörung des Sonderausschusses, auf die dann auch das BVerfG in seiner Entscheidung von 1975 Bezug genommen hat. Vgl. Sonderausschuß für die Strafrechtsreform, 6. WP, 74. Sitzung, Sten. Ber. S. 2142 ff.; BVerfGE 39, 1 (37).

[19] Vgl. Beier, Toti- oder pluripotente Zellen als Objekte der Forschung, in: Dudenhausen/Schwinger (Hrsg.): Reproduktionsmedizin: Möglichkeiten und Grenzen, Frankfurt a. M. 2000, S. 71 ff. Dies wird in § 8 ESchG bei der Definition des Embryos berücksichtigt.

[20] Vgl. Thomas W. Sadler, Medizinische Embryologie, 9. Aufl. 1998, S. 120 ff.; Keith L. Moore, Embryologie, 2. Aufl. 1985, S. 153; Bodden-Heidrich/Cremer/Decker/Hepp/Jäger/Rager/Wickler, Beginn und Entwicklung des Menschen: Biologisch-medizinische Grundlagen und ärztlich-klinische Aspekte, in: Günter Rager (Hrsg.): Beginn, Personalität und Würde des Menschen, 2. Aufl. 1998, S. 80, 88; Clemens Breuer, Person von Anfang an?, 1995, S. 112

[21] Dreier scheint ebenfalls dieser Auffassung zuzuneigen. Das ergibt sich aus der Schlußpassage, in der er hervorhebt, daß man es bei der Forschung an „überzähligen" Embryonen mit „noch nicht einmal individuierten Zellverbänden" zu tun habe (Fn. 1, S. 11).

[22] Vgl. Wuermeling, in: von Voss/Hoffacker (Hrsg.), Chancen für das ungeborene Leben, 1988, S. 202; Breuer (Fn. 34), S. 117 ff.; Bodden-Heidrich u.a. (Fn. 20), S. 94

[23] Wuermeling, a.a.O.

[24] Nachgewiesen sind bislang nur Klonierungen von Tieren. Hierzu Wolf, Das Klonieren von Tieren: Bedeutung für Grundlagenforschung und Biotechnologie, in: Dudenhausen/Schwinger (Fn. 19), S. 95 ff. Die behauptete Klonierung von menschlichen Embryonalstadien durch die amerikanische Fa. ACT in 11/ 2001 und die angekündigte Geburt von Klonbabys durch den italienischen Arzt Severino Antinori werden angezweifelt. Davor Solter, Spektrum der Wissenschaft, Dossier 4/2002, S. 44 f.; Rudolf Jaenisch, DIE ZEIT 49/2002.

[25] Vgl. Wuermeling (Fn. 22), S. 202

[26] Vgl. Bodden-Heidrich u.a. (Fn. 20), S. 93. Selbst die Verfechter des geltenden Abtreibungsstrafrechts haben vor dem BVerfG erklärt, daß „die Entwicklung menschlichen Lebens ein Kontinuum" sei, „das mit der Kernverschmelzung von Ei und Samenzelle beginne ... Weder die Nidation noch die Geburt erscheinen bei dieser Betrachtungsweise als Einschnitte"; vgl. BVerfGE 88, 203 (244)

[27] Fünftes Strafrechtsreformgesetz vom 18.06.74, BGBl I S. 1297

[28] Vgl. Pschyrembel, Klinisches Wörterbuch, 257. Aufl. 1994, S. 394, 462; Sadler (Fn. 20), S. 71, 95

[29] Vgl. Dreier (Fn. 1), S. 8

[30] Vgl. Tröndle/Fischer (Fn. 8), § 218 a Rz 34; Schönke/Schröder, StGB, 26. Aufl. 2001, § 218 a Rz 69

[31] Vgl. Dreier (Fn. 1), S. 10

[32] Vgl. BT-Drs. 14/8394, S. 7

[33] Vgl. § 1 StZG

[34] Dreier (Fn. 1), S. 5 u. 9

[35] Zu bedenkenswerten Differenzierungen in Bezug auf den Schwangerschaftsabbruch einerseits und Embryoselektion/Embryonenforschung andererseits vgl. Mildenberger, MedR 2002, 293 ff.

[36] Genauso gut, wie Dreier das Abtreibungsstrafrecht zum Maßstab nimmt und das ESchG zur Änderung empfiehlt, könnte man überlegen, ob nicht der hohe Schutzstandard des ESchG auf den Embryo im Mutterleib ausgedehnt werden müßte. Für eine Vorverlagerung der §§ 211 ff. StGB auf den Zeitpunkt der extrauterinen Lebensfähigkeit vgl. Gropp, GA 2000, 1 ff.).

[37] Dreier (Fn. 1), S. 9

[38] Dreier, a.a.O., S. 10

[39] A.a.O.

[40] BVerfGE 88, 203 (254)

[41] Dreier (Fn. 1), S. 10

[42] Zu einigen der möglichen Anknüpfungspunkte vgl. Beckmann, Abtreibung in der Diskussion, 4. Aufl. 1998, S. 13 ff.; ders., ZRP 1987, S. 82 ff.; Breuer (Fn. 20), S. 101 ff., 128 ff.; Baumgartner/ Honnefelder/Wickler/ Wildfeuer, Menschenwürdeschutz und Lebensschutz: Philosophische Aspekte, in: Rager (Fn. 20), S. 161 ff.

[43] Vgl. Dreier (Fn. 1), S. 11

[44] Dreier, a.a.O.

Gezielte Zellvermehrung und spezifische Zelltransplantation

Ein Plädoyer für die Stammzellforschung und für eine Klärung der Begrifflichkeiten

von Detlev Ganten

Die verantwortungslosen, effektheischenden, wahrscheinlich falschen Ankündigungen der Geburten von zwei Klonbabys, bezeichnenderweise zur Weihnachtszeit, haben einen interfraktionellen Antrag für ein internationales Verbot des Klonens mit menschlichen Embryonen der Bundestagsfraktion der SPD, Bündnis 90/Die Grünen und CDU/CSU zur Folge gehabt und die Diskussionen über das reproduktive Klonen und auch das „therapeutische Klonen" neu entfacht.

Zunächst können wir feststellen: Das Embryonenschutzgesetz von 1990 hat bei uns strikte und weitgehende gesetzliche Schranken für die Arbeit an Embryonen festgelegt. Menschliches Leben ist mit der Verschmelzung der Kerne von Ei- und Samenzelle unter den Schutz der Verfassung gestellt. Daraus ergibt sich das Verbot einer Verwendung menschlicher Embryonen und des Klonens von menschlichem Leben sowohl für die Reproduktion als auch für die medizinische Forschung. Es gibt also keinen Grund zur Aufregung. Deutschland ist, was das Klonen von Menschen angeht, in jeder Beziehung auf sicherem Boden. Zudem hat die deutsche Bundesregierung gemeinsam mit Frankreich eine begrüßenswerte Initiative bei den Vereinten Nationen gestartet, um das reproduktive Klonen zu verbieten und international zu ächten. Weitergehende Vorstellungen werden sich (zu Recht) international kaum durchsetzen lassen.

Ob das Embryonenschutzgesetz von 1990 angesichts der zwischenzeitlichen wissenschaftlichen Entwicklungen noch den Erkenntnissen standhält, soll in diesem Beitrag diskutiert werden. Wahrscheinlich brauchen wir ja in Zukunft in Deutschland ein umfassenderes Reproduktionsmedizingesetz, in dem dieser ganze Komplex mit Sorgfalt diskutiert, bedacht und gesetzlich neu geregelt wird.

Die Rechtssicherheit des bestehenden Embryonenschutzgesetzes könnte man nutzen, um unaufgeregt über zukünftige Entwicklungen zu diskutieren, statt sich unter Zeitdruck auf schnelle Gesetzesmaßnahmen verständigen zu wollen, die für ein so langfristig angelegtes Thema nicht angemessen sind.

Dies gäbe der Gesellschaft Zeit, vorurteilsfrei über neue Entwicklungen nachzudenken, z.B. inwieweit unsere Erkenntnisse auf dem zellbiologischen Gebiet uns helfen, Methoden zu entwickeln, die es uns erlauben, Körperzellen dann zu ersetzen, wenn sie ihre Aufgaben nicht mehr oder nicht mehr ausreichend erfüllen können. Dieses betrifft weite Bereiche der Medizin, z.B. Zellen des Gehirns, die bestimmte Nervenüberträgerstoffe nicht mehr ausreichend produzieren und dann zu schweren Hirnerkrankungen führen wie etwa bei der Parkinsonschen Krankheit. Bei dieser Erkrankung ist der Nervenüberträgerstoff Dopamin nicht mehr ausreichend vorhanden, was in der Folge zu schweren Ausfällen führt, insbesondere im Bereich der motorischen Bewegung. Ein anderes Beispiel sind Störungen der Hormondrüsen, wie z.b. der Inselzellen der Bauchspeicheldrüse, die Insulin produzieren, das für die Regulation des Blutzuckers und der Energieversorgung in den Zellen verantwortlich ist und die beim Diabetes ihre Funktion nicht mehr ausreichend erfüllen.

Bei diesen und anderen weitverbreiteten Krankheiten (Herzinfarkt, Immunabwehr) denkt man seit langer Zeit daran, die kranken Zellen zu ersetzen oder durch neue Zellen mit voller Funktion zu unterstützen, um damit die Krankheit zu lindern oder zu heilen.

Zelltransplantation als therapeutisches Prinzip

In den 60er Jahren war Zelltherapie in Form von „Frischzellentherapie" populär und wurde in der Öffentlichkeit intensiv diskutiert, als bekannt wurde, daß der betagte Bundeskanzler Adenauer ein Anhänger der Zelltherapie sei und möglicherweise daraus seine biologische Kraft schöpfte. Diese Form der Zelltherapie hat nichts mit Stammzelltherapie zu tun und folgt ganz anderen Vorstellungen. Sie wird heute von den Ärzten abgelehnt und ist verboten.

Im Gegensatz dazu ist eine andere wissenschaftlich neue, aber medizinisch bisher noch nicht erprobte Zelltherapie in öffentlichen Verruf geraten, bevor ihre Möglichkeiten erforscht und die Therapie beim Menschen jemals eingesetzt wurde. Die öffentliche Kritik richtet sich dabei nicht gegen den medizinischen Einsatz, sondern gegen ein besonderes Verfahren der Herstellung solcher Zellen und die Gefahr des Mißbrauchs.

Dem schottischen Wissenschaftler Ian Wilmut war es im Jahre 1996 gelungen, durch den Transfer des Kerns einer normalen (somatischen) Körperzelle in eine zuvor entkernte „leere" weibliche Eizelle totipotente Zellen zu „reprogrammieren" und so einen „Embryo" herzustellen, der in der Gebärmutter eines Schafes heranwuchs und lebend geboren wurde: das berühmte Klonschaf „Dolly". Dieses reproduktive Klonen bedeutet also einen ungeschlechtlich entstandenen „Embryo" heranwachsen zu lassen, der mit dem Zellkernspender der Körperzelle genetisch identisch, also sein Zwilling und „Klon" ist. Die Tatsache, daß Dolly nun mit sechs Jahren wegen schwerer Erkrankungen und Altersschwäche eingeschläfert worden ist, bei einer Lebenserwartung bei Schafen von etwa 12 Jahren, läßt vermuten, daß der transplantierte Zellkern sein biologisches Alter „mitnimmt".

Den Kloniervorgang kann man im frühen Blastozystenstadium unterbrechen und aus dem Embryo die pluripotenten embryonalen Stammzellen gewinnen, die sich dann sehr oft, vielleicht sogar unendlich im Reagenzglas weiter vermehren und zu allen ca.

200 Zelltypen des Körpers entwickeln (differenzieren) können. Zu medizinischen Zwecken eingesetzt, spricht man bei dieser Art von Stammzellgewinnung nach dem „Dolly-Verfahren" von „therapeutischem Klonen". Die Nutzung dieser Zellen vom Menschen für die Forschung und mögliche spätere Anwendung stößt auf ethische Bedenken, die sich wesentlich auf das Argument der Totipotenz und Potentialität der Entwicklung dieser so hergestellten Embryonen zum vollen Menschen stützen. Darauf komme ich noch zurück. Bezüglich der Forschung an embryonalen Stammzellen verweise ich auf die Stellungnahme des Nationalen Ethikrates zum Import menschlicher embryonaler Stammzellen aus dem Jahre 2001. [1]

Ich schlage vor, wir nähern uns heute dem Thema von einem ganz anderen Blickwinkel.

Stammzelltransplantation bei Blutkrebs

Stammzellen können auf unterschiedliche Weise gewonnen werden. Im Inneren der Knochen des Menschen, dem Knochenmark, werden die vielen verschiedenen Blutzellen aus Stammzellen gebildet. Diese „adulten" Stammzellen sind nicht mehr totipotent, aus ihnen kann also nicht mehr ein ganzer Mensch entstehen, aber sie sind noch vielseitig, „multipotent", das heißt aus ihnen entstehen normalerweise zunächst die sogenannten Vorläuferzellen und dann alle Blutkörperchen, die wir kennen: die roten Blutzellen, die Sauerstoff transportieren, die weißen Blutkörperchen, die für die Infektionsabwehr verantwortlich sind, die Lymphozyten, die die Antikörper bilden und das immunologische System stärken und die Blutplättchen, die wesentlich für die Gerinnung sind. Diese Blutzellen sind kurzlebig und werden beständig nachgebildet. Die roten Blutkörperchen, fünf Millionen Erythrozyten pro Mikroliter im menschlichen Blut, haben nur eine kurze Lebensdauer von 120 Tagen, das heißt, sie müssen beständig nachgebildet werden. Die Stammzellen im Knochenmark müssen sich entsprechend häufig teilen, um den Nachschub zu liefern.

In leider nicht so seltenen Fällen läuft diese Teilung der Stammzellen nicht kontrolliert ab, sondern die Zellen teilen sich unkontrolliert und zu schnell: es entsteht Blutkrebs mit unreifen, undifferenzierten und untypischen Blutkörperchen, die der Arzt durch einen Blutausstrich im zirkulierenden Blut oder durch Punktion des Knochenmarkes im Brustbein oder im Beckenkamm diagnostizieren kann.

Blutkrebs kann inzwischen relativ erfolgreich behandelt werden. Eine moderne und wirksame Behandlungsmöglichkeit besteht darin, alle blutbildenden Zellen, einschließlich der Stammzellen im Knochenmark, vollständig durch Bestrahlung oder durch Behandlung mit chemischen Giften, den Zytostatika abzutöten. Eine solche radikale Krebstherapie würde der Patient jedoch nicht überleben, wenn nicht die Möglichkeit bestünde, diese Stammzellen wieder zu ersetzen – entweder durch seine eigenen, vor der Therapie entnommenen Stammzellen oder von Knochenmarkspendern. Hierzu gibt es nun verschiedene Möglichkeiten. Durch Typisierung der Gewebeverträglichkeit können solche Stammzellen von Knochenmarkspendern ausgewählt werden, die bei den Patienten wieder anwachsen und sich zu einem neuen gesunden blutbildenden System ausbilden können. Stehen die geeigneten gewebsverträglichen Stammzellen zur Transplantation zur Verfügung, kann in vielen Fällen durch eine solche Zellersatztherapie (Stammzelltransplantation) Blutkrebs (Leukämie) geheilt werden. Ein großer medizinischer Fortschritt bei einer früher tödlichen Erkrankung.

Eine weitere Möglichkeit zur Gewinnung von Stammzellen besteht darin, nach der Geburt aus dem Blut der Nabelschnur die dort in geringer Zahl vorhandenen Stammzellen zu sammeln, einzufrieren und für den Notfall zur Verfügung zu haben. Die Ergebnisse sind bisher eher enttäuschend.

Embryonenschutz

Das ethische und wissenschaftliche Problem der Gewinnung von Stammzellen nach dem „Dolly-Verfahren" liegt darin, daß nach dem derzeitigen Kenntnisstand die Herstellung solcher Stammzellen nur über einen zunächst totipotenten „Embryo" erfolgen kann, der möglicherweise mißbräuchlich und in verbrecherischer, ungesetzlicher Weise auch zum reproduktiven Klonen geeignet wäre. Es geht darum, diesen von niemandem gewollten Schritt wirksam zu verhindern.

In Deutschland und in vielen anderen Ländern ist das reproduktive Klonen verboten, und fast alle Länder treten für das Verbot eines solchen mißbräuchlichen Einsatzes ein. Insofern ist diese Gefahr voraussichtlich nicht real, zumal ja das reproduktive Klonen von Menschen wahrscheinlich nicht möglich und bisher jedenfalls nicht gelungen ist. Damit ist, streng objektiv gesehen, für das reproduktive Klonen von Menschen die „Totipotenz" eine hypothetische, wenn auch wahrscheinliche Annahme aufgrund der bisherigen Tierklonierungen. Es gibt kein wissenschaftliches Interesse oder medizinischen Grund, diese Annahme zu verifizieren.

Trotzdem steht nach herrschender Rechtsauffassung in Deutschland auch dem „therapeutischen Klonen" das Embryonenschutzgesetz entgegen. Ich bin mir nicht sicher, ob eine solche gesetzliche Regelung im Sinne des kranken Patienten, des fürsorgenden Arztes, des verantwortungsvollen Wissenschaftlers und letztlich der Gesellschaft ist, denn hierbei geht es ja um nichts anderes als das tradierte und allgemein akzeptierte ärztliche Ethos des Helfens und Heilens, allerdings mit Hilfe von pluripotenten embryonalen Stammzellen, aber eben nicht um „Menschenproduktion". Die nach dem Dolly-Verfahren hergestellte Blastozyste wird nämlich bei der Stammzellentnahme vernichtet.

Zu den vielfältigen juristischen, ethischen und biologischen Argumenten für und wider das therapeutische Klonen kann ich hier nur einige kurze Anmerkungen machen.

Es wird argumentiert, daß das reproduktive Klonen und das therapeutische Klonen in ihrer Technik identisch seien. Damit kein menschliches Lebewesen aus diesem Vorgang entstehe, müßten deshalb beide Formen gleichermaßen verboten werden.

Wir haben uns daran gewöhnt, denjenigen „totipotenten Zellverband", aus dem ein Lebewesen entsteht, einen Embryo zu nennen. Dies ist mit Blick auf das Embryonenschutzgesetz nicht ohne weiteres selbstverständlich. Dort ist ein Embryo als eine befruchtete, entwicklungsfähige menschliche Eizelle definiert. Hinsichtlich des therapeutischen Klonens beim Menschen ist nun der Beweis, daß aus diesem mit der Dolly-Methode hergestellten „totipotenten Zellverband" – eben keine (mit der Keimzelle des anderen Geschlechts) befruchtete Eizelle – ein Mensch entstehen könne, bisher eben nicht erbracht. Daraus folgt, daß der Schluß, aus einem „totipotenten Zellverband" à la

Dolly könne auch bei der Spezies Mensch ein gesundes Lebewesen entstehen, nicht möglich ist. Deshalb ist ein Verbot, einen „totipotenten Zellverband" zum Zwecke des therapeutischen Klonens herzustellen mit der Begründung, dieser „Embryo" könnte mißbräuchlich zu einem Menschen entwickelt werden, nicht gerechtfertigt, wenn das treibende und ausschließliche Motiv dabei ist, wissenschaftliche Erkenntnisse zu gewinnen, um neue Therapien durch Zelltransplantation zu entwickeln. Dieses läßt sich auch juristisch klar eingrenzen. Eine versehentliche Einpflanzung einer solchen Blastozyste in eine Gebärmutter (Nidation), Voraussetzung für jede Weiterentwicklung zum Menschen, kann es nämlich nicht geben. Wir haben es also mit einer Gesetzeslage zu tun, die sich auf einen (biologischen) Sachverhalt stützt, der dogmatisch ist und sich nicht nachweisen läßt. Ein Tatbestand aber, der nicht nachweisbar ist, sollte aufgegeben werden.

Die Absicht, mit einem somatischen Zellkern und einer entkernten Eizelle mittels des Dolly-Verfahrens oder anderer Methoden pluripotente Zellen herzustellen, wäre nach dieser Auffassung mit dem Embryonenschutzgesetz entweder schon jetzt vereinbar oder sollte damit klar vereinbar gemacht werden. Eric Hilgendorf hat am 13. Februar 2003 in der FRANKFURTER ALLGEMEINEN ZEITUNG ein sehr überzeugendes Plädoyer aus juristischer Sicht für diese Auffassung publiziert. Die Verfasser des Embryonenschutzgesetzes haben entsprechend dem damaligen Stand der Forschung nicht an die Möglichkeit denken können, daß es einen „Embryo" geben könne, der seine Totipotenz nicht aus einer mit einer Samenzelle befruchteten Eizelle bezieht. Hinzu kommt, daß wir seine vermeintliche Totipotenz gar nicht prüfen können. In letzter Konsequenz würde diese bedeuten, daß normale Körperzellen, die unter geeigneten Bedingungen in den Zustand der Totipotenz zurückgeführt werden, als „Embryonen" bezeichnet würden. Das macht das Konzept der „Totipotenz" und der „Potentialität" als einen Grundpfeiler der biologischen, ethischen, theologischen und juristischen Argumente fragwürdig, sonst müssen wir diesen Status jeder Körperzelle zubilligen.

Genauso wichtig ist die Erkenntnis, daß die Differenzierung embryonaler Zellen von der Totipotenz zur Pluripotenz, Multipotenz und zu adulten somatisch ausdifferenzierten Zellen kontinuierlich und (wahrscheinlich voll) reversibel ist. Zum Teil geschieht dies im Körper selber. Bei gewissen Krankheiten, z.B. Muskelerkrankungen und Krebs, „entdifferenzieren" Zellen zu „embryonalen" Formen. Das Kontinuum der Differenzierung und Reprogrammierung eröffnet neue wissenschaftliche Möglichkeiten, Methoden zu entwickeln und Zellen in Zukunft so herzustellen, daß der gewünschte Differenzierungsgrad für ein spezifisches, therapeutisches Ziel biotechnisch eingestellt werden kann und der Weg über die „Totipotenz" nicht mehr notwendig ist. Für diese Forschung muß aber die ganze Spannweite der Differenzierung vom embryonalen „totipotenten" Status bis hin zur erwachsenen Zelle verstanden und experimentell zunächst bei Tieren, aber für medizinische Fragestellungen auch beim Menschen erforscht werden.

Spezifische Zellvermehrung und Zelltransplantation

Der Ausdruck „Therapeutisches Klonen" sollte aus oben dargelegten Gründen verlassen werden, da er mißverständlich ist. „Klonen" heißt, die ungeschlechtliche identische

Herstellung von Lebewesen, „Zwillingsproduktion". Genau das ist nicht gewollt. Die neue Nomenklatur – spezifische Zellvermehrung und Zelltransplantation – soll nicht verharmlosen, sondern den biologischen Vorgang, die Methode beschreiben und Irreführung vermeiden. In Zukunft mag das medizinische, therapeutische Ziel auch mit anderen Methoden möglich werden.

Bei den hier diskutierten Methoden handelt es sich um den Transfer von menschlichen Zellkernen in Eizellen, um Zellen in einen embryonalen Zustand zurück zu versetzen. Wissenschaftliches und medizinisches Ziel ist dabei die ungeschlechtliche Zellgenerierung, eine spezifische Zellvermehrung und Zelldifferenzierung mit gewünschten Eigenschaften. In der Anwendung geht es um Zellregeneration, Zelltransplantation oder Zellersatz.

Es dreht sich hierbei zellbiologisch um die interessante und wichtige Frage, wie Zellen sich zu den vielen verschiedenen Funktionen differenzieren können, die sie später im Körper zu erfüllen haben, und auf welche Weise wir dieses neue Wissen bei der Behandlung von Krankheiten einsetzen können.

Die Dolly-Methode hat für alle überraschend gezeigt, daß es offensichtlich möglich ist, erwachsene Zellen beziehungsweise das Erbmaterial im Zellkern zu reprogrammieren in den embryonalen Zustand, wenn sie in einer geeigneten Umgebung sind, wie z.B. der entkernten Eizelle. Hier können sich dann wieder embryonale Eigenschaften entwickeln, um von „vorne anzufangen" und den ganzen Weg der Differenzierung zu den Körperzellen neu zu durchlaufen. Dieser Vorgang ist weitgehend noch unverstanden. Fragen der Inaktivierung mütterlicher und väterlicher Gene (imprinting), auch der möglichen Tumorentstehung sind wichtige Forschungsthemen. Es muß in Zukunft durchaus nicht so bleiben, daß diese Rückführung der Zelle in den Embryonalzustand notwendigerweise über das Stadium der Totipotenz und damit zu einem mit der Potentialität zum vollen Menschen ausgestatteten Embryo führt.

Mit anderen Methoden wird möglicherweise nur ein Zelldifferenzierungsgrad erreicht, der nicht mehr alle Möglichkeiten zur Menschwerdung enthält und somit in diesem höheren Differenzierungsgrad reproduktives Klonen unmöglich machen würde. Dieses würde von vornherein ethische Probleme wesentlich vermindern. Solange wir diese Methoden aber nicht zur Verfügung haben, ist die „Dolly-Methode" der einzige Weg, die Rückführung des adulten in den embryonalen Zustand zu erforschen und zu verstehen. Diese Möglichkeit sollten wir uns offenhalten.

Theoretisch gibt es verschiedene Möglichkeiten, die methodisch, medizinisch, theoretisch, ethisch sogar Vorteile haben könnten. Es wäre denkbar, daß der Zellkern einer Patientenzelle in ganz andere Zellen implantiert werden könnte, z.B. in pluripotente Stammzellen, die sich dann möglicherweise leichter zu den gewünschten Drüsen-, Nerven- oder Blutzellen differenzieren, die für die Therapie erwünscht sind. Bei besserer Kenntnis des Differenzierungsvorganges ist es auch denkbar, daß Vorwärtsdifferenzierung in Richtung ausdifferenzierter Körperzellen oder Rückdifferenzierung in Richtung embryonaler Zustand sowie Transdifferenzierung von einer Organzelle in eine andere unter geeigneten Bedingungen biotechnisch beherrschbar werden kann und auf diese Weise der Weg über die totipotente embryonale Stammzelle unnötig ist. Gut untersuchte, international verfügbare Stammzellbanken könnten für solche Untersuchungen eine wichtige Ressource werden.

DETLEV GANTEN

Das jetzt bekannte Dolly-Verfahren zur Gewinnung der Stammzellen ist außerordentlich aufwendig, kostspielig, unsicher und teuer. Es müßte für jeden einzelnen Patienten neu beschritten werden und wäre mit einem hohen Risiko des Erfolges bzw. Mißerfolges verbunden. Die Sorge, daß Eizellspenden zu wirtschaftlicher Ausbeutung und unmoralischem Verbrauch führen könnten, würde bei der Entwicklung der oben diskutierten Möglichkeiten geringer.

Stammzellforscher, die sich mit der Regeneration von erkrankten Zellen beschäftigen, verfolgen daher heute z.T. ganz andere neue Methoden. In allen Körpergeweben, Knochen, in der Bauchspeicheldrüse, im Hirn, in der Leber usw. gibt es beispielsweise, wie bereits oben beschrieben, die sogenannten adulten Stammzellen, die offensichtlich eine natürliche Zellreserve darstellen. Die Stammzellen im Knochenmark gehören dazu. Sie ersetzen abgestorbene oder nicht mehr funktionsfähige Zellen fortlaufend. Die sicherste, beste, einfachste und schnellste Methode der Heilung bei Zelltod oder Zellerkrankung bestände darin, diese adulten Stammzellen so gut zu verstehen und ihre Teilungs- und Differenzierungswege so wirksam zu beeinflussen, daß man durch Gabe von geeigneten Stimulanzien oder Medikamenten zu einer internen Regeneration innerhalb des Organes durch diese Stammzellen und damit auf diese Weise zu autologem Zellersatz kommen könnte. Dieses ist leider noch Zukunftsmusik, aber die Forschung auf diesem Gebiet geht schnell voran, insbesondere in solchen Ländern, die die Zellbiologie der Stammzelle zu einem ihrer Forschungsschwerpunkte gemacht haben. Hierzu gehören England, die USA und Japan sowie Schweden, Australien und Israel. In Deutschland findet die entsprechende Stammzellforschung – anders als die Forschung mit adulten Stammzellen – leider keine große Unterstützung.

Es muß aber dringend untersucht werden, ob die Differenzierungs-, Redifferenzierungs- und Transdifferenzierungsmechanismen der embryonalen Stammzellen und der adulten Stammzellen tatsächlich sehr ähnlichen Prinzipien folgen (was wahrscheinlich ist). Dann muß man prüfen, ob diese biomedizinisch anwendbar sind oder nicht. Deshalb macht wissenschaftlich eine Trennung der Forschung an embryonalen und adulten Stammzellen keinen Sinn. Immer geht es darum, zu verstehen, wie sich Zellen mit spezifischen Funktionen entwickeln und wie man diese Differenzierung beeinflussen kann, um therapeutische Zellen zu erhalten. Das gesamte Forschungsgebiet müßte wissenschaftlich bearbeitet werden, um auf einzelnen Gebieten die gewünschten medizinischen und therapeutischen Erfolge erzielen zu können und dann die sinnvollsten Wege weiter zu verfolgen.

Es ist durchaus möglich, sogar wahrscheinlich, daß die Stammzellbanken, die in verschiedenen Ländern, insbesondere in England, nach ethisch akzeptierten Kriterien, systematisch angelegt werden, dazu genutzt werden können, geeignete Zellen herzustellen, die für die Zellersatztherapie oder Zelltransplantation zur Verfügung stehen. Es sind Entwicklungen denkbar, daß Stammzellen in den zentralen Banken auf Gewebeverträglichkeit vorgetestet werden können, ohne daß Spenderkerne transplantiert werden müssen. Damit würden sich Probleme der Eispende und Verbrauch von Embryonen nach dem „Dolly-Verfahren" einschränken oder sogar erübrigen. Das kann aber nur die Forschung zeigen und nicht per theoretischer Diskussion oder gar Gesetz vorweggenommen werden.

Ein internationales Stammzellprojekt

Die Stammzellforschung, die in Deutschland wenn auch in bescheidenem Umfang im Rahmen der geltenden Gesetze durch die Deutsche Forschungsgemeinschaft gefördert, international aber intensiv bearbeitet wird, wird zu der Erkenntnis der Zelldifferenzierung und gezielten Zellvermehrung wichtige Beiträge leisten. Unter Federführung des Medical Research Council in England wird zur Zeit daran gearbeitet, ein internationales Stammzellprojekt, ähnlich dem Humangenomprojekt, zu organisieren, von dem erheblicher Erkenntnisfortschritt erwartet werden kann.

Ein solches international koordiniertes Projekt hat große Vorteile gegenüber dem weniger koordinierten Vorgehen einzelner Arbeitsgruppen und einzelner Nationen. Den von allen anerkannten großen ethischen, juristischen, wissenschaftlichen, medizinischen Herausforderungen eines solchen Projektes kann besser entsprochen werden, wenn ein internationaler Standard hierfür von allen akzeptiert wird. Der Rahmen solcher Forschungen kann durch verbindliche Richtlinien transparenter gestaltet und besser reguliert werden.

Nur „akkreditierte große Zentren", die diesem Standard entsprechen, werden in ein solches Projekt aufgenommen. Es würde eine Minimierung des Verbrauchs von Stammzellen und Embryonen dadurch garantiert, daß die Forschung nur im Rahmen von zustimmungspflichtigen Programmen erfolgen kann. Eine wichtige wissenschaftliche Verbesserung könnte dadurch erreicht werden, daß alle in diesem Projekt erarbeiteten Daten in systematischer Weise erfaßt und zeitnah allen Forschergruppen zur Verfügung gestellt werden. Hierdurch ist ein höheres Maß an Vergleichbarkeit der Ergebnisse und eine Verbesserung des wissenschaftlichen Austauschs möglich. Neue Zellinien ständen den beteiligten Zentren mit etablierten Charakteristika zur Verfügung. Ein solches internationales Stammzellprojekt würde sowohl Stammzellen aus Tierversuchen wie auch humane Stammzellen, die nach ethischen Gesichtspunkten gewonnen wurden, beinhalten.

In ein solches Stammzellprojekt könnten gleichzeitig die sogenannten multipotenten, adulten Progenitorzellen (engl. Abkürzung: MAPC) und andere Stammzellen eingeschlossen werden. Einige Veröffentlichungen der letzten Jahre weisen darauf hin, daß es in der Tat möglich sein könnte, aus den adulten Stammzellen, die zum Beispiel aus dem Knochenmark gewonnen werden, unter geeigneten Bedingungen Zellen für Zellersatz in verschiedensten Organen herzustellen. So wurde gezeigt, daß diese multipotenten, adulten Stammzellen sich transdifferenzieren können in Vorläuferzellen und dann in differenzierte Herzmuskelzellen, in Hirnzellen, in Blutgefäßzellen, in Hautzellen oder in Leberzellen. Ob diese Zellen später für den therapeutischen Einsatz ausreichend zur Verfügung stehen, ist ganz offen.

Die Übertragung der Forschung auf die Anwendung beim Menschen

Die hier diskutierten Methoden mögen neu und kontrovers sein. Die Mechanismen, wie Neues in der Medizin erforscht und eventuell angewendet wird, sind alt, erprobt und bewährt.

Die etablierten und von allen akzeptierten Kriterien für die Einführung neuer Behandlungsformen gelten auch für die Zellersatztherapie. Das Neue muß besser sein als das Vorhandene, um als Therapie akzeptiert zu werden. Für die Parkinsonsche Krankheit gibt es schon wirksame Therapien. Zellersatztherapie käme daher nur in Frage bei sehr schweren, mit herkömmlichen Medikamenten nicht mehr beherrschbaren Zuständen. Auch für die Behandlung der Blutzuckerkrankheit gibt es sehr gute etablierte Formen der Therapie, die oralen Antidiabetika, das Insulin und insbesondere die Vermeidung von Übergewicht.

Eine Zelltransplantation müßte sehr gut und nebenwirkungsarm etabliert sein, bevor diese Therapie die bekannten wirksamen Behandlungen ablöst. Zelltransplantation käme als Alternative in Frage bei nicht mit herkömmlichen Therapien behandelbaren Fällen. Alle diese therapeutischen Überlegungen in Bezug auf Zellersatztherapie sind daher Forschungsthemen, die noch weit von der Einführung einer Behandlung und der Sorge einer quantitativen Anwendung entfernt sind.

Es gibt international etablierte Regeln für die Einführung von Medikamenten, die über die Zulassungsbehörden – das Bundesinstitut für Arzneimittel und Medizinprodukte (BfArM) in Deutschland, die European Agency for the Evaluation of Medicinal Products (EMEA) für Europa, die Food and Drug Administration (FDA) in den USA und entsprechende Einrichtungen in anderen Ländern – überwacht werden. Hier gilt, daß zunächst die experimentellen Daten sehr überzeugend erarbeitet sein müssen, bevor ein klinischer Versuch in der Phase I, das heißt die Erstanwendung beim Patienten unter ethischen und medizinischen Gesichtspunkten, gerechtfertigt scheint.

Diese Phase I der klinischen Prüfung wird zunächst bei einer sehr kleinen Gruppe von Personen eingesetzt. Im allgemeinen wird hier nur die Verträglichkeit und Machbarkeit dieser neuen Therapieform geprüft. In einer klinischen Studie Phase II wird dann erstmals, ebenfalls in sehr kleinen Patientengruppen, die therapeutische Wirksamkeit der neuen Therapieform geprüft. In der Phase III der klinischen Prüfung wird dann nach erfolgreichem Durchlaufen der Phasen I und II in einem größeren Patientenkollektiv die Wirksamkeit der Behandlung unter realistischen Bedingungen erprobt.

Die meisten Substanzen, die in die klinische Prüfung kommen, genügen diesen Anforderungen nicht und kommen damit nicht zur Markteinführung. Nur solche neuen Therapien, die die Phasen I bis III durchlaufen und klar erkennbar bessere Behandlungsergebnisse erzielen als die vorhandenen Behandlungsmöglichkeiten, können dann eine Zulassung für die Einführung auf dem Markt bei den Zulassungsbehörden beantragen. Nach einem aufwendigen Verfahren werden diese Therapien dann für den Markt zugelassen und stehen für die Behandlung von Patienten zur Verfügung.

Dieses ist zurecht ein langer und schwieriger, auch sehr kostspieliger Weg der Einführung neuer Therapien. Er garantiert den hohen medizinischen und ethischen Standard heutiger Behandlungsmethoden. Von den ersten experimentellen Untersuchungen bis zur Einführung eines Medikamentes vergehen im allgemeinen 10 bis 15 Jahre. Der finanzielle Aufwand beläuft sich auf Hunderte von Millionen. Alle einzelnen Phasen dieser Einführung neuer Therapien werden von unabhängigen Ethikkomitees begleitet, und diese sind an international akzeptierte Konventionen, wie die Deklaration von Helsinki, gebunden und insofern bezüglich der Standards international streng reglementiert. Dieses Verfahren betrifft jede Form einer neuen Therapie, auch die mögliche Einführung von Zellersatztherapie und Zelltransplantation bei den oben genannten oder anderen Indikationen.

Es ist also nicht zu erwarten und zu befürchten, daß wir plötzlich eine komplette Umkehr therapeutischer Möglichkeiten haben. Auch medizinischer Fortschritt ist mühsam und für verzweifelte Patienten häufig unerträglich langsam. Die Gentherapie ist hierfür ein gutes Beispiel. Andererseits ist das wissenschaftliche Potential der Zellersatztherapie und Zelltransplantation so vielversprechend, daß es kaum zu rechtfertigen wäre, dieses wissenschaftlich nicht weiter zu bearbeiten, um seine Möglichkeiten zu testen. Nicht funktionsfähige Zellen durch gesunde Zellen auszutauschen und wie beim Blutkrebs dadurch Heilung zu erreichen, ist eine faszinierende Option. Die Stammzellforschung und die spezifische Zellvermehrung und Zelldifferenzierung erlauben erstmals die systematische Erforschung dieses Therapieprinzips.

Forschung ist nicht vorhersehbar

Die Erfahrung zeigt, daß die therapeutischen Anwendungen sich im Laufe der Forschungsanstrengungen erheblich modifizieren. Hierfür gibt es viele klassische Beispiele in der Medizin.

Auch für die Zelltransplantation und gezielte Zelldifferenzierung werden sich voraussichtlich ganz neue und überraschende, bisher nicht bekannte Indikationen ergeben. Ein solches Beispiel wurde kürzlich publiziert: In experimentellen Versuchen bei Ratten wurden Herzen transplantiert. Diese Herzen werden, wenn die Gewebeverträglichkeit nicht vorher ausgetestet wurde, nach kurzer Zeit abgestoßen, wie das auch beim Menschen bekannt ist. Die vorherige Injektion von embryonalen Stammzellen führte in den Ratten dazu, daß die Herzen nicht abgestoßen wurden und fehlerfrei arbeiteten. Offensichtlich war die Vorinjektion von Stammzellen und deren gezielte Differenzierung *in vivo* in der Lage, Toleranz bei den transplantierten Tieren zu erzeugen. Der Mechanismus, weshalb die transplantierten Herzen akzeptiert wurden, ist nicht bekannt, aber es handelt sich offensichtlich um einen wichtigen neuen biologischen Effekt, der die Immunverträglichkeit von Transplantaten durch gezielte Zelldifferenzierung *in vivo* deutlich erhöht. Wenn sich solche Versuche auf den Menschen übertragen lassen, könnte damit ein großes Problem in der Transplantationsmedizin gelöst werden.

Forschung lebt immer vom Neuen und Unerwarteten. Bei dem bisherigen Stand des Wissens ist das Forschungsgebiet der Stammzellen besonders geeignet, den Erkenntnisfortschritt zu fördern und die Differenzierung, Transdifferenzierung, Rückdifferenzierung von Zellen besser zu verstehen. Es besteht offensichtlich ein Kontinuum von der totipotenten Stammzelle bis hin zur adulten und voll ausdifferenzierten Stammzelle über die verschiedenen Stadien der Pluri- und Multipotenz. Das Dolly-Verfahren hat gezeigt, daß adulte Stammzellen ganz offensichtlich wieder in einen embryonalen Zustand zurückgeführt werden können. Diese Mechanismen zu verstehen ist das vorrangige Ziel dieser Forschung. Ich plädiere daher dafür, diese Forschung mit menschlichen Zellen auch in Deutschland zuzulassen. Das vorhandene Regelwerk stellt in gleicher Weise wie in anderen Bereichen der medizinischen Forschung sicher, daß kein Mißbrauch in der Anwendung geschieht.

Schon jetzt gibt es interessante Vorstellungen für künftige Anwendungen, die experimentell untersucht werden können. Es ist zu erwarten, daß dieses Gebiet noch zu

DETLEV GANTEN

ganz überraschenden Erkenntnissen führt und damit neue, bisher nicht bedachte Therapiemöglichkeiten eröffnet werden, aber andererseits auch jetzt ins Auge gefaßte Behandlungsformen sich als nicht realistisch erweisen.

Ich plädiere dafür, gesetzliche Möglichkeiten, Verfahren und Prozeduren zu entwickeln, die diesem wichtigen Forschungsgebiet auch in Deutschland eine Chance geben und es erlauben, an großen internationalen Entwicklungen teilzunehmen.

Im Grunde geht es bei dieser Debatte der Zulässigkeit von Stammzellforschung und gezielter Zellvermehrung um viel mehr und grundsätzlichere Fragen der Gesellschaft.

Es geht auch um die Grundsatzfrage der Selbstbestimmung in kontroversen Fragen der Ethik und um die Einstellung der Gesellschaft zu Wissenschaft und Forschung. Eine freie Forschung, die wir alle wollen, lebt zunächst von absoluter Gedankenfreiheit und der Aufstellung von neuen Theorien, eventuell tabubrechenden Hypothesen und Vorstellungen. Diese werden immer stufenweise erarbeitet: zunächst im wissenschaftlichen, theoretischen und gesellschaftlichen Dialog, dann in der experimentellen Prüfung der Hypothesen, an reduktionistischen einfachen Systemen und schließlich zunehmend unter Berücksichtigung der Komplexität. Bei biomedizinischen Fragestellungen ist auch die Prüfung am Menschen notwendig, wenn dieses nach den Vorstufen der Prüfung noch gerechtfertigt ist. Alle Stufen wissenschaftlicher und gesellschaftlicher Entscheidungen sind eingebunden in unsere Regeln ethischer, finanzieller, projektorientierter und institutioneller Kontrollen. Wissenschaftlicher Fortschritt beruht auf dem Verwerfen alter Hypothesen und der Aufnahme neuer Hypothesen und Forschungsrichtungen. Dieses betrifft auch die spezifische Zellvermehrung zum Ziele der Zelltransplantation. Es mag durchaus sein, daß die jetzigen Methoden nicht der Weg sind, den man langfristig gehen wird. Die wissenschaftliche Situation und Diskussion zeigt aber, daß es sich um eine so wichtige Forschungsrichtung handelt, daß sie geprüft werden muß unter Wahrung aller selbstkritischen Regularien, und daß wir uns dieses Forschungsgebiet daher offenhalten sollten.

Die Wissensgesellschaft der Zukunft beruht mehr und mehr auf Ergebnissen der Forschung, die gesellschaftliche, wirtschaftliche und natürlich auch persönliche Konsequenzen zur Folge hat. Forschung macht die Entwicklung der Wissensgesellschaft offen. Eine moderne Wissensgesellschaft muß es aushalten, Bestehendes in Frage zu stellen und persönliche und institutionelle Unsicherheiten zu ertragen. Das Spannungsfeld zwischen der von vielen ersehnten Sicherheit auf der einen Seite und der genauso notwendigen Unsicherheit zukünftiger Entwicklungen auf der anderen Seite ist zugegebenermaßen für viele schwer zu bewältigen. Hier ist es eine wichtige Aufgabe aller Bereiche der Gesellschaft und damit insbesondere natürlich auch der Politik, eine Balance herzustellen zwischen Sicherheitsbedürfnis und Zukunftsoffenheit. Die Alternative dazu, nämlich durch enge vorausschauende, präventive Grenzziehungen, durch Autoritäten, Institutionen und Gesetze, die Forschungsfreiheit und Zukunftsfähigkeit mehr als unbedingt geboten einzuengen, ist einer mutigen selbstbewußten, offenen Demokratie nicht angemessen.

Für die Stammzellforschung heißt das, wie für andere Technologien, die früher ähnlich kontrovers waren (Eisenbahn, Elektrizität, Computer, Genomforschung) konstruktiv die Entwicklungen zu gestalten und nicht (erfolglos) zu verhindern. Die Erfüllung von Hoffnungen und Versprechen können ebensowenig vorhergesehen werden wie das Eintreten düsterer Prophezeiungen.

Wir müssen die Wissenschaft verstehen, um Chancen und Risiken wirklich einschätzen zu können. Dazu bedarf es nicht der vorauseilenden Vermeidung vermeintlichen Unglücks, sondern der Förderung der Forschung und Prüfung der medizinischen Möglichkeiten.

Anmerkungen

[1]   *http://www.ethikrat.org/stellungnahmen/stellungnahmen.html*

Genetische Tests auf dem Prüfstand

von Jörg Schmidtke und Karl Sperling

Das Gen ist ein Phantasiegebilde reinsten Wassers. Die Lehre vom Gen ist eine falsche Theorie, die die Entwicklung hemmt." [1] Noch vor 50 Jahren mußte dies in der Sowjetunion gelehrt werden. Wer dieser Aussage widersprach, verlor – wenn er Glück hatte – nur seinen Arbeitsplatz, andere büßten in Konzentrationslagern ihr Leben ein. Nach dem sogenannten Lyssenkoismus können erworbene Eigenschaften vererbt werden, eine Vorstellung, die sich nahtlos in das Menschenbild des Kommunismus einfügte. Der damalige Kultusminister in Ostberlin, Wandel, bestand darauf, daß dies auch in der DDR gelehrt werde. Dabei war nur wenige Jahre zuvor an gleicher Stelle die Utopie von der Züchtung des Menschen, gestützt auf eine pseudowissenschaftliche Rassentheorie, verkündet worden, ebenfalls in vollkommener Verkennung von Bedeutung und Wirkung der Erbanlagen.

Sind wir heute klüger geworden? Der tägliche Abdruck von Horoskopen basiert auf der mehr als dreitausend Jahre alten Überzeugung, daß das Schicksal des Menschen durch die Konstellation der Gestirne zum Zeitpunkt der Geburt, aber auch in jeder einzelnen Lebensphase, bestimmt wird. So unterschiedliche Politiker wie Ronald Reagan und François Mitterand sollen den Rat von Astrologen gesucht haben. Etwa so alt wie die Astrologie ist der Glaube an die Magie der Zahlen. So verzichtet die Deutsche Lufthansa auf die Sitzreihen Nr. 13 (und Nr. 17, auch dies angeblich eine Unglückszahl). Diese Beispiele relativieren zugleich die Bedeutung der Erbanlagen für das individuelle Schicksal des Menschen. Dies ist das Gute daran, nur ändert dies nichts daran, daß es sich hierbei – geradeheraus gesagt – um Unsinn handelt. Im Gegensatz hierzu kommt die schicksalhafte Bedeutung der Gene in der Vorstellung zum Ausdruck, daß sich durch genetische Tests an frühen Embryonen (im Rahmen der Präimplantationsdiagnostik, PID) eine Einstellung durchsetzen könnte, die Kinder nur noch als auf Wunsch bestellbare Produkte ansieht. [2] Noch einen Schritt weiter geht die Befürchtung, daß als Folge der PID „die begriffliche Grenze zwischen der Prävention der Geburt eines schwerkranken Kindes und der Verbesserung des Erbgutes, also einer eugenischen Entscheidung, nicht mehr trennscharf ist" und „Mitspieler der Evolution oder gar Gott-Spielen die Metaphern für eine, wie es scheint, in die Reichweite rückende Selbsttransformation der Gattung sind." [3]

Diese wenigen Beispiele zeigen, wie sehr die Vorstellungen von der Rolle der Erbanlagen das Menschenbild bestimmen und daher grundsätzlich auch politische Entscheidungen beeinflussen können. Dies berührt unmittelbar die hier diskutierte Frage nach der Bedeutung genetischer Tests und rechtfertigt damit eine kurze Darstellung der wissenschaftlichen Grundlagen.

1. Medizinisch-biologische Grundlagen von Gentests

Bis zur Mitte des 18. Jahrhunderts bestimmten die Präformisten, ganz im Einklang mit der damaligen christlichen Lehre, das Bild von der menschlichen Entwicklung. Die zukünftigen Generationen waren danach bereits – ineinander geschachtelt – in den Keimzellen vorhanden und dies seit Erschaffung des Lebens durch den Schöpfer. Unsicherheit bestand jedoch, ob die präformierten Menschen in den Spermien oder Eizellen angelegt sind. Noch heute sind nahezu die Hälfte der US-Amerikaner überzeugt, daß Gott den Menschen innerhalb der letzten 10.000 Jahre erschaffen hat [Kreationismus, 4].

Wie wir seit mehr als 100 Jahren wissen, geht das neue Individuum aus der Verschmelzung von Ei- und Samenzelle hervor, genauer, aus der Verschmelzung der jeweiligen haploiden Zellkerne, in denen die genetische Information in Form der DNA-Doppelhelix gespeichert ist. Jeder Elternteil trägt damit praktisch gleich viel zum Vererbungsgeschehen bei. Die Frage, wann beginnt menschliches Leben, ist eine Frage der Definition. Aus genetischer Sicht beginnt es mit der Vereinigung der elterlichen Erbanlagen in der Zygote. Es ist ein potentielles, individuelles menschliches Leben, da etwa 70% vor der Implantation bzw. als Spontanabort zugrunde geht (ein Großteil davon infolge von Chromosomenanomalien), aber auch durch Zwillingsbildung zwei und mehr menschliche Wesen daraus hervorgehen können.

Sämtliche Zellen des Körpers sind durch Zellteilung (Mitose) aus der Zygote hervorgegangen und weisen daher auch mit wenigen Ausnahmen die vollständige genetische Information auf. Eine molekulargenetische Diagnostik kann daher im Prinzip an jeder Zelle und zu jedem Zeitpunkt der Entwicklung vorgenommen werden, also auch vor der Implantation oder an abgeschilferten Zellen der Haut im Rahmen der forensischen Medizin (DNA Fingerprinting).

Die Embryonalentwicklung selbst ist kein präformierter, sondern ein epigenetischer Prozeß, der auf dem weitgehend unverstandenen Wechselspiel vieler tausend Erbanlagen mit exo- und endogenen Umweltfaktoren beruht und auch den Zufall einschließt. So trivial diese Feststellung ist, die Konsequenzen daraus werden häufig übersehen:

Es kann danach zum Beispiel keine Gene für sichtbare Merkmale oder bestimmte charakterliche Veranlagung geben, da es sich hierbei ja erst um Ergebnisse sehr komplexer Entwicklungsprozesse handelt. Ein Gen ist verantwortlich für die Bildung eines oder mehrerer Proteine, die die eigentliche Funktion in der Zelle ausüben. Die sichtbaren Merkmale sind erst Ergebnis des Entwicklungprozesses. Die Gleichsetzung eines Gens mit einem sichtbaren Merkmal (Phän) ist daher unzulässig. Da die Wortwahl jedoch unser Denken nachdrücklich beeinflußt, suggerieren Begriffe wie „Gene für Intelligenz und Charakter", daß man diese Eigenschaften durch Gentests genau vorhersagen und durch genetische Manipulation der Keimbahn gezielt beeinflussen könnte. Dies trifft angesichts der Komplexität des Entwicklungsgeschehens so nicht zu.

Zugleich folgt aus dieser Darstellung, daß die genetische Information über die Keimzellen weitergegeben wird (Keimbahntheorie), während die Körperzellen zugrunde gehen. Daher können Eigenschaften, die während des individuellen Lebens erworben werden, nicht vererbt werden. Dies entzieht dem Lyssenkoismus (siehe oben) die Grundlage.

JÖRG SCHMIDTKE UND KARL SPERLING

Schließlich besagt die Keimbahntheorie, daß es eine lückenlose Verbindung von dem Erbgut des modernen Menschen bis hin zu den ersten Lebensformen auf der Erde gibt, was als eine moderne Version von Haeckels „biogenetischem Grundgesetz" angesehen werden kann. Zugleich bedeutet dies, daß Untersuchungen des Erbgutes nicht nur Rückschlüsse auf nahe Verwandte zulassen (zum Beispiel beim Vaterschaftsnachweis), sondern Einblick in die Stammesgeschichte des Menschen schlechthin geben. [5]

2. Die genetische Grundlage monogener und komplexer Krankheiten

Der wissenschaftliche Fortschritt auf dem Gebiet der medizinischen Genetik ist dabei, die Theorie und Praxis der Medizin tiefgreifend zu verändern. Im Rahmen des Humangenomprojektes wurde die Basenabfolge (DNA) des menschlichen Genoms nahezu vollständig „entschlüsselt" und die Zahl der Gene zu 30.000 bis 40.000 bestimmt. Veränderungen in diesen Genen, Mutationen, führen zu den sogenannten monogen bedingten Krankheiten beim Menschen. Ihre Zahl dürfte mehr als 4.000 betragen. Etwa ein Drittel davon konnte bislang molekulargenetisch charakterisiert werden (Abbildung 1). Das bedeutet, daß das verantwortliche Gen identifiziert und in seiner Struktur und Sequenz bekannt ist. Damit sind die Voraussetzungen für eine Diagnostik der die Krankheit verursachenden Mutationen gegeben.

Die entscheidende Voraussetzung für die Identifizierung derartiger Gene beruht auf der Analyse solcher Merkmale (Krankheiten), die nach den Mendelschen Gesetzen vererbt werden. Dadurch ist es möglich, die zugrundeliegenden Gene zunächst chromosomal zu kartieren, um sie dann zu identifizieren [sog. Positionsklonierung, 6]. Es handelt sich dabei um einen stark reduktionistischen Ansatz, durch den der übrige genetische Hintergrund sowie umweltbedingte und stochastische Prozesse weitgehend ausgeblendet werden. Geht man jedoch „auslesefrei" vor, spielen diese Faktoren plötzlich eine wichtige Rolle. So können bei gleicher molekularer Veränderung eines Gens unterschiedliche Personen, Geschwister eingeschlossen, erhebliche klinische Unterschiede aufweisen, die im Extremfall von gesund bis schwerkrank reichen. Dies hängt damit zusammen, daß die Gene Grundlage eines komplexen (homöostatischen) Netzwerkes sind, welches das Ergebnis eines langen, evolutionären Prozesses ist. Die Veränderung eines Gens betrifft dabei oftmals nur eine Komponente dieses stark gepufferten Systems, dessen Eigenschaft es gerade ist, nachteilige Auswirkungen zu kompensieren. Es macht daher einen großen Unterschied aus, ob man bei einer klinisch betroffenen Person durch einen genetischen Test die richtige Diagnose stellt oder z. B. im Falle einer PID eine Veränderung findet und eine Prognose abgeben soll. Der prognostische Wert genetischer Tests ist generell weit geringer als ihr diagnostische Wert.

Die überwiegende Mehrzahl monogen bedingter Krankheiten manifestiert sich bis zur Pubertät. Ihre Zahl ist groß, die jeweilige Häufigkeit gering (Tabelle 1). Anders ist dies bei den multifaktoriell bedingten oder komplexen Krankheiten, zu denen die Zivilisationskrankheiten zählen. Sie manifestieren sich generell erst im späteren Alter und beruhen auf dem Zusammenwirken erblicher, umweltbedingter und zufälliger Faktoren. In genetischer Hinsicht liegen diesen Krankheiten weniger die seltenen Mutationen, sondern die wesentlich häufigeren genetischen Polymorphismen (Varian-

Tab. 1: Häufigkeit genetisch (mit-)bedingter Erkrankungen unter Neugeborenen bzw. bezogen auf die gesamte Lebensphase. Unter Chromosomenstörungen sind nur die klinisch relevanten aufgeführt.

Genetischer Typ	Häufigkeit pro 1000 Neugeborene	Lebenszeitrisiko pro 1000 Pers.
Monogen insgesamt	10.0	20
autosomal dominant	7.0	-
autosomal rezessiv	2,5	-
X-chromosomal	0,5	-
Chromosomenstörungen	1,8	3,8
Komplexe Krankheiten	46	646

(aus: Schriftenreihe der Europäischen Akademie zur Erforschung von Folgen wissenschaftlich-technischer Entwicklung, Band 7 (Hrsg. C. R. Bartram et al.), S. 56, 2000)

ten) zugrunde. Diese tragen zur äußerlichen Verschiedenheit der Menschen bei, ebenso wie zu ihren physiologischen Unterschieden. Diese „biochemische Individualität" ist eine Erklärung für die individuell unterschiedliche Reaktion auf die Einnahme bestimmter Medikamente, aber auch die unterschiedliche Anfälligkeit gegenüber Infektionserregern oder die unterschiedliche Disposition für die Zivilisationskrankheiten, wie Altersdiabetes, Herz-Kreislauf- und Krebserkrankungen. Dabei ist die genetische Disposition seit Anbeginn vorhanden, aber erst unter dem Einfluß spezieller Umweltfaktoren kommt es zur Manifestation der Erkrankung. In Kenntnis dieser Disposition kann oftmals durch geeignete präventive Maßnahmen eine Krankheitsmanifestation ganz vermieden werden. In diesem Falle wird nicht der Kranke, sondern der Gesunde untersucht (prädiktive Diagnostik). Man kann davon ausgehen, daß jeder Mensch genetische Prädispositionen für mehrere dieser Krankheiten in seinem Erbgut aufweist. Die Zahl der identifizierten Gene ist jedoch noch gering (Abb. 1).

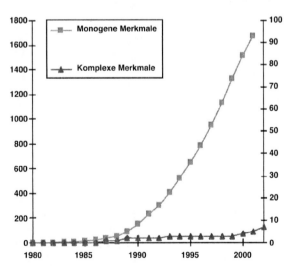

Abb. 1: Identifizierung von Genen monogen bedingter Merkmale und komplexer Merkmale. In beiden Fällen handelt es sich ganz überwiegend um Merkmale mit Krankheitswert. Die kumulative Darstellung von 1980 bis zum Jahr 2001 berücksichtigt diejenigen Merkmale (Krankheiten), deren molekulare Ursache aufgeklärt wurde (nach Glazier et al., SCIENCE 298: 2345-2349, 2002).

JÖRG SCHMIDTKE UND KARL SPERLING

Da es kaum eine Erkrankung gibt, an der die Erbanlagen nicht mittel- oder unmittelbar beteiligt sind, wird die molekulare Analyse ein Krankheitskonzept begründen, das auf der Ätiologie basiert und stark individuell ausgerichtet ist. Die bisherige phänomenologische Einteilung von Krankheiten (nach betroffenem Organsystem, Manifestationsalter, Geschlecht usw.) wird hierbei durch eine Klassifikation nach den molekularen Ursachen der Erkrankung ergänzt oder gar ersetzt.

Der wissenschaftliche Fortschritt auf diesem Gebiet ist außerordentlich. Jeden Tag werden ein bis zwei Krankheiten molekular aufgeklärt und über die Datenbank OMIM (Online Mendelian Inheritance in Man) der Öffentlichkeit zugängig gemacht *(www3.ncbi.nlm.nih.gov/Omim/)*. Die Datenbank „Orphanet" ist die zentrale europäische Plattform seltener Erkrankungen und wendet sich primär an Betroffene und die betreuenden Ärzte *(www.orpha.net)*.

3. Klassifikation genetischer Tests

Generell können genetische Untersuchungen auf der Ebene des Phänotyps (= Erscheinungsbild), auf der Ebene biochemischer Funktionen und Genprodukte, auf der Ebene der Chromosomen oder auf der Ebene der Erbsubstanz (DNA) selbst erfolgen [Übersicht in 7]. Hier soll nur auf genetische Tests eingegangen werden, die Unterschiede zwischen Individuen auf Ebene des Erbmaterials erfassen können. Je nach Zweck des Tests unterscheidet man:

Diagnostische Tests (bei manifester Erkrankung)
- zur Absicherung von Verdachtsdiagnosen
- zur Stellung einer individuellen Prognose
- zur Durchführung einer individuellen Therapie

Prädiktive Tests (zum Nachweis einer genetischen Disposition vor einer eventuellen Erkrankung)

Pränatale Tests (zum Ausschluß beziehungsweise Nachweis einer genetisch bedingten Störung vor der Geburt)
Genetische Screenings
- an Neugeborenen zur Therapie
- auf Anlageträger zur Beratung

Diese Einteilung kann der groben Klassifikation der Tests dienen. Ein Problem ist jedoch, daß die Grenzen zwischen den einzelnen Kategorien fließend sind. Von daher ist zu bedenken, daß Regeln, die für die Anwendung prädiktiver Tests formuliert werden, grundsätzlich auch für Tests gelten sollten, die zu diagnostischen Zwecken eingesetzt werden.

Weitere Einsatzmöglichkeiten für genetische Tests in der Humanmedizin betreffen die Diagnostik von Infektionskrankheiten und Immunstörungen bis hin zu AIDS sowie von Tumorerkrankungen und der Verträglichkeit von Pharmaka.

Genetische Tests spielen auch außerhalb der Medizin eine wachsende Rolle. Neben der Spurenanalyse im Zusammenhang mit der Aufklärung von Straftaten ist es der Bereich der Abstammungsbegutachtung, den sich Ärzte und Nicht-Ärzte teilen. Bei privat veranlaßten Abstammungsuntersuchungen ist dieses Verfahren schon seit langem die Methode der Wahl. Bei der Verwendung dieser Methode ist ein ärztlicher Eingriff (Blutentnahme) nicht erforderlich, da sich ein DNA-Test problemlos auch anhand von Speichelproben oder benutzten Taschentüchern durchführen läßt. Damit kann zum Beispiel ein Vaterschaftstest technisch problemlos auch ohne ärztlichen Eingriff erfolgen. Es ist rechtlich umstritten, ob es gleichwohl der Zustimmung der Mutter eines Kindes zur Durchführung eines Abstammungstests bedarf.

4. Genetische Tests: Technische Perspektiven

Gegenwärtig stehen Hunderte von Tests für monogene Erkrankungen zur Verfügung. Allerdings hat man bisher trotz der Fortschritte in der Diagnostik nicht einmal für die Hälfte der Kinder mit angeborenen Fehlbildungen die Ursache identifizieren können. Diese Situation wird sich in den nächsten Jahren vermutlich deutlich verändern. Die Ursache für einen beträchtlichen Teil bisher ungeklärter Krankheitsfälle dürfte auf epigenetischen Veränderungen und insbesondere genomischen Imbalancen beruhen. Letztere entziehen sich den herkömmlichen zytogenetischen Nachweismethoden, weil sie auf submikroskopische Deletionen und Duplikationen zurückgehen, die als Folge von Neumutationen oder von familiären, kryptischen Translokationen auftreten. Diese Mikrodeletionen und -duplikationen wird man mit neuen Methoden der Chip-Technologie nachweisen können.

Die automatisierbare Chip-Technologie hält derzeit Einzug in die genetische Forschung und dürfte auch die Diagnostik revolutionieren. Sie basiert auf der Array-Technologie. Deren Kernelement ist ein dichtes Raster (Array) von Sensormolekülen (zum Beispiel von DNA oder RNA Proben) auf einer kleinen Substratoberfläche (beispielsweise Glas). Es gibt zahlreiche Varianten dieser Bio-Chips oder DNA-Chips, wenn DNA bekannter Herkunft oder Sequenz als Sensor eingesetzt wird. Damit ist es grundsätzlich möglich, die Aktivität vieler tausend Gene eines Gewebes zu bestimmen oder eine große Anzahl potentieller Mutationen in einem Ansatz nachzuweisen. Der Schwerpunkt der kommerziellen Nutzung liegt derzeit bei der Analyse der Genaktivität. Die methodische Weiterentwicklung ist noch im vollen Gange.

Die Array-CGH (Mikroarray basierte Comparative Genomic Hybridisation) hat das Potential, die herkömmliche Chromosomendiagnostik weitgehend zu ersetzen. Sie ermöglicht eine extrem hohe Auflösung und erfordert keine Präparation von Chromosomen. Bei dieser Technik werden Test-DNA (zum Beispiel aus Tumorzellen oder Amniozyten) und Kontroll-DNA zusammen auf hochdichte Raster genomischer, auf Objektträgern immobilisierter DNA-Klone hybridisiert, die individuelle Abschnitte des Genoms repräsentieren. Je größer deren Anzahl ist, desto höher ist die erzielte Auflösung. Die Analyse erfolgt über speziell entwickelte Scanner mit Hilfe einer spezifischen Software. Dabei werden Farbe und Intensität der fluoreszenzmarkierten DNA-Sonden gemessen und miteinander verglichen. [8]

Mit Hilfe der hochauflösenden Verfahren der Array-CGH wird es möglich werden, kleinste (submikroskopische) unbalancierte Chromosomenveränderungen im mensch-

JÖRG SCHMIDTKE UND KARL SPERLING

lichen Genom nachzuweisen. In der Tumordiagnostik wird die Array-CGH die ätiologische Zuordnung zu Chromosomenaberrationen deutlich verbessern, was schon heute von erheblicher prognostischer Bedeutung ist und sicherlich auch zu einer Individualisierung der Therapie führen wird.

Derzeit werden in Deutschland im Rahmen der prä- und postnatalen- sowie der Tumor-Diagnostik vermutlich mehr als 150.000 zytogenetische Analysen pro Jahr durchgeführt. Die Probleme mit der routinemäßigen Einführung der Array-CGH sind zwar nicht zu unterschätzen und werden auch durch die Kosten bestimmt, die sich durch die zugrundeliegenden Patente auf die DNA-Chips ergeben. Die Umstellung der zytogenetischen Diagnostik auf die Array-CGH wird aber kommen, und sie wird ein Schritt von großer wissenschaftlicher, medizinischer und ökonomischer Bedeutung sein.

Eine in Deutschland besonders umstrittene Anwendung genetischer Tests stellt die Präimplantationsdiagnostik (PID) dar. Sie kann als eine vorgezogene Pränataldiagnostik (PND) angesehen werden. Die PID kann nur in Verbindung mit einer *In-vitro*-Fertilisation (IvF) vorgenommen werden und geschieht zudem zu einem Zeitpunkt, bevor der Großteil der Embryonen (siehe oben), insbesondere aufgrund von Chromosomenanomalien, zugrunde geht. Der Eintritt einer Schwangerschaft und die Geburt eines Kindes sind daher „seltene" Ereignisse, der diagnostische Aufwand ist außerordentlich. Das Embryonenschutzgesetz untersagt die Anwendung in Deutschland, wobei nicht alle Experten diese Rechtsmeinung teilen.

Die PID eröffnet die Voraussetzungen, solche Embryonen zur Implantation auszuwählen, die hinsichtlich der Gewebemerkmale als spätere „Zellspender" für bereits schwer erkrankte Kinder der betreffenden Familie infrage kommen. Es zeichnet sich zudem ab, daß mittels PID die Embryonen mit Chromosomenanomalien erkannt und durch ihren Ausschluß die Schwangerschaftsrate der IvF verbessert werden kann. Weltweit wird die PID an etwa 50 Zentren durchgeführt. [9]

5. Qualitätssicherung genetischer Diagnostik

Bei der Qualitätssicherung sind drei Ebenen zu unterscheiden, die hier nur kurz angesprochen werden können:
Strukturqualität
– Qualifikation des Untersuchenden
– Rahmenbedingungen

Prozeßqualität
– interne Qualitätskontrolle
– externe Qualitätskontrolle

Ergebnisqualität
– medizinische Konsequenzen
– soziale Konsequenzen

In der Bundesrepublik Deutschland bildet das jeweils gültige Sozialgesetzbuch V die gesetzliche Grundlage für den Auftrag zur Qualitätssicherung (QS) medizinischer

Leistungen im weitesten Sinne. Generell stützt sich die Sicherung einer qualitativ hochwertigen medizinischen Versorgung im wesentlichen auf drei Säulen:

- die fachliche Kompetenz des Arztes,
- die Beachtung bestehender Leitlinien und
- die Durchführung spezifischer Qualitätssicherungsmaßnahmen.

Für das Fach Humangenetik und damit für die Durchführung genetischer Diagnostik wurden 1992 durch die Einführung der ärztlichen Gebietsbezeichnung „Humangenetik" und eine entsprechende Weiterbildung für Naturwissenschaftler zum „Fachhumangenetiker" (GfH) die Voraussetzungen für die hohe persönliche Qualifikation geschaffen. Es wurden für verschiedene genetisch bedingte Erkrankungen bereits Leitlinien verabschiedet und in der Zeitschrift MEDIZINISCHE GENETIK publiziert.

Die exponentielle Zunahme der Kenntnisse über die genetischen Hintergründe von Krankheiten geht mit der Notwendigkeit einer angemessenen Vermittlung dieses Wissens an Patienten beziehungsweise Ratsuchende einher. Dies gilt insbesondere für Konfliktbereiche wie die Pränataldiagnostik mit der möglichen Konsequenz eines Schwangerschaftsabbruches oder die prädiktive Diagnostik spätmanifestierender Erkrankungen wie die Chorea Huntington oder erbliche Tumordispositionen. Eine fehlerhafte Befunderhebung, -interpretation oder -bewertung kann im Bereich der genetischen Diagnostik genauso schwerwiegende Probleme bereiten wie eine falsche Therapie. Andererseits kann ein eindeutiger klinisch-genetischer Befund den Betroffenen oftmals eine große Anzahl – zum Teil invasiver – weiterer diagnostischer Maßnahmen ersparen und als Grundlage eines rationalen Therapieansatzes dienen.

Für die medizinische Genetik leiten sich aus diesen Gegebenheiten wichtige Maximen ab: Das Recht auf informationelle Selbstbestimmung, das die Rechte auf Wissen und Nicht-Wissen einschließt, den Gleichheitsgrundsatz hinsichtlich des Einsatzes genetischer Diagnostik, die Vertraulichkeit, das Recht auf umfassende Aufklärung, den „informed consent", die Schweigepflicht sowie die Freiwilligkeit der Inanspruchnahme. Auch für die Bewertung genetischer Screening-Programme sollte der Nutzen für das Individuum das entscheidende Kriterium sein.

Allerdings zeigt allein der Vergleich der Anzahl der über die Krankenkassen abgerechneten pränatalen Chromosomenanalysen (1997: 68.267) mit den über die Krankenkassen abgerechneten humangenetischen Beratungen insgesamt (1997: 40.561), daß die Beratungsleistungen mit der Anzahl der Diagnostiken längst nicht mehr Schritt hält.

Generell muß für die Anwendung prädiktiver Tests gelten, daß die Indikation hierfür durch einen Arzt geschieht. Die Durchführung sollte durch einen entsprechend ausgewiesenen Facharzt/Fachhumangenetiker gemäß bestehender Leit- und Richtlinien erfolgen, wobei das betreffende Labor einer Zertifizierung (Akkreditierung) unterliegen sollte.

Wie eine prädiktive Diagnostik unter qualitätssichernden Kriterien in die medizinische Praxis eingeführt werden kann, zeigt beispielhaft die Deutsche Krebshilfe mit ihrem Verbundprojekt „Familiärer Brust- und Eierstockkrebs", in dem seit 1996 12 Zentren gefördert werden. Bis zum Jahr 2002 wurden dabei 5.000 Ratsuchende betreut.

JÖRG SCHMIDTKE UND KARL SPERLING

Die wichtigsten klinischen Ziele dieser Studie konnten inzwischen erreicht werden. Dazu zählen die Etablierung einer standardisierten interdisziplinären Beratung vor der prädiktiven Gendiagnostik, die Durchführung einer qualitätsgesicherten molekulargenetischen Analyse der Brustkrebsgene BRCA1 und BRCA2 und die Etablierung einer strukturierten Prävention des Familiären Brust- und Eierstockkrebses.

Damit sind zugleich die Voraussetzungen für die Überführung der diagnostischen und klinischen Maßnahmen bei familiärer Belastung für Brust- und Eierstockkrebs in die Regelversorgung geschaffen. Es bleibt zu hoffen, daß die Fortführung nur im Rahmen spezialisierter Zentren geschehen wird, da die Beratung und Betreuung dieser Frauen eine interdisziplinäre Zusammenarbeit zwischen Ärzten für Humangenetik, Gynäkologie, Radiologie, Pathologie und Psychotherapie/Psychologie erfordert.

6. Ärztlich-standesrechtliche und allgemeinrechtliche Regulierung

Wenn es darum geht, die Anwendung genetischer Testverfahren rechtlich zu regulieren, sollte zunächst überlegt werden, ob die Testmethode oder das Testergebnis regulierungsrelevant ist. [10] Unter Gentest im engeren Sinn wird jeder Test verstanden, der die Untersuchung des Gens selbst impliziert, also die molekulargenetische Analyse der DNA. Unter Gentest im weiteren Sinn sollten alle Untersuchungen verstanden werden, die an den Genen oder deren Produkten angreifen und eine genetische Interpretation zum Ziel haben. Eine rechtliche Regulierung, die sich an der Methode orientiert und nur Gentests im engeren Sinn erfassen würde, könnte in vielen Fällen durch Genproduktanalysen mit (annähernd) gleicher genetischer Aussagekraft unterlaufen werden. Wir plädieren daher nachdrücklich dafür, in standesrechtlichen Regulierungen (z.B. Richt- und Leitlinien) ebenso wie in einem etwaigen Gentestgesetz einer weit gefaßten Definition von genetischen Tests Rechnung zu tragen.

Ein spezieller, über das in der Medizin übliche hinausgehender Regulierungsbedarf ergibt sich aus den Besonderheiten, die genetischen Informationen eigen sind: 1. Die Zusammensetzung der Erbinformation in ihrer Gesamtheit ist für das Individuum spezifisch, in ihren einzelnen Komponenten wird sie aber immer mit anderen geteilt. Die bei einem Individuum gefundenen genetischen Merkmale werden bei Verwandten oder innerhalb seiner Ethnizität häufiger angetroffen als bei Nicht-Verwandten bzw. außerhalb seiner Ethnizität. Genetische Analysen an einer Person erlauben daher immer auch Aussagen über deren Herkunft und Voraussagen für andere. Innerhalb einer Familie kann dies zu Konflikten führen, insofern es zu Kollisionen mit dem „Recht auf Nicht-Wissen" kommen kann. 2. Genetische Information hat Konsequenzen über lange Zeiträume hinweg. Zwischen der Feststellung zum Beispiel einer krankhaften Genveränderung und deren Manifestation können Jahrzehnte vergehen oder gar Generationen überschritten werden. Für Untersuchte und Untersuchende impliziert dies eine weit reichende Verantwortung. 3. Genetische Information hat oft schicksalhaften Charakter, denn vielfach stehen nach einem Test keine adäquaten Handlungsoptionen offen (,,Schere" zwischen Diagnostik und Therapie, beziehungsweise Prädiktion und Prävention).

Regulierungsbedarf besteht insbesondere bei genetischen Untersuchungen mit prädiktiver Absicht, denn bei Entscheidungen für oder wider derartige nicht zwingend erforderliche Tests bedarf es aus den vorgenannten Gründen in ganz besonderem Maß der persönlichen Abwägung. [11,12] Anzumerken ist hier, daß sich prädiktive Tests von diagnostischen Tests häufig nur unscharf abgrenzen lassen, insofern diagnostische Tests meist auch prädiktives Potential haben (Prognose für den Getesteten, Risikopräzisierung für Verwandte). Bei den prädiktiven Tests greift das Prinzip des „reziproken Zusammenhangs zwischen Indikation und Aufklärungspflicht", das heißt der Arzt ist hier der „besonders sorgfältigen Prüfung nicht nur etwaiger Gegengründe sondern auch der Einwilligung des Patienten" verpflichtet [13]. Es lassen sich vier Bereiche prädiktiver Untersuchungsszenarien identifizieren, die in spezifischer Weise reguliert werden sollten.

1. Prädiktive genetische Untersuchungen aus individuell beziehungsweise familiär begründeter medizinischer Indikation

Hier sollte durch den Gesetzgeber der Arztvorbehalt hinsichtlich der Indikationsstellung gesichert werden. Gentests sollten also nur „auf Rezept" durchgeführt werden können. Das den Test durchführende Labor sollte entweder unter der Leitung eines entsprechend qualifizierten Arztes oder eines Genetikers mit einer naturwissenschaftlichen Ausbildung und einer staatlichen Ermächtigung (zum Beispiel Teilapprobation) stehen. Fragen der fachlichen Qualifikation sollten durch Qualifikationsvereinbarungen nach SGBV und die Details der Leistungserbringung auf standesrechtlicher Ebene durch Leit- und Richtlinien geregelt werden, wozu auch die Definition angemessener Aufklärung und Beratung [14] zählen sollte. Auf allgemeinrechtlicher Ebene sollte das Prinzip verankert werden, daß bei der Entscheidung für oder wider prädiktive genetische Untersuchungen, das persönliche Interesse grundsätzlich Vorrang vor den Interessen Dritter hat.

2. Pränatale genetische Untersuchungen

Abgesehen von den genetischen Untersuchungen, die dem Wohlergehen des heranreifenden Kindes und dem Geburtsmanagement dienen (zum Beispiel Untersuchungen auf Rhesusinkompatibilität), werden vorgeburtliche genetische Untersuchungen zumeist unter dem Aspekt des Erhalts oder des Abbruchs einer Schwangerschaft vorgenommen. Hier gelten die gleichen Überlegungen wie sie im vorausgehenden Absatz dargestellt wurden. Hinzuzufügen ist, daß sich die derzeitig gültige Regelung, einen Schwangerschaftsabbruch aus Anlaß einer kindlichen Schädigung in einer medizinischen Indikation – also nur aus der Perspektive der Mutter – begründbar zu sehen, bewährt hat. Daraus folgt, daß eine Liste fetaler Störungen, aufgrund derer ein Schwangerschaftsabbruch statthaft sein sollte, vollkommen abwegig wäre.

3. Prädiktive Gendiagnostik im Rahmen eines Bevölkerungs-Screenings

Hierzu liegen sorgfältig abgewogene und weltweit akzeptierte Richtlinien der European Society of Human Genetics vor. [15] Hiernach sollte ein Screening-Programm immer nur von einer Einrichtung getragen werden dürfen, die die Autorität besitzt, gleiche Zugangsmöglichkeiten für alle zu garantieren, den medizinisch korrekten

JÖRG SCHMIDTKE UND KARL SPERLING

Ablauf zu sichern und rechtzeitig Behandlung und Prävention bereitzustellen. Insofern sich das Verhältnis zwischen Testperson und Programmbetreiber nicht grundsätzlich von dem zwischen Patient und Arzt unterscheidet, sollten ansonsten ähnliche Bedingungen hinsichtlich Aufklärung und Beratungsangeboten herrschen. In diesem Zusammenhang sind „Testcocktails" – also nicht nach inhaltlichen, sondern nach Machbarkeitsgesichtspunkten („Chip-Technologie") zusammengestellte Kombinationen von Einzeltests – als besonders problematisch zu sehen, weil es als unmöglich erscheinen muß, die Testpersonen in angemessener Weise vorab aufzuklären.

4. Prädiktive Gendiagnostik bei Versicherungen und am Arbeitsplatz

Auch zu dieser Thematik hat die European Society of Human Genetics Richtlinien entwickelt. [16] Ein zentraler Punkt ist das Bemühen um einen Ausgleich zwischen dem Bedürfnis nach Versicherungsschutz und der Sorge vor Antiselektion. Die European Society of Human Genetics schließt sich hier dem in vielen Ländern (darunter auch in Deutschland) bereits etablierten Verfahren an, wonach unterhalb eines bestimmten Versicherungssummen-Schwellenwerts genetische Information nicht preisgegeben zu werden braucht. Sofern genetische Daten bei der Risikoermittlung durch den Versicherungsgeber überhaupt genutzt werden, muß er beweisen können, daß und in welchem Umfang diese überhaupt vertragserheblich sind. Am Arbeitsplatz dürfen genetische Tests durch den Arbeitgeber immer nur dann gefordert werden, wenn sie zur Abwehr von Gefahren für Dritte erforderlich und angemessen sind. Genetische Untersuchungen und Beratungen im Hinblick auf arbeitsplatzbezogene Gefährdungen für den Arbeitnehmer selbst müssen unabhängig vom Arbeitgeber angeboten und durchgeführt werden.

7. Ausblick

Diese wenigen Beispiele sollen verdeutlichen, daß genetischen Tests zukünftig eine steigende Bedeutung zukommen wird und jeden einzelnen betreffen kann. So wie in der genetischen Beratung der „informed consent" grundsätzlich die Voraussetzung für eine molekulargenetische Diagnostik ist, muß auch eine rechtzeitige Aufklärung der Öffentlichkeit (beginnend in der Schule) über das Humangenomprojekt und seine hier behandelten Implikationen erfolgen. Dabei sollte man unbedingt die Erfahrung und den Rat von Patienten-Selbsthilfegruppen einbeziehen. Auf diese Weise soll die Gesellschaft sich ein Urteil bilden können und die verantwortlichen Politiker in die Lage versetzt werden, darüber zu entscheiden, wie die Chancen der neuen diagnostischen Möglichkeiten genutzt und mißbräuchliche Anwendungen vermieden werden können. Hierbei gilt stets die Abwägung zwischen standesrechtlichen und gesetzlichen Regelungen.

Flankiert wird dies durch ein Vorhaben der Berlin-Brandenburgischen Akademie der Wissenschaften zur Observierung der Gentechnologie in Deutschland. Ziel dieses Projektes ist die Etablierung eines Monitoring-Systems, das als Informationsquelle und Grundlage zu Fragen der Gentechnologie, die medizinischen Aspekte eingeschlossen, dienen kann. Es besteht aus drei Komponenten: einer Druckversion, einer

Metadatenbank und einer Serie von Informationsblättern mit kurzen Darstellungen aktueller Themen *(www.bbaw.de/forschung/gen/index.html)*.

Literatur

[1]   Kostrjukowa, K. J. (1949), In: Stenographischer Bericht (Tagung der Lenin-Akademie der landwirt-schaftlichen Wissenschaften, 1948) „Die Lage in der biologischen Wissenschaft", S. 403. Verlag für fremdsprachliche Literatur, Moskau.

[2]   Simitis, S. (2002) DER SPIEGEL 2: 144-145

[3]   Habermas, J. (2001) Die Zukunft der menschlichen Natur: Auf dem Weg zu einer liberalen Eugenik? Suhrkamp Verlag Frankfurt am Main

[4]   DER SPIEGEL (2001) 30: 144-146

[5]   Sperling, K. Das Humangenomprojekt: Medizin im Licht der Evolution. Dtsch. med. Wschr. 125: A15-A20, 2000

[6]   Sperling, K. Das Humangenomprojekt: heutiger Stand und Zukunftsperspektiven. In: Gene, Neurone, Qubits & Co. (D. Ganten u.a. Hrsg).Ges Dtsch Naturf u Ärzte. Tagungsband 120: 207-215. S. Hirzel Verlag Stuttgart 1999

[7]   Schmidtke, J. Vererbung und Ererbtes – Ein Humangenetischer Ratgeber. GUC Verlag, 2. Auflage, Chemnitz 2002

[8]   Snijders A. M. et al., Nat Genet 29: 263-264, 2001

[9]   Sperling, K: Präimplantations- versus Pränataldiagnostik – Ein Vergleich aus humangenetischer Sicht. Z.ärztl. Fortbild. Qual.sich. 96: 404-409, 2002

[10]   Aus: Schmidtke, J. Wo stehen wir in der Gendiagnostik heute? Zum Leistungsstand der Humangenetik: Tagungsband 10. Einbecker Symposium, Springer-Verlag, Heidelberg, 2003 (im Druck)

[11]   Wissenschaftlicher Beirat der Bundesärztekammer: Richtlinien zur Diagnostik der genetischen Disposition für Krebserkrankungen. Dt. Ärzteblatt 22, A1396-1403, 1998

[12]   Ethik-Beirat beim Bundesministerium für Gesundheit: Prädiktive Gentests. Eckpunkte für eine ethische und rechtliche Orientierung. Berlin, 2000

[13]   Laufs, A. Arztrecht. Verlag C.H. Beck, München, 1993

[14]   Schmidtke, J.; Nippert I.; Wolff, G. Genetic Counseling: Historical, Ethical, and Practical Aspects. In: International Encyclopedia of the Social and Behavioral Sciences, vol. IX. Elsevier, Amsterdam, 2001.

[15]   European Society of Human Genetics, *www.eshg.org/screening.htm*

[16]   European Society of Human Genetics, *www.eshg.org/insurance.htm*

Gesunde Körper – kranke Gesellschaft?

Medizin im Zeitalter der Biopolitik

von Thomas Lemke

In den aktuellen Debatten um die moderne Medizin, ihre wissenschaftlichen Fortschritte und ihre sozialen Folgen fehlt etwas. In Ethikräten, Enquêtekommissionen und den Pressefeuilletons sind naturwissenschaftliche, juristische, philosophische und theologische Positionen in der Regel sehr gut vertreten, wenig wird jedoch auf sozialwissenschaftliche Analysen in diesem Feld Bezug genommen. Der Schwerpunkt der Debatte liegt auf ethischen Konflikten und rechtlichen Konsequenzen, die mit den neuen biologischen Erkenntnissen und der darauf aufbauenden medizinischen Forschung einhergehen. Nicht oder kaum thematisiert werden jedoch die materialen Voraussetzungen der Wissensproduktion, die Bedingungen ihrer gesellschaftlichen Akzeptanz und die Frage, wer in welcher Weise davon profitiert, welche Interessen sich mit der Durchsetzung bestimmter Krankheitsbilder und der Suche nach spezifischen Krankheitsursachen verbinden. Zu selten werden kulturwissenschaftliche, soziologische und politologische Analysen herangezogen, zu wenig das Kontingente und Konfliktuelle, das Umkämpfte und Entscheidungsabhängige in der Produktion und Durchsetzung biomedizinischen Wissens herausgestellt.

Dies ist insofern überraschend, als in den Debatten der letzten Jahre um neue medizinische Möglichkeiten ein Begriff nicht wegzudenken ist: Immer wieder war in den Texten um therapeutisches Klonen, die Stammzellforschung oder die molekulare Medizin von Biopolitik die Rede. Wird damit nicht gerade das Politische, das Umkämpfte und Entscheidungsabhängige herausgestellt? Seltsamerweise ist eher das Gegenteil der Fall. Der Begriff der Biopolitik wurde in den letzten Jahren inflationär verwendet und hat entscheidend an Kontur verloren. Von der rechtlichen Regulierung der Landwirtschaft über die ökologische Sicherung der natürlichen Lebensgrundlagen bis zur wissenschaftlichen Förderung der Medizin wird heute alles als Biopolitik bezeichnet, was irgendwie mit der Erhaltung und Entfaltung des Lebens zu tun hat. Das war nicht immer so.

Der Begriff der Biopolitik wurde Mitte der 70er Jahre von dem französischen Historiker und Philosophen Michel Foucault neu geprägt. Foucault hat den Begriff nicht erfunden, er war spätestens seit dem Ende der 60er Jahre bekannt. Damals etablierte sich das Forschungsfeld „biopolitics" innerhalb der anglo-amerikanischen Politikwissenschaft, das sich um die Aufnahme biologischer, vor allem evolutionstheoretischer

Konzepte zur Erklärung politischen Verhaltens bemüht. [1] Foucaults Begriff der Biopolitik ist ein expliziter Bruch mit diesem Versuch, die Natur der Politik auf biologische Determinanten zurückzuführen. Biopolitik markiert für ihn eine wichtige historische Zäsur, die zwei gesellschaftliche Formationen und unterschiedliche Machttypen voneinander trennt. Foucault zufolge wird die alte Souveränitätsmacht, die vor allem als „Macht über den Tod" und als Zugriffsrecht funktionierte, seit dem 17. Jahrhundert zunehmend von einer neuen Machtform überlagert, deren Ziel es ist, das Leben zu verwalten, zu sichern, zu entwickeln und zu bewirtschaften. Im Zentrum dieser Biopolitik steht nicht mehr die Abschöpfung von Diensten und Gütern, sondern ihre Kontrolle und Steigerung. In dieser Perspektive geht es weniger darum, die unterworfenen Kräfte zu hemmen, sie zu behindern oder zu vernichten, sondern darum, sie hervorzubringen, wachsen zu lassen und zu ordnen. [2]

Es ist im Rahmen dieses Beitrags nicht möglich, genauer auf Einzelheiten des Foucaultschen Konzepts der Biopolitik, die Bedeutung humanwissenschaftlichen Wissens und medizinischer Normen oder die Problematik des Rassismus einzugehen – alles wichtige Aspekte der Foucaultschen Analyse. Wichtig ist jedoch, daß Foucault zwei biopolitische Technologien unterscheidet: die *Disziplinierung des Individualkörpers* einerseits und die *Regulierung der Bevölkerung* andererseits. [3] Zielt erstere auf die Überwachung des individuellen Körpers, so richtet sich letztere auf den kollektiven Körper einer Bevölkerung. Nicht Disziplin und Dressur, sondern Normalisierung und Normierung sind die zentralen Instrumente, welche hier zum Einsatz kommen. In der biopolitischen Kombination von disziplinierender Reglementierung und bevölkerungspolitischer Regulierung, sieht Foucault die entscheidende Voraussetzung für die Durchsetzung des Kapitalismus und die Konstitution des modernen Nationalstaates. Sie ermöglichte es, ökonomisch produktive, militärisch nützliche und politisch gehorsame Körper zu schaffen – eine Konstellation, die seiner Einschätzung nach bis heute wirksam ist.

Seit seiner ersten Formulierung vor fast dreißig Jahren ist Foucaults Begriff der Biopolitik auf viel Interesse gestoßen. Eine Reihe von historischen und sozialwissenschaftlichen Arbeiten hat sein analytisches Instrumentarium aufgegriffen und fortentwickelt. In den letzten Jahren ist jedoch eine tendenzielle Verallgemeinerung und Entpolitisierung des Begriffs der Biopolitik zu beobachten, wobei häufig gerade die von Foucault herausgestellte historische und kritische Dimension verlorengeht. In der wissenschaftlichen Fachliteratur ebenso wie in Mediendiskursen wird Biopolitik zunehmend als ein neutraler Terminus oder als eine allgemeine Kategorie gebraucht, um die sozialen Folgen biotechnologischer Interventionen zusammenzufassen. Dabei bleibt die Bedeutung gesellschaftlicher Faktoren bei der Entstehung und dem Einsatz des naturwissenschaftlichen und medizinischen Wissens ebenso unberücksichtigt wie dessen Einbettung in umfassendere ökonomische Strategien und politische Rationalitäten.

In Frage steht also zum einen die analytische und kritische Brauchbarkeit des Begriff der Biopolitik beziehungsweise die Orientierung an einem Foucaultschen Begriff von Biopolitik. Foucault sah Biopolitik als eine historische Zäsur: das menschliche Leben wird zum Gegenstand von rationalen Kalkülen und sozialen Interventionen, es erscheint als etwas Formbares, ein Rohstoff, der veredelt werden kann, der einen Wert haben, aber damit auch „unwert" sein kann. Auch heute ist häufig von einer Zäsur die Rede. So ist etwa im Editorial der im Jahr 2002 gegründeten ZEITSCHRIFT FÜR

THOMAS LEMKE

BIOPOLITIK zu lesen, daß „die Menschheit in ein ganz neues Zeitalter ein(tritt): Erstmalig werden wir evolutionäre Prozesse kurzfristig zu unserem Nutzen steuern, und wir haben es sogar in der Hand, uns selbst zu verändern". [4] Die Rede vom „Zeitalter der Biopolitik", von etwas ganz Neuem oder einem epochalen Bruch, findet sich heute immer wieder. Dabei geht es weniger um die Feststellung einer Tatsache als um die Formulierung einer Frage. Der Titel dieses Beitrages ist also weniger feststehendes Label oder eine fertige Charakterisierung, sondern gibt eher einer Verlegenheit und einem Unbehagen Ausdruck: Gibt es eine historische Zäsur, welche die Gegenwart von der „alten" Biopolitik abhebt? Oder konkreter: Ist die Humangenetik die Fortsetzung der Eugenik mit anderen Mitteln? Wo sind die Kontinuitäten, wo die Brüche? Die Wahl des Titels soll auf eine tatsächlich vorhandene Unschärfe hinweisen. Es handelt sich also nicht um ein Problem mangelnder begrifflicher Präzisierung und historischer Konkretisierung, sondern es ist der Gesundheits- und Krankheitsbegriff selbst, der heute diffus geworden ist und damit auch die Frage nach den Aufgaben und den Grenzen der Medizin.

Es lassen sich etwas schematisch, aber mit guten Gründen, vier Problemkomplexe oder Entwicklungslinien der heutigen Medizin unterscheiden, die ich hier kurz unter vier Stichworten vorstellen möchte: Virtualisierung, Individualisierung, Sozialisierung, Naturalisierung.

Virtualisierung

Beginnen wir mit der Virtualisierung. Diese hat zwei Aspekte: eine quantitative Ausweitung und eine qualitative Umwertung der Medizin. Die Medizin dehnt sich heute auf Gebiete aus, die bislang nicht als medizinisch relevant angesehen wurden. Immer häufiger wird von Forschungsarbeiten berichtet, die etwa versuchen, Leseschwäche oder Homosexualität auf bestimmte als krankhaft diagnostizierte Abweichungen von einem „normalen" Genom bzw. einem „normalen" Gehirn zurückzuführen. Dadurch wird zum einen der Bereich des medizinisch Relevanten ungeheuer ausgeweitet. So hat die Fachzeitschrift BRITISH MEDICAL JOURNAL vor einiger Zeit eine Liste der „Nichtkrankheiten" herausgegeben. [5] Als Nichtkrankheiten gelten dabei – so die Zeitschrift – „menschliche Probleme, die manche als medizinisch relevant definieren, und das, obwohl es Menschen ohne diese Definition möglicherweise besser ginge." Die Leser der Zeitschrift setzten „Altern" ganz oben auf die Liste, gefolgt von Arbeit, Langeweile und Tränensäcken. Ist Altern also therapiebedürftig, Langeweile ein klinisches Phänomen? Sind fehlende Intelligenz, mangelnde Schönheit oder ein Übermaß an Sommersprossen medizinische Probleme? Von der Sportmedizin bis zur Schönheitschirurgie, von Potenzproblemen bis zu Schüchternheit und schulischem Versagen kann offenbar jeder Mangel und jeder Überfluß als ein medizinisches Problem wahrgenommen und behandelt werden. Dies ist also der erste Befund: Die Medizin dehnt sich aus und erfaßt nun auch Merkmale und Verhaltensauffälligkeiten, die bislang dem medizinischen Bereich äußerlich waren.

Die Ausweitung des Krankheitsbegriffs ist begleitet von einer Umwertung des Gesundheitsverständnisses. Das Ziel der Medizin verändert sich. An die Stelle einer reaktiven Heilkunst tritt eine präventive Medizin, die sich auf die aktive Verhinderung von Krankheiten spezialisiert und auf die Diagnose von Anlageträgerschaften, Anfälligkeiten, Dispositionen und Risiken konzentriert. Es geht immer weniger um die Behandlung konkreter körperlicher oder psychischer Leiden als um die Vermeidung möglicher Krankheiten vor deren Ausbruch. Die neurobiologische und molekulargenetische Perspektive in der Medizin erlaubt es, den Krankheitsbegriff auf Zustände und Normvariationen auszudehnen, die bislang nicht als „krank" angesehen wurden. Damit ist das Modell einer Medizin skizziert, die sich von einer konkret beschreibbaren oder empirisch feststellbaren Krankheitssymptomatik abzukoppeln vermag. Gesunde Menschen werden zu Risikopersonen und potentiell Kranken, im scheinbar gesunden Körper schlummern unsichtbare Gefahren, die nur durch komplexe technologische Nachweisverfahren sichtbar gemacht werden können. Der starke Anstieg beim Einsatz von Psychopharmaka wie Ritalin oder Prozac zeigt, daß Krankheit nicht mehr länger einen Ausnahmezustand symbolisiert, sondern den Regelfall darstellt. Die Pathologie wird offenbar zur Normalität und die Behandlung auf Dauer gestellt: Normalität gilt als eine Frage der „Einstellung" – auf das richtige Medikament und die angemessene Dosis. Damit komme ich zum zweiten Punkt: der Individualisierung.

Individualisierung

Mit Individualisierung soll hier wiederum ein komplexes Ensemble unterschiedlicher Tendenzen bezeichnet werden. Individualisierung meint zum einen das Leitbild einer personalisierten Medizin, die auf das individuelle Genom abgestimmte pharmakologische Interventionen erlauben soll. Statt von einem menschlichen „Standardgenom" wird heute mehr und mehr von individuell variablen genetischen Profilen ausgegangen, die für jeweils unterschiedliche Wirkungen von Medikamenten oder die Entwicklung des Krankheitsverlaufs verantwortlich seien. Zum anderen bezieht sich „Individualisierung" auch die heutige Konzentration der medizinischen Forschung auf die Suche nach Krankheitsursachen im individuellen Körper. Diese Perspektive blendet den physischen, biologischen oder sozialen Kontext der Krankheitsentstehung systematisch aus. Im menschlichen Gehirn oder in den Genen – so die zugrunde liegende Annahme – findet sich die Erklärung für Krankheit und Gesundheit. Nicht mehr schädigende Umweltstoffe und Industriegifte, verunreinigtes Wasser oder schlechte Luft, gesellschaftliche Machtverhältnisse und Ausbeutungsstrukturen seien schuld am Kranksein, sondern das Individuum selbst: Verantwortlich für die Krankheit sei ein Fehler im molekularen Text oder den neurobiologischen Schaltungen. Unter Individualisierung ist schließlich auch permanenter Rekurs auf Selbstbestimmung, informierter Zustimmung und Patientenautonomie in der medizinischen Praxis zu begreifen. Wurden diese Konzepte einmal gegen den ärztlichen Paternalismus und wissenschaftliches Expertentum von den medizinkritischen und feministischen Bewegungen der 70er und 80er Jahre des vergangenen Jahrhunderts eingefordert, scheint heute Selbstbestimmung zur Letztbegründungsressource in der Medizin zu werden: der eigene, freie Wille wird zum ausschlaggebenden Kriterium, zur Grundlage und Grenze für medizinische Interventionen. Dabei bleibt in der Regel unberücksichtigt, wie dieser Wille sozial geformt, normativen Anforderungen und materiellen Restriktionen unterworfen wird.

Sozialisierung

Die beschriebene Tendenz zu einer zunehmenden Individualisierung wird – scheinbar paradox – ergänzt durch eine Bewegung der Sozialisierung. Der Referenz- und Einsatzpunkt medizinischen Wirkens verlagert sich ebenso wie das Ethos der Medizin. Die alte hippokratische Ethik macht mehr und mehr utilitaristischen Konzepten Platz. Gesundheitsökonomische Überlegungen und Kosten-Nutzen-Relationen finden verstärkt Eingang in die medizinische Praxis. Zugleich werden Vorstellungen von „Spende" und „Solidarität" zugunsten von „Kundenbeziehungen" und „Vertragsverhältnissen" aufgegeben: Diskutiert werden etwa finanzielle Anreize und materielle Vergütungen für Menschen, die freiwillig ein Organ zur Transplantation bereitstellen. Medizinisch relevante Körpersubstanzen können patentiert und veräußert werden.

Ein weiterer Aspekt dieser Tendenz zu einer „sozialen Medizin": Das genetische Wissen ist medizinisch relevant nicht nur für das Individuum selbst, sondern auch für dessen Nachkommen. Damit erhalten Familien- und Verwandtschaftsbeziehungen eine neue – medizinische – Bedeutung. Konzepte einer „genetischen Verantwortung" und neue, bislang undenkbare Rechte tauchen auf: das Recht, von seinen Verwandten über vermeintliche genetische Belastungen informiert zu werden, das Recht nicht geboren oder gesund geboren zu werden.

Schließlich: Kriterien von Gesundheit und Krankheit, Leben und Sterben werden zu einer Frage der gesellschaftlichen Konvention, die Ziehung von Grenzen zwischen Körpern wird zum Gegenstand von politischer Regulierung und bioethischer Beratung. Die Forderungen nach dem Schutz der Privatsphäre und körperlicher Unversehrtheit erscheinen in einem neuen Licht, sie gelten nicht mehr selbstverständlich und absolut, sondern werden zu etwas Relativem, das Güter- und Rechtsabwägungen offen steht und Interpretationen unterworfen ist. Dabei sind erste Konturen einer „Sozialpflichtigkeit" des Körpers auszumachen. Ein Beispiel dafür ist ein in den USA mit den Mitteln der Präimplantationsdiagnostik gezeugtes Kind, dessen Eltern es auf ein bestimmtes genetisches Profil hin testen ließen, um mit dessen Zellen die Erbkrankheit des bereits geborenen Geschwisterkindes behandeln zu können. [7] Wenn in den Körpern der einen die Mittel für das Wohlergehen oder die Heilung der anderen stecken, ist es dann nicht unverantwortlich und letztlich unmoralisch, der Transplantation von eigenen Organen oder der Spende von Körpersubstanzen nicht zuzustimmen? Inwieweit setzt umgekehrt der Erhalt von Spenderorganen bestimmte soziale Qualifikationen und den Nachweis einer „Verantwortungsbereitschaft" voraus, etwa eine vernünftige Lebensführung, Abstinenz von Drogen oder soziales Prestige?

Naturalisierung

Kommen wir zur vierten Entwicklungstendenz: der Naturalisierung. Technische Optionen und medizinische Innovationen führen auf der einen Seite zu einer Erweiterung von Entscheidungsspielräumen und Gestaltungsmöglichkeiten, indem sie traditionelle, scheinbar universell gültige Vorstellungen von „normal" oder „natürlich" problematisieren. Auf der anderen Seite verschränkt sich diese Kontingenzproduktion mit Prozessen sozialer Schließung und Strategien der Re-Naturalisierung.

So wird der medizinisch-technische Fortschritt häufig als etwas aufgefaßt, das einer eigenen, internen und unumkehrbaren Dynamik folgt, als eine zielgerichtete Entwicklung, die gesellschaftlichen Interventionen prinzipiell äußerlich bleibt. In der häufig zu hörenden Formel „Was gemacht werden kann, wird gemacht", wird die Zwangsläufigkeit wissenschaftlich-technologischer Prozesse einfach unterstellt. Gesellschaftliche Auseinandersetzungen, ökonomische Interessen und politische Strategien werden somit unsichtbar gemacht: Die Ausweitung von Kontingenz- und Entscheidungsspielräumen verbindet sich also mit Vorstellungen von Zwangsläufigkeit und Unveränderbarkeit, die Vergesellschaftung der Natur ist begleitet von einer Naturalisierung der Gesellschaft.

Die neuen medizinischen Möglichkeiten wecken auch alte Ängste. Die Fassung des Körpers als komplexes System oder informationeller Text erlaubt zwar bislang unbekannte Formen der Rekombination innerhalb der menschlichen Spezies und jenseits der traditionellen Artgrenzen. So ist es heute möglich, Schafe mit menschlichen Genen auszustatten und Menschen mit Schweineherzen zu versorgen. Aber die Auflösung moderner Kategorien und Grenzziehungen zwischen Mensch und Tier, Mann und Frau, Geist und Körper, Biologie und Gesellschaft führt nicht nur zu einer „reflexiven", sondern vor allem zu einer „defensiven Modernisierung". Gerade weil die geschlechtlichen und speziesspezifischen Grenzen immer häufiger in der wissenschaftlichen und medizinischen Praxis unterlaufen werden, müssen sie umso deutlicher markiert werden. So mag etwa die traditionelle Familienform als Grundeinheit gesellschaftlicher Reproduktion und individueller Identitätsbildung durch die neue Gen- und Reproduktionsmedizin zunehmend normativ unterspült werden, dennoch oder besser: gerade deshalb werden biologische Kriterien wie blutmäßige Abstammung im Familienrecht affirmiert und gleichgeschlechtliche Lebensgemeinschaften von der Nutzung der neuen Technologien ausgeschlossen. Die Früchte des medizinisch-technischen Fortschritts stehen nicht für alle gleichermaßen bereit, sondern sie sind mehr und mehr an finanzielle Ressourcen, soziale Qualifikationen und normative Erwartungen rückgebunden.

Virtualisierung, Individualisierung, Sozialisierung und Naturalisierung – diese vier heterogenen und konfligierenden Entwicklungslinien bewirken zusammengenommen, daß sich ein neues Verständnis von Gesundheit und Krankheit und letztlich ein neues Konzept dessen, was wir sind, abzeichnet. Wenn heute Gesundheit zu einer wichtigen symbolischen Ressource für die Schaffung der eigenen persönlichen Identität, aber auch für die Zugehörigkeit zu einer sozialen Klasse geworden ist, dann stellt sich die Frage, inwieweit die Forcierung des Gesundheitsimperatives Krankheit produziert. Werden Krankheit und Behinderung zum Schatten des technologischen Traums von Gesundheit als Leidensfreiheit und langem Leben? Wie vermischen sich moralische Vorstellungen mit medizinischen Konzepten und welche Rolle spielt Gesundheit als Aufbau von Widerstandsfähigkeit, Ausdauer und Dehnbarkeit in einem flexiblen, deregulierten und globalisierten Kapitalismus? Jede zeitgemäße Analyse der Biopolitik wird auf diese Fragen Antworten geben müssen.

Literatur

[1] Somit, Albert and Peterson, Steven A. 1998: Biopolitics After Three Decades – a Balance Sheet. BRITISH JOURNAL OF POLITICAL SCIENCE, 28 Jg. S. 559-571.

[2] Foucault, Michel 1977: Der Wille zum Wissen. Sexualität und Wahrheit 1, S. 163. Frankfurt am Main: Suhrkamp.

[3] Foucault, Michel 1999: In Verteidigung der Gesellschaft. Vorlesungen am Collège de France (1975-76). S. 276-294. Frankfurt am Main: Suhrkamp.

[4] Mietzsch, Andreas 2002: Die Zeitschrift für Biopolitik – ein interdisziplinäres Medien-Projekt. ZEITSCHRIFT FÜR BIOPOLITIK, 1. Jg., Nr. 1, S. 3-4.

[5] BRITISH MEDICAL JOURNAL, Vol 324, 2002, S. 883-885

[6] Adorno, Theodor W. 1951 Minima Moralia. Frankfurt am Main: Suhrkamp, S. 70

[7] Rötzer, Florian 2000: Genetisch auf geeignete Spenderzellen getestetes Kind geboren, available at: www.telepolis.de/deutsch/inhalt/lis/8845/1.html (vom 29.4.2002).

Prädiktive Diagnostik und genetisches Design: Ein Blick in die Zukunft

von Jens Reich

Es wird nicht mehr lange dauern, bis man das Genom nicht nur der menschlichen Gattung (also das, was uns gemeinsam ist) ablesen kann, sondern auch das Genom des einzelnen Menschen (das, worin wir uns unterscheiden). Craig Venter sprach bereits vom $1.000-Genom, womit er meinte, daß die Ablesung von Genomsequenzen mit der Chiptechnik in wenigen Jahren so weit fortschreiten würde, daß man für diesen Preis das individuelle Genom eines Menschen bestimmen könnte.

Wir Menschen unterscheiden uns, wenn wir nicht nahe verwandt oder gar eineiige Zwillinge sind, in ungefähr 5 Millionen Buchstabenvarianten („single nucleotide polymorphisms", SNPs) im gesamten Genom von 2 mal 3.2 Billionen Buchstaben. Daneben gibt es noch eine kleinere Anzahl von weniger punktuellen Varianten, die allerdings sämtlich sehr selten sind. Gegenwärtig gibt es mehrere Forschungsprojekte zur Auffindung von möglichst allen Varianten, die überhaupt im menschlichen Genom auftreten können. Bis auf sehr seltene Mutationen, die entweder nur zufällig oder nach gezielter Suche in Familien mit besonderen Merkmalen gefunden werden, kann man damit rechnen, daß ein solcher Katalog alle Varianten umfassen wird, die weltweit in den verschiedenen ethnischen und geographischen Menschenpopulationen mit einer Häufigkeit von mehr als ca. einmal auf 1000 Personen vorkommen. Wie viele solcher Stellen es im Genom gibt, darüber kann man Hochrechnungen anstellen; endgültig wird sich die Zahl vielleicht von den genannten 5 Millionen unterscheiden.

Von solchen „Druckfehlern" ist der größere Anteil voraussichtlich völlig unwichtig. Unwichtig sind zum Beispiel Varianten, die in Genomabschnitten vorhanden sind, die gar nicht abgelesen werden und auch sonst keine Bedeutung für das menschliche Leben haben. Es gibt bekanntlich Textabschnitte im Genom, die in bis zu mehreren hunderttausend genau oder nahezu identischen Exemplaren an den verschiedensten Orten des Genoms vorkommen, und es gibt andere Varianten, die zwar an genau bestimmten Orten auftreten, dort aber als sinnleere Wiederholungen, zum Beispiel von zwei Buchstaben (etwa CACACACACACACACA....). Ganz unwichtig sind solche Stellen dennoch nicht, denn wieviele solcher Wiederholungen man an der gegebenen Stelle im Genom hat, das liegt für jedes Individuum fest und ist auch nach den Mendelschen Regeln vererbbar. Sie sind damit ein individueller genetischer Fingerabdruck. Man kann auf Grund solcher Wiederholungsmuster menschliche

Individuen anhand von Gewebeproben identifizieren (zum Beispiel Straftäter) und kann auch „Blutsverwandtschaft" nachweisen (Vaterschaftsnachweis). Jedoch beziehen sich solche Anwendungen auf die Identifizierung eines Individuums, nicht auf dessen Eigenschaften, ähnlich wie ein Fingerballenabdruck zwar den Inhaber identifiziert, aber über ihn als solchen nichts weiter mitteilt.

Eine Minderheit von genetischen Varianten, vielleicht einige Prozent, können aber für die körperlichen und seelischen Eigenschaften durchaus von Bedeutung sein. Man erkennt das indirekt am Beispiel von eineiigen Zwillingen. Diese haben (bis auf vereinzelt mögliche Kopierfehler) die gleiche DNS-Sequenz in jeder ihrer Körperzellen. Zudem gibt es eine Fülle von körperlichen und seelischen Eigenschaften, die offenbar streng vererbt sind. Die Information für diese gemeinsamen Erbanlagen muß vor allem in den beschriebenen individuellen Varianten codiert sein, denn diese werden über die Chromosomen der Eltern weitergegeben und sind bei eineiigen Zwillingen gleich. Man kann sich zwar als Ausnahme einige Eigenschaften vorstellen, die nicht in den Genvarianten festgelegt werden, sondern zum Beispiel in den gleichen Lebensbedingungen eines Zwillingspaar im mütterlichen Uterus – aber selbst diese gemeinsame Lebensgeschichte wird hauptsächlich Unterschiede und nicht Gleichheit bedingen, zum Beispiel die sehr verschiedenen Körpergewichte und Reifezustände, die bei Mehrlingsgeburten eintreten können, wenn es im Mutterleib eng wird und die Föten sich gegenseitig behindern. Identische Zwillinge sind sich in vielen Merkmalen frappierend ähnlich, weniger oder gar nicht verwandte Menschen haben geringere Ähnlichkeiten im Rahmen des Merkmalsspektrums des *Homo sapiens* – gleichzeitig ist die DNS-Sequenz die einzige „Mitgift", die identische Zwillinge völlig gleich haben und die bei nicht verwandten Individuen Millionen von Varianten aufweist – man wird das alles kaum anders erklären können als durch die Hypothese, daß in den meßbaren Genvarianten der letzte Grund für die Ausprägung aller erblichen körperlichen Merkmale liegt, die zwischen Menschen gleich oder verschieden sein können.

So hätte jeder von uns mit dem Genpaß auf der CD eines Tages die volle Information darüber, welche Varianten für seine vererbten Anlagen verantwortlich sind? Und könnte man damit auch die Veranlagung für erbliche Merkmale feststellen? Könnte man vielleicht sogar ein Baby mit einer bestimmten Auswahl elterlicher Gene „bestellen", etwa durch Auslese nach dem Studium des Genoms in zahlreichen befruchteten Eizellen?

Als Versprechen oder als Befürchtungen sind die bejahenden Antworten auf diese Fragen in der Öffentlichkeit weit verbreitet. Es gilt als sicher, daß schon in wenigen Jahren Gendesign und genetische Selektion weit verbreitet sein werden, wenn dieser Entwicklung nicht rechtzeitig vorgebeugt wird. Bevor man jedoch in eine ausgedehnte ethische und politische Diskussion der Problematik eingeht, sollte man die Wahrscheinlichkeit für die Realisierung solcher Visionen näher diskutieren. Das ist ein Ziel dieser Abhandlung. Die Schlußfolgerung, auf die ich hinaus möchte, lautet in ganz knapper Formulierung: Prädiktive Diagnostik komplexer Merkmale wird nicht erfolgreich sein; noch weniger wird es genetisches Design von Individuen zielführend vorgeben – aber das ganze Anwendungsgebiet hat ein hohes Mißbrauchspotential, dem man rechtzeitig durch politische Aufklärung und gesetzliche Maßnahmen entgegenwirken muß.

Der Problemhintergrund

Es ist offensichtlich, daß es menschliche Merkmale gibt, die sich eindeutig auf die Ausstattung mit gewissen Genen zurückführen lassen. Ein überzeugendes Beispiel liefert der rote Farbstoff des menschlichen Blutes. Das ist ein Eiweißkörper, der den Namen Hämoglobin führt. Ohne ihn könnte kein Mensch auch nur fünf Minuten überleben, denn dieses Eiweiß ist es, daß in der Lunge den Sauerstoff der Luft an sich bindet, ihn in die Körperperipherie bringt und dort in den Endbahnen der Blutgefäße wieder abgibt, so daß er in jede Zelle eintreten kann und dort die Atmung (das heißt die „Verbrennung" von energiehaltigen Substanzen wie Fett und Zucker) ermöglicht.

Das Hämoglobin ist ein komplexes Molekül und besteht aus vier Eiweißkörpern und einem Farbstoff, die sich zum Molekül so zusammenlagern, daß sich im Inneren maßgeschneiderte Bindungsstellen für ein Sauerstoffmolekül bilden. Ein unverzichtbarer Bestandteil des Hämoglobins ist das Eiweiß b-Globin. Ohne b-Globin gibt es kein Hämoglobin und damit keine Atmung in der Luft. Beim ungeborenen Fötus findet keine Luftatmung statt, sondern Sauerstoffübertritt über die Plazenta. Hierfür sind andere Formen der Globine zuständig, so daß ein Problem mit b-Globin erst nach der Geburt entstehen kann, wenn der Mensch auf Luftatmung angewiesen ist.

Das b-Globin wird in den blutbildenden Zellen des Knochenmarks hergestellt. Die Bauanleitung dafür befindet sich als Gen auf beiden Varianten des 11. Chromosoms in jeder kernhaltigen Körperzelle des Menschen. Enthält diese Bauanleitung einen ernsten „Druckfehler" und hat der Mensch auch noch das Pech, diesen Fehler auf beiden 11er-Chromosomen zu haben, dann kann kein funktionsfähiges b-Globin mehr entstehen und es kommt zur sogenannten b-Thalassämie, die in schweren Fällen (Einzelheiten seien hier übergangen) zum schnellen Tode des Neugeborenen führen müssen. b-Thalassämie ist eine Krankheit, die in einer fehlerhaften Erbanlage an einer bestimmten Stelle des Genoms ihre alleinige Ursache hat. Man spricht von einem monogenen (Ein-Gen-)Defekt. Dies ist ein Fall, wo das Schicksal eines Menschen – hier der frühe Tod – in den Genen steht. Wann immer man eine Gewebeprobe dieses Menschen untersuchen kann, auch vor der Geburt, ja sogar vor der Einnistung in die Gebärmutter, kann man den Defekt feststellen und die Vorhersage einer schweren b-Thalassämie machen. Auch das Risiko für einen solchen Fall kann man aus dem Blut der Eltern als „prädiktive" Wahrscheinlichkeitsdiagnose feststellen (bei 25% aller Kinder dieses Paares zu erwarten).

Solche prädiktiven Diagnosen sind für monogen verursachte Merkmale möglich und erreichen einen hohen Grad von Zuverlässigkeit. Ist es eine statistische Vorhersage, wie im Fall der Diagnose bei den Eltern, dann ist zumindest der Durchschnittswert zuverlässig vorhersagbar, nicht jedoch der Einzelfall. So genau festliegende Merkmale beziehungsweise Defekte sind allerdings sehr selten. b-Thalassämie tritt nur in wenigen Familien auf, in südlichen Ländern allerdings häufiger. Die Frage ist nun, ob die genaue Gendiagnose sich auch auf komplexe Merkmale ausdehnen läßt.

Komplexe Merkmale

Mit komplexen Merkmalen bezeichnet man (etwas vereinfachend) Merkmale, die von einer vererbten Anlage ausgehen und durch die individuelle Entwicklung, den Lebensstil und die Lebensgeschichte ausgeprägt werden. Also: Vererbte Anlage + Lebenge-schichte = komplexes Merkmal. Als polygen verursacht bezeichnet man dabei geneti-sche Anlagen, zu deren Ausbildung die Information nicht nur eines, sondern vieler Gene notwendig sind. Komplexe Merkmale sind somit bedingt durch ein ganzes Netzwerk von Einflußfaktoren und Wechselwirkungen zwischen ihnen. Die meisten menschlichen Krankheiten stellen solche komplexen Merkmale dar. Ein Beispiel dafür ist die Arterienverkalkung (Arteriosklerose), die zur Hauptursache von Herzinfarkt, Schlaganfall, „Raucherbein" und anderen Krankheitsbildern wird und damit der Hintergrund für einen großen Anteil (etwa 75%) aller Todesursachen wird, meist im mittleren bis höheren Alter. Neben vielen anderen Teilfaktoren ist für die Entwicklung der Arteriosklerose der Blutgehalt eines Menschen an LDL-Cholesterin einer der wichtigsten Risikofaktoren. Dieser Blutwert ist für jeden Menschen weitgehend kon-stant, und seine Höhe ist anlagebedingt, wobei für die Anlage eine Anzahl (etwa 20) von Genen verantwortlich ist. Ob daraus eine Aterosklerose wird, hängt von vielen anderen Faktoren ab, so daß man im Einzelfall lediglich eine statistische Voraussage treffen kann, nämlich einen Wahrscheinlichkeitswert. Ein Risikowert von zum Beispiel 25% sagt aus, daß von 1.000 Trägern einer bestimmten Genkonstellation im Durchschnitt 250 im Laufe ihres Lebens die Krankheit bekommen werden. Wen von den 1.000 es trifft, kann man nicht vorhersagen. Man kann dieses Risiko mit demjenigen vergleichen, daß Träger einer anderen Genkonstellation aufweisen, zum Beispiel nur 5%. Dann sind die ersteren Personen mit erhöhtem Risiko relativ zu der zweiten Kategorie. Es ist die Aufgabe der medizinischen Epidemiologie, solche Risiken (genetische oder lebenswelt-liche, zum Beispiel bei Rauchern gegenüber Nichtrauchern) zu ermitteln.

Das Ursachengeflecht für komplexe Merkmale hat also eine genetische Komponen-te. Wie stellt man diese fest? Dazu muß man, weil es sich um ein statisches Merkmal handelt, viele Personen untersuchen und ihre genetische Konstitution mit dem Auftre-ten des Merkmals in Beziehung setzen. Besonders aussagekräftig sind Studien mit Familien. Hier kann man nämlich die Vererbung von Genen von Eltern auf die Kinder direkt studieren und dann vergleichen, welche Gene mit welcher Erbanlage parallel vererbt werden. In Studien mit nicht verwandten Probanden sind die genetischen Zusammenhänge schwerer darstellbar und haben größere Fehlerquellen. Beispielswei-se kann es zu falschen Schlußfolgerungen kommen, wenn man eine Bevölkerungsmi-schung durch Migration vor sich hat. Dann kann eine Teilpopulation ein höheres Risiko aufweisen und völlig unabhängig davon auch eine höhere Häufigkeit einer Genvarian-te, die gar nichts mit dem Risiko zu tun hat. In Familien kann dieser Fehler nicht auftreten, weil alle Mitglieder aus dem gleichen genetischen Hintergrund stammen.

Messung des erbanlage-bedingten Anteils an den Ursachen von Merkmalen

Aus Familienstudien kann man auch den prozentualen Anteil der genetischen Verur-sachung von komplexen Merkmalen abschätzen. Den Grundgedanken kann man sich folgendermaßen klarmachen: Angenommen, man mißt ein komplexes Merkmal wie zum Beispiel den Index für das Körpergewicht (BMI = body mass index) bei zahlreichen

Geschwisterpaaren. Dieses Merkmal variiert stark zwischen Personen, ist aber für eine gegebene Person ziemlich konstant. Man kann mit statistischen Methoden herausrechnen, um wieviel kleiner die Unterschiede des BMI zwischen zwei Geschwistern (zum Beispiel Zwillingen) im Gegensatz zu den Unterschieden zwischen verschiedenen Geschwisterpaaren sind. Geschwister tendieren dazu, den BMI gleich zu haben, zwischen verschiedenen Familien variiert er bekanntlich stark. Man kann eine erhaltene Kennziffer der „Heritabilität" („Erblichkeit") berechnen. In Prozent ausgedrückt gibt sie ein Maß für die genetische Verursachung eines Merkmals. Bei einem Krankheitsmerkmal wie b-Thalassämie, aber auch beim Körpermaßindex wird das Maß nahe bei 100% liegen, während es bei einem umweltbedingten Merkmal (zum Beispiel Zustand nach einer Vergiftung) eher bei 0% liegen wird.

Bei der Beurteilung der Heritabilität muß man berücksichtigen, daß die Prozentzahl nicht nur von der Erblichkeit abhängt, sondern auch davon, wie stark die Umweltbedingungen der Versuchspersonen variieren. So ist zum Beispiel die Heritabilität der Hautpigmentierung sehr groß (nicht weit von 100%), wenn Geschwister unter gleichen klimatischen Bedingungen leben. Lebt dagegen eine Person in der tropischen Sonne und die andere am Polarkreis, dann wird das Merkmal sich sogar bei eineiigen Zwillingen deutlich unterscheiden und die scheinbare Heritabilität deutlich unter 100% liegen. Diese Zusammenhänge muß man sich bei der Beurteilung von Merkmalen vor Augen halten, die eine starke sozialverursachte Komponente aufweisen. So ist die Heritabilität des Intelligenzkoeffizienten recht hoch, wenn man Personen aus der gleichen sozialen Umgebung untersucht (zum Beispiel mit gleicher Schulbildung), während sie bei divergierender sozialer Umgebung der Personen deutlich geringer ist.

Wie groß ist der erbanlagebedingte Beitrag zu komplexen Merkmalen?

Heritabilität ist ein rohes Maß, dessen Wert man nicht auf die Goldwaage legen sollte. Als Anhaltspunkt kann man jedoch aus dem Studium zahlreicher komplexer Merkmale, insbesondere verbreiteter komplexer Krankheiten (wie Diabetes, Herzinfarkt, Asthma bronchiale, Parkinsonsche Krankheit, chronische Darmentzündung) die Schlußfolgerung ziehen, daß gesundheits- oder sozialpolitisch wichtige Merkmale eine Heritabilität zwischen 30 und 70% aufweisen. Mit anderen Worten: Nicht allein die Anlage, auch nicht allein Lebensstil und Umwelt, sondern beide in Wechselwirkung sind an der Ausprägung komplexer Merkmale als Faktoren beteiligt, und zwar ungefähr zu gleichen Anteilen. Diese Schlußfolgerung entspricht auch der Lebenserfahrung: Zuckerkrankheit beispielsweise tritt in gewissen Familien deutlich gehäuft, in anderen Familien seltener auf, und man kann eine ererbte Anlage dafür nachweisen, beispielsweise einen entsprechenden Ausschlag des Zuckerbelastungstests auch schon beim jungen und gesunden Menschen. Andererseits ist es wohlbekannt, daß der Ernährungs- und Lebensstil von entscheidender Bedeutung für den Ausbruch und die Schwere der Zuckerkrankheit ist.

Von der Erblichkeit zur genauen Diagnose von Erbfaktoren

Heritabilität konnte man bereits vor 100 Jahren im Rahmen der beschriebenen Einschränkungen testen. Sie ist ein komplexer Indikator und sagt nichts darüber aus, wie viele Gene unter den mehr als 30 000 in unserem Genom in Frage kommen und speziell, um welche es sich dabei handelt.

Hier hat die Genomforschung wichtige Fortschritte gebracht. Man kann heute im Prinzip alle Gene eines Menschen vermessen und genau feststellen, welche Varianten er trägt. Allerdings ist es von hier noch ein weiter Weg bis zu der Feststellung, welche der zahlreichen Kandidatengene für das Merkmal mitverantwortlich sind und welche gar nicht oder allenfalls zufällig mit dem Merkmal korreliert sind. Selbst wenn man feststellt, daß zum Beispiel 50 Gene an der Verursachung von Bluthochdruck beteiligt sind, jedes davon mit einem Anteil von (salopp gesprochen) 1 bis 3 %, dann ist es äußerst schwierig und bedarf großer Probandenkollektive, diese 50 schwachen Signale im Rauschen von über 30.000 Genen zu finden und ihren Anteil auszurechnen. Hinzu kommt, daß die Wechselwirkungen zwischen den einzelnen Einflüssen sehr ausgeprägt sind, so daß etwa eine Genvariante nur dann zur Krankheit beiträgt, wenn gleichzeitig einige andere Varianten in bestimmter Zusammensetzung vorhanden sind. Aus alledem folgt, daß die „polygene" Verursachung durch genetische Faktoren bei komplexen Merkmalen nur unter größten Schwierigkeiten nachzuweisen ist. Wenn man noch hinzunimmt, daß in jeder Bevölkerung eine große Anzahl von Genvarianten „mendelt", die überhaupt nichts mit Merkmalen zu tun haben, sondern nur zufällige Schwankungen darstellen, die sich über Millionen Jahre angehäuft haben und die weitervererbt werden, gerade weil sie nichts mit Leistungsfähigkeit oder Krankheit zu tun haben, dann kann man wohl auch ohne mathematische Formeln einsehen, daß die „kombinatorische Explosion" von Möglichkeiten eine unüberwindliche Barriere selbst dann darstellen kann, wenn man das Genom des Individuums – den „Genpaß" – vollständig vermessen könnte.

Welches ist das bestmögliche Vorhersageergebnis bei komplexen Merkmalen?

Wenn der genetische Anteil an den Ursachen eines komplexen Merkmals zu etwa 50 % abgeschätzt wird, dann kann man sich sofort ableiten, wie gut eine optimale Vorhersage durch genetische Diagnostik bestenfalls sein könnte. Wenn die durchschnittliche Schwankung eines Merkmals in der Bevölkerung 100 Einheiten beträgt, dann ist selbst bei idealer Diagnose des genetischen Faktors immer noch die umweltbedingte Schwankung von 50 vorhanden.

Die meisten komplexen Merkmale schwanken recht stark. Der Cholesterin-Wert im Blutserum beispielsweise beträgt bei Männern im Durchschnitt 6 mmol/l; aber die Streuung ist so groß, daß die meisten Personen zwischen 4 und 8 mmol/l liegen, also 2 mmol/l oberhalb und unterhalb des Durchschnitts. Spaltet man diese Gruppe nach genetischen Merkmalen („Genvarianten für hohes Cholesterin" gegen „Genvarianten für niedriges Cholesterin") auf, dann bleibt in den Untergruppen immer noch eine

Streuung von 1 mmol/l übrig. Im Einzelfall kann man immer noch keine genaue Vorhersage dieses Wertes treffen und damit auch nicht für das Risiko einer Krankheit, für die Cholesterin ein Risikofaktor ist.

Es ist zu beachten, daß diese Aussagen anders aussehen, wenn man nicht für den Einzelfall, sondern für größere Gruppen vorhersagt. So ist damit zu rechnen, daß eine Gendiagnose für den einzelnen Patienten nur einen sehr vagen Vorhersagewert hat, nicht aber für eine private Krankenversicherung, die das finanzielle Risiko für große Gruppen von Risikoträgern ausrechnet und diese dann zur Optimierung des Aufwandes entsprechend einteilen würde (zum Beispiel durch unterschiedliche Beiträge, wie das auch bei Kfz-Haftpflicht üblich ist).

Prädiktive Diagnostik durch Messung genetischer Merkmale

Männer mit einem Blutserum-Cholesterin-Niveau über 8 mmol/l haben laut epidemiologischen Studien in England ein fast dreimal so hohes Risiko, später am Herzinfarkt zu sterben wie Männer deutlich unterhalb dieses Niveaus. Gleichwohl hat sich die Messung dieses Indikators als schlechtes Instrument für ein Bevölkerungsscreening erwiesen.

Nimmt man den oben genannten Blutwert als Schwelle und behandelt alle Personen oberhalb mit cholesterinsenkenden Medikamenten, dann erfaßt man statistisch 15% aller derer, die vom Infarkttod bedroht sind. Man erfaßt allerdings auch 5% derer, die nicht vom Infarkttod bedroht sind. Das liegt daran, daß die beiden Populationen sich mit ihren Werten überlappen.

Setzt man auch noch hinzu, daß die vom Infarkttod Bedrohten trotz allem nur eine Minderheit sind, dann stellt sich heraus, daß die 15% von den Risikopersonen in absoluten Zahlen deutlich weniger sind als die 5% von Personen mit geringem Risiko. Man streut die teure Therapie also mit der Gießkanne auf mehr Menschen, die sie nicht benötigen, als auf solche, für die sie nützlich wäre, und verpaßt auch noch 85% der Risikopersonen.

Dieses Mißverhältnis könnte noch größer werden (und die Maßnahme damit teurer), wenn man geringere Werte (zum Beispiel 6 mmol/l) als Schwelle nehmen würde. Dann erfaßt man zwar den Löwenanteil der Risikoträger, gleichzeitig aber auch die Hälfte der gesamten Bevölkerung, was viel zu kostspielig und überwiegend sinnlos wäre.

Mit Hilfe mathematischer Verfahren, auf die hier nicht eingegangen werden kann, läßt sich abschätzen, wie groß dieses Verhältnis von falschen Diagnosen und verpaßten Diagnosen im speziellen Fall sein wird. Die allgemeine Schlußfolgerung ist, daß ein genetischer Screening-Test eine sehr hohe Trefferrate bei Risikopersonen aufweisen müßte und dabei nur eine sehr geringe Rate von falschen „Treffern". Solche Voraussetzungen sind selbst für seltene monogene Krankheiten nur in sehr wenigen Situationen gegeben.

Kombinatorische Explosion beim Entwurf eines Designer-Babys

Angenommen, wir betrachten ein Merkmal mit hoher Erblichkeit, für dessen Ausprägung 10 Gene im menschlichen Genom als „mitverantwortlich" nachgewiesen wurden. Eine solche Merkmalsgruppe könnte zum Beispiel die Ausstattung mit Pigmenten an der Körperoberfläche (Haarfarbe, Farbe der Regenbogenhaut des Auges, Hautfarbtönung) sein, für die man allerdings die Gene immer noch nicht genau kennt. Für ein Merkmal wie „Cholesteringehalt des Blutes" könnte ebenfalls eine solche Anzahl von Erbfaktoren zutreffen (viele davon kennt man bereits). Vereinfacht nehmen wir außerdem an, daß jedes der Gene in zwei oder nur wenigen Varianten auftreten kann. Angenommen sei weiterhin, der Gendesigner der Zukunft sollte für ein Elternpaar ein ideales Baby aussuchen, also eine Genkonstellation, die sehr genau zu einem gewünschten Merkmal führt.

Eine einfache Überlegung zeigt, daß ein Elternpaar theoretisch eine Unzahl von möglichen Genkonstellationen bei seinen potentiellen Kindern „zeugen" könnte. Man kommt sehr schnell zu einer völlig unrealistischen Anzahl von Embryonen, die man „herstellen" und „testen" müßte, um ein oder einige Konstellationen zu finden, die dem Idealfall nahe kommen. Bei 10 Genen muß man einige Tausend Embryonen testen. Eine sehr große Anzahl Samenzellen mit verschiedener Genausstattung von einem Mann zu erhalten ist kein Problem. Ein größeres Problem ist schon die große Anzahl an Eizellen der vorgesehenen Mutter des Superbabys. Sie ließen sich eigentlich nur durch operatives Herausnehmen eines der beiden Eierstöcke gewinnen, wenn man zusätzlich die Methoden der künstlichen Eizellreifung beherrschen würde, womit man vielleicht in einigen Jahren rechnen kann. So ist mit einigem Aufwand an Phantasie das gespenstische Szenario der näherungsweisen Herstellung eines Idealbabys vorstellbar, wenngleich noch einige Einschränkungen bleiben: die Annahme zum Beispiel, daß beim gegebenen (nicht idealen) Genom der Eltern überhaupt ein ideales Baby möglich ist. Zudem hat die Ausprägung des Merkmals, wie oben gezeigt wurde, selbst bei genauer Kenntnis des genetischen Faktors immer noch eine erhebliche Schwankungsbreite, so daß statt des Wunderkindes durch unglücklichen Zufall auch ein ganz normales oder gar ein minderwertig ausgestattetes herauskommen kann.

Über die gesellschaftlichen und politischen Konsequenzen prädiktiver genetischer und Screening-Diagnostik

Es gibt einige tausend rein genetisch verursachte Krankheiten, die allerdings allesamt so selten sind, daß nur einige Prozent aller Menschen von einer von ihnen betroffen sind. Es gibt ferner einige Dutzend komplexe und dabei sehr häufige Krankheiten, für deren Veranlagung mehrere Dutzend Genorte mitverantwortlich sind. Insgesamt kommen einige zehntausend Gene, die man heute noch gar nicht kennt, als Kandidaten für das Ursachengefüge eines komplexen Merkmals in Frage. Trotz der gigantischen Anzahl möglicher genetischer Konstellationen dürfte es bereits in wenigen Jahren kein unüberwindliches Problem mehr sein, für jeden Menschen ein vollständiges Bild oder doch wenigstens die wesentlichen Aspekte seines Genoms zu ermitteln. Von Bedeutung im täglichen Leben könnten folgende Auswirkungen dieser Entwicklung sein:

1. Diagnostik von erblichen oder im Genom nachweisbaren nicht-erblichen Schäden während der Schwangerschaft (PND), gegebenenfalls mit der Option des Schwangerschaftsabbruchs

2. Diagnostik der bei künstlicher Befruchtung erhaltenen Embryonen (PID), mit der Option, zwischen Embryonen mit verschiedenen Anlagen auswählen zu können

3. Diagnostik der genetischen Ausstattung von Individuen für die Vorhersage ihres Risikos für Krankheiten

4. Diagnostik und Beratung der Genausstattung von Ehepartnern, bevor sie Kinder bekommen, mit dem Ziel, ein schwerwiegendes Krankheitsrisiko beim Kind zu vermeiden

5. Diagnostik des individuellen Risikos, um Personen in Risikoklassen einzuteilen (Arbeitsmedizin, Versicherungswesen)

6. Diagnostik der individuellen Reaktion (auch Allergie) oder der Ausbildung von Nebenwirkungen von Medikamenten

7. Diagnostik der genetischen Ausstattung von Individuen für die Vorhersage ihrer körperlichen oder geistigen Leistungsfähigkeit (Spezialbegabung, Intelligenz)

8. Diagnostik der Genausstattung, um Nachkommen mit gewünschten Eigenschaften zu erhalten (Design von Babys)

Diese Zielsetzungen sind nach abnehmendem aktuellen Regelungsbedarf geordnet. Es folgen einige Kommentare dazu.

1.

PND ist ein Diagnoseangebot für Schwangere, das bereits in breitem Umfang benutzt wird. Es gibt eingreifende und nicht-eingreifende Verfahren. Bei letzteren dominiert gegenwärtig die Ultraschalldiagnostik des Embryos (ab etwa 10. Schwangerschaftswoche), durch die sich einige vererbte, aber auch nicht vererbte Entwicklungsstörungen erkennen lassen. Eingreifende Diagnostik ist ab dem zweiten Schwangerschaftsmonat möglich (zuerst Fruchtwasserpunktion, später Plazentazottengewinnung). Mit ihr kann man Veränderungen im Genom , vererbte wie auch entwicklungsbedingte (zum Beispiel überzählige Chromosomen, etwa Trisomie 21), nachweisen. Nur in wenigen Fällen ist erfolgreiche Behandlung eines Defekts möglich; meist erzwingt die „positive" Diagnostik die Entscheidung, ob abgetrieben werden soll oder nicht. Wenn der Schaden erst im fortgeschrittenen Stadium der Schwangerschaft erkannt wird, kann die Entscheidung zur Abtreibung für einen bereits nach der Geburt lebenfähigen Fötus stehen (Spätabbruch der Schwangerschaft). Eine zukünftige gesetzliche Regelung sollte solche besonders belastenden Situationen vermeiden. Das schnell zunehmende Spektrum an genetischen Merkmalen, die sich bereits in den ersten Schwangerschaftsmonaten diagnostizieren lassen, wird die Entscheidung erzwingen, welche davon von der Solidargemeinschaft (also der Krankenkasse) zu tragen sind.

2.

PID wird in Deutschland noch nicht eingesetzt, wohl aber in vielen anderen europäischen Ländern. Sie setzt künstliche Befruchtung von Eizellen einer Spenderin (der zukünftigen Mutter) durch Samenzellen ihres Partners voraus. Bislang wurde solche „assistierte Reproduktion" ohne spezielle Diagnostik vorwiegend von Paaren wahrgenommen, die auf andere Weise keine Kinder bekamen. In Zukunft besteht ein Regelungsbedarf darüber, ob vor der Rückgabe einer befruchteten Eizelle (oder eines frühen Embryos) an die biologische Mutter eine genetische Diagnostik erlaubt wird, die letzten Endes auf die Auswahl oder Ablehnung bei festgestellter Diagnose hinauslaufen würde. Der PID könnten sich auch Paare unterziehen wollen, die nicht unfruchtbar sind, um Kinder mit gewünschten Eigenschaften auszuwählen. Hier kommt das Geschlecht des zukünftigen Kindes in Frage, ebenso wie die Vermeidung von genetischen oder Entwicklungsdefekten (nicht erbliche Trisomie 21 läßt sich zum Beispiel schon beim frühen Embryo feststellen). Für genetische Defekte bedarf es gegenwärtig aus technischen und Kostengründen der Kenntnis eines deutlichen Risikos (zum Beispiel daß bereits ein Kind mit einem Defekt geboren wurde). Der rasche Fortschritt der Diagnostik wird hier Screeningverfahren, das heißt die Suche nach genetischen Abweichungen ohne bekanntes Risiko, möglich machen. PID bedarf dringend einer gesetzlichen Regelung (Präzisierung des gesetzlichen Verbots oder Entscheidung über Zulässigkeit und Anwendungsbreite).

3.

Die Feststellung eines vorliegenden genetischen Defekts ist bei kleinen Kindern dann angezeigt, wenn eine sich in Zukunft ausprägende Krankheit durch spezielle Maßnahmen verhindert werden kann. Diese Situation ist nicht selten; das Paradebeispiel ist die schwere Stoffwechselkrankheit PKU, deren schlimme Folgen sich bei frühzeitiger Diagnose durch eine geeignete Diät verhindern lassen. In anderen Fällen ermöglicht eine frühe Diagnose wenigstens, daß sich die Familie auf frühe ärztliche und soziale Unterstützungsmaßnahmen vorbereiten kann (zum Beispiel bei Trisomie 21 oder Bluterkrankheit). Sehr ambivalent ist hingegen die genetische Diagnostik von Krankheiten, die erst nach Jahren oder evtl. gar nicht ausbrechen. Gewisse Formen des erblichen Muskelschwundes machen sich erst in der Pubertätszeit bemerkbar und führen zu schnellem Tod durch Atmungslähmung. Ein immer wieder zitiertes Beispiel ist die seltene Chorea Huntington, deren Träger sich durch genetische Diagnose feststellen lassen, wobei die schwere Nervenkrankheit selbst erst in fortgeschrittenem Alter ausbricht. Solche Diagnostik kann man von Staats wegen weder anordnen noch verbieten; es muß aber gesichert sein, daß die Entscheidung für oder gegen die frühe Diagnostik unter den Bedingungen vollwertiger Beratung und freier Entscheidung der Betroffenen und gegebenenfalls ihrer Angehörigen stattfindet. Viel häufiger und in Zukunft sicher noch zunehmend ist die Möglichkeit, eine der erblichen Anlagen für Krebs (zum Beispiel Brustkrebs, Darmkrebs) zu diagnostizieren. Hier ist es problematisch, daß eine Diagnostik einer entsprechenden Mutation nur ein wahrscheinliches Risiko vorhersagen kann, zudem noch mit unklarem Ausbruchsalter. Und eine negative Diagnose muß auch nicht bedeuten, daß man alle denkbaren Mutationen ausgeschlossen hat. Andererseits kann ein definiertes Risiko zu Vorbeugungsmaßnahmen Anlaß geben (zum Beispiel regelmäßige ärztliche Kontrolle zur Frühdiagnostik des Krebses).

4.

Genetische Diagnostik von fortpflanzungswilligen Individuen oder Paaren vor der Zeugung ist nur dann sinnvoll, wenn ein definiertes erbliches Risiko vorliegt, meist durch vorhergehende Fälle in der Familie dokumentiert. Regelungsbedarf ergibt sich hier als Qualitätskontrolle von angebotenen Tests und als Sicherstellung fachgerechter Beratung.

5.

Die prädiktive genetische Diagnose für Personen, bei denen kein medizinisch definiertes Risiko vorliegt, kann im Regelfall nur auf die oben beschriebenen Fälle der Feststellung eines mehr oder minder wahrscheinlichen Risikos dienen. Es wurde dargelegt, daß diese Art von Diagnostik in der Regel für das Individuum ohne Wert ist. Eine Ausnahme könnte die Feststellung von genetischen Risiken bei beruflicher Exposition mit Chemikalien oder Allergenen sein. Das individuelle Risiko, gewisse Krankheiten zu entwickeln oder eine verminderte Lebenserwartung zu haben, könnte in Zukunft für den Abschluß privater Kranken- und Lebensversicherungen von Bedeutung werden. Gegenwärtig findet bereits eine Einteilung von Versicherungsnehmern nach vorhandenen Merkmalen statt, die für das versicherte Risiko von Bedeutung sind (zum Beispiel Diabetes), in geringem Umfang wohl auch auf Grund der Familienanamnese (das wäre dann bereits „genetische Diskriminierung"). Durch DNS-Chips könnte man in Zukunft eine solche Klassifizierung von Individuen verfeinern, wobei für die versicherungsmathematische Kalkulation das statistische Risiko ausreicht. Ein zukünftiges Gendiagnostik-Gesetz könnte die Verwendung genetischer Daten bei der Vorbereitung solcher Verträge untersagen; es müßte aber auch den umgekehrten (und schwierigeren) Fall verbieten, daß nämlich der Versicherungsnehmer auf Grund einer genetischen Diagnose sein Risiko besser kennt als der Versicherungsanbieter, wenn ihm die Nutzung der Information untersagt ist. Insgesamt scheint mir, daß die Gefahr einer genetischen Diskriminierung überschätzt wird. Von den wenigen Fällen von monogenen Erbanlagen für schwere Krankheiten abgesehen, wird die prädiktive Diagnostik so vage bleiben und außerdem nahezu jedem Individuum einen ähnlich schwerwiegenden Cocktail von „guten" wie „schlechten" Anlagen in vergleichbarem Maße zuweisen, daß der teure Klassifizierungsaufwand sich nicht lohnen wird.

6.

Als pharmakogenetische Diagnostik bezeichnet man die Suche nach Genvarianten, die das individuelle Ansprechen auf Medikamente vorhersagt, sowohl für die Feststellung von „Respondern" und „Non-Respondern" auf ein Spektrum von Pharmaka für die Therapie (zum Beispiel Chemotherapie von Tumoren, Einstellung des Blutdrucks) als auch für die Feststellung der geeigneten Dosis (Vermeidung von individueller Über- oder Unterdosierung), sowie schließlich zur Feststellung der Neigung zu seltenen schweren Nebenwirkungen (zum Beispiel seltene Fälle von tödlicher Muskeldegeneration nach Lipobay). Auf diesem Gebiet sind erhebliche Fortschritte zu erwarten, und Regelungsbedarf wird bestehen hinsichtlich des begründeten Einsatzes und der Bezahlung teurer prädiktiver Tests.

7.

Die individuelle Anlage zu geistiger oder körperlicher Hochleistung aller Art läßt sich mit genetischen Mitteln nicht sicher feststellen. Ich halte alle Maßnahmen in diese Richtung (zum Beispiel Samenbanken von Hochleistungsträgern) für genetischen Pfusch.

8.

Aus dem zuvor Dargelegten geht meine Auffassung eindeutig hervor: Ein Designer-Baby ist wegen der Hyperkomplexität der Aufgabe nicht möglich. Das einzige bekannte komplexe Merkmal, das auf genetisch eindeutig feststellbare einfache Weise kodiert ist, ist das Geschlecht. Im Rahmen eines zukünftigen Gentest-Gesetzes muß entschieden werden, ob man die Kenntnisnahme und/oder die Auswahl des Geschlechtes eines zukünftigen Kindes von den betroffenen Personen (Eltern, Angehörige) durch Gesetz verbietet.

Zusammenfassung

Zusammenfassend läßt sich feststellen, daß die Möglichkeiten der Diagnostik zur Feststellung und Vermeidung genetischer Schäden schneller entwickelt werden als die Möglichkeiten ihrer Behandlung. Daraus ergibt sich eine Tendenz zur Diskriminierung Betroffener, die nicht einfach abgestritten werden kann. Außerdem wird sich eine Tendenz zu „negativer Eugenik" ergeben, die sich als verminderte Fallhäufigkeit genetischer Abweichungen (zum Beispiel Trisomie 21) auswirken wird. „Positive Eugenik" als bevölkerungspolitische Auswirkung hingegen wird es nicht geben, da die entsprechenden Merkmale sich nicht genetisch vorherbestimmen lassen. Was allerdings eintreten könnte, ist eine Art von genetischer Astrologie, bei der geschäftstüchtige Tester die Unwissenheit von Menschen ausnutzen und ihnen zielsichere genetische Prognosen für interessierende Merkmale anbieten. Die beste Vorbeugung dagegen ist eine gut durchdachte Aufklärung der Bevölkerung, die bereits im Schulalter einsetzen sollte. Der gegenwärtige Wissenstand breiter Bevölkerungsschichten reicht nicht aus, um den zukünftigen Angeboten eine rationale individuelle Antwort entgegenzusetzen.

Wem gehört das menschliche Genom?

von Jochen Taupitz

Das Thema „Wem gehört das menschliche Genom?" läßt sich einerseits aus der Perspektive von Individualrechten fassen: Gehört mir mein Genom? Kann ich meine Rechte daran auf andere Menschen übertragen? Darf der Empfänger dann alles mit meinen Genen machen oder verbleiben mir noch Mitspracherechte? Dürfen Forscher meine Gene auch dann untersuchen, wenn ich davon gar nichts weiß? Und wie sind die Rechtsverhältnisse nach meinem Tod? Dieser individualrechtliche Ansatz blickt auf das menschliche Genom eines *Einzelmenschen*, geht dabei allerdings über das naturwissenschaftliche Faktum hinweg, daß jeder Mensch den weitaus größten Teil seiner Erbinformationen mit anderen Menschen teilt und die *menschlichen* Erbinformationen ihrerseits sogar zum ganz überwiegenden Teil mit denen anderer Spezies übereinstimmen. Der Ansatz betont aber die Individualität des Menschen, die zu einem nicht unerheblichen Teil eben *auch* genetisch bedingt ist. Und die Individualität des Menschen schlägt sich in zahlreichen Rechtsordnungen in einer prononciert individualrechtlichen Sichtweise nieder – bis hin zu der verbreiteten Forderung, daß auch und gerade auf dem Gebiet humangenetischer Forschung die Individualinteressen Vorrang vor den Allgemeininteressen haben müßten.

I. Einleitung

Das Thema läßt sich andererseits aber auch aus dem Blickwinkel der Menschheit insgesamt, also aus überindividueller (Gemeinwohl-) Perspektive aufarbeiten. Es führt dann offenbar zu der Frage, wem eigentlich die Natur gehört – was die Antwort: „niemandem" nahelegt, weil es sich bei der Natur um das gemeinsame Erbe der Menschheit handelt und die Natur in diesem Sinne ebensowenig wie die Naturgesetze irgendjemandes Privateigentum sein kann. Allerdings greift diese Betrachtungsweise viel zu kurz, da die Natur keine unteilbare Größe ist, die nur in ihrer Gesamtheit erfaßt werden könnte. Genauer betrachtet geht es vielmehr darum, ob es exklusive Rechte an bestimmten Bestandteilen der Natur, konkret an menschlichen Genen geben darf – was insbesondere zur der heftig diskutierten Frage der Patentierbarkeit von Gensequenzen führt. Es stellt sich aber weitergehend zum Beispiel auch die Frage, ob es eine „Sozialpflicht" gibt, die eigenen Gene für die Allgemeinheit, etwa für Forschungszwecke, zur Verfügung zu stellen. Darf der einzelne, anders gefragt, es der Menschheit unter Berufung auf seine Individualrechte verwehren, einen Teil *ihres* genetischen Erbes zu nutzen?

II. Individualrechtliche Aspekte

1. Rechte „am" lebenden Menschen

Der Mensch ist zwar mehr als die Summe seiner Gene. Er besteht jedoch qualitativ betrachtet zu wesentlichen Teilen aus genetischem Material. Deshalb wendet die Frage nach der Rechtsinhaberschaft am Genom den Blick zunächst auf den lebenden Menschen. Aus der Sicht der deutschen Rechtsordnung wird das Recht des (lebenden) Menschen am eigenen Körper einschließlich der einzelnen Körperbestandteile nicht als Eigentumsrecht qualifiziert, das an einer Sache besteht, sondern als *Persönlichkeitsrecht*. Lebt eine Person und sind die Teile ihres Körpers mit dem Ganzen organisch verbunden, gilt der alte römisch-rechtliche Satz: „Dominus membrorum suorum nemo videtur" – niemand wird als Eigentümer seiner Gliedmaßen angesehen. Dies schließt aber ein anders geartetes *Abwehrrecht* gegen andere nicht aus – und genau diese Abwehrfunktion hat das Persönlichkeitsrecht: Es verbietet einen Eingriff durch Dritte (etwa die Entnahme einer Blut- oder Gewebeprobe), es sei denn, der Persönlichkeitsrechtsinhaber hat sein Einverständnis hierzu gegeben.

Das am eigenen Körper bestehende Persönlichkeitsrecht wird von Normen des Strafrechts und des Zivilrechts vor allem über die Schutzgüter Leben, Körper, Gesundheit und Freiheit geschützt, im Zivilrecht aber auch als „allgemeines Persönlichkeitsrecht". Es unterscheidet sich vom Eigentum vor allem darin, daß es nicht völlig übertragen oder aufgegeben werden kann. Es ist kein Recht, das der Kategorie des *Habens* zuzuordnen ist, sondern ein Lebensgut, das seinem Träger von der Natur der Sache her zugewiesen ist und als solches nicht an einen anderen weitergegeben werden kann.

Allerdings hat jeder Mensch ein Recht *auf* die genannten Lebensgüter (so Art. 2 Abs. 2 Grundgesetz zum Recht auf Leben und körperliche Unversehrtheit), und im Sinne von „rechtlich geschützten Lebensgütern", mit denen die Rechtsordnung Bestimmungsbefugnisse und vor allem auch Abwehrbefugnisse verknüpft, kann man sie als Rechtsgüter bezeichnen. Auf ihrer Grundlage hat jeder Mensch die Befugnis, innerhalb der Grenzen der objektiven Rechtsordnung über seine Lebensgüter zu disponieren, etwa anderen Personen in Form einer Einwilligung die Befugnis zu einem Eingriff in diese Lebensgüter zu eröffnen.

In der Literatur wird zunehmend anerkannt, daß es auch ein eigenes Persönlichkeitsrecht am Genbereich als besonders ausgeprägtes Persönlichkeitsrecht gibt. Seine Reichweite geht dahin, daß es den Menschen vor unzulässiger Ausforschung und Offenlegung seiner genetischen Veranlagung sowie vor Genmanipulationen schützt. Vor diesem Hintergrund verlangt denn auch jede genetische Diagnostik eine ausführliche Beratung, die dem Betroffenen die Tragweite seiner Zustimmung bewußt macht. Auch das Ergebnis ist mit dem Betroffenen eingehend zu erörtern. Nur durch diese vor- und nachgeschaltete Beratung kann sichergestellt werden, daß der Betroffene seine durch eine Genomanalyse in besonderem Maße tangierten personalen Belange informiert-eigenverantwortlich wahren kann. In diesem Sinne schützt das Persönlichkeitsrecht am Genbereich davor, einer Genomanalyse „hilflos" ausgeliefert zu werden.

2. Rechte an abgetrennten Teilen und Substanzen des menschlichen Körpers

Fraglich ist, welche Rechte es an menschlichem genetischem Material gibt, das vom (lebenden) Körper getrennt wurde.

a) Eigentum

Zwar ist der lebende menschliche Körper als solcher – wie dargestellt – keine eigentumsfähige Sache. Eine Körpersubstanz wird jedoch mit der Trennung vom Körper zu einer Sache, und an ihr kann Eigentum bestehen. Das Eigentum steht primär demjenigen zu, dem das Material entnommen wurde (im folgenden „Betroffener" genannt). Es steht dem Betroffenen innerhalb des Rahmens der objektiven Rechtsordnung (z.B. abgesehen Beschränkungen aus hygienerechtlicher Sicht) frei, das Material einer anderen Person oder Institution zu *übereignen*. Sie kann das Eigentum daran aber auch *aufgeben* mit der Folge, daß zunächst niemand Eigentum daran hat, sich aber jeder die Sache aneignen kann, also Eigentum daran begründen kann. Und schließlich kann der Betroffene das Eigentum an der Körpersubstanz behalten, jedoch einer anderen Person eine mehr oder weniger weitreichende Nutzungserlaubnis einräumen (sei es in Gestalt eines Mietvertrages, eines Verwahrungsvertrages, eines Leihvertrages oder eines sonstigen Vertrages).

Bisher ist man in der Regel davon ausgegangen, daß das kommentarlose Zurücklassen von solchen Körpersubstanzen, die im Rahmen einer Heilbehandlung aus diagnostischen oder therapeutischen Gründen aus dem Körper entnommen wurden, als Übereignung an den Arzt/die Klinik zu deuten ist. Angesichts einer wachsenden Sensibilität in Fragen der Nutzung von Körpersubstanzen wird man davon in der Zukunft vielleicht nicht mehr ausgehen können. In jedem Fall empfiehlt sich eine ausdrückliche Vereinbarung, durch die das Eigentum auf den Arzt/die Klinik/den Forscher übertragen wird oder durch die ihnen jedenfalls eine Nutzungsbefugnis eröffnet wird.

b) Allgemeines Persönlichkeitsrecht

Der Blick auf das Eigentum an Körpersubstanzen spiegelt die Rechte an menschlichen Körpersubstanzen jedoch nur unvollständig wider. Eine rein sachenrechtliche Einordnung menschlicher Körpersubstanzen über das Rechtsinstitut des Eigentums ist nämlich nach ganz herrschender Auffassung nicht überzeugend. Jedenfalls kann man nicht annehmen, daß der Erwerber mit der Körpersubstanz nach seinem eigenen Belieben umgehen dürfe. Tatsächlich hat der Betroffene auch ohne die Eigentumsposition weiterhin Rechte an „seinen" Körpersubstanzen, und zwar in Gestalt seines „allgemeinen Persönlichkeitsrechts". Dies kann man auf zweierlei Art begründen:

Entweder kann man sagen, daß sich das Persönlichkeitsrecht, das dem lebenden Menschen zukommt, an den getrennten Körperteilen fortsetzt – und zwar unabhängig von der Frage, wer sachenrechtlich Eigentum daran hat. Es ist dies eine Betrachtungsweise, wonach ein Recht an einem Gesamtorganismus auch dessen Einzelteile erfaßt und auch nach der Trennung diesen Teilen als eine Art „Eigenschaft" weiter anhaftet. Oder aber man prüft, ob die konkrete Nutzung der Substanz „Fernwirkungen" auf die

Person des früheren Trägers hat und damit das *dort* bestehende Persönlichkeitsrecht berührt. Tatsächlich ist in der deutschen Rechtsordnung anerkannt, daß die Ausübung von Eigentümerbefugnissen *einer* Person durchaus als Eingriff in das Persönlichkeitsrecht einer *anderen* Person zu qualifizieren sein kann. Zu erwähnen ist etwa das Urheberpersönlichkeitsrecht, aufgrund dessen sich der Künstler auch gegenüber dem jetzigen Eigentümer gegen eine Umgestaltung „seines" Kunstwerkes wehren kann; oder denken wir an Briefe und andere Schriftstücke: Obwohl regelmäßig der Empfänger Eigentum daran erlangt, kann der Verfasser anerkanntermaßen aufgrund seines Persönlichkeitsrechts bestimmte Verwendungsformen wie etwa die Veröffentlichung untersagen. Auch zu Körpersubstanzen kann eine intensive persönliche Beziehung bestehen, die durch eine Weitergabe an Dritte nicht vollkommen erlischt. Durch die Genomanalyse kann ein Bild von der körperlichen, vielleicht auch der psychischen Disposition des ehemaligen Trägers gezeichnet werden. Ein derartiger Rückschluß auf den früheren Träger kann dessen „Geheim-" und „Intimbereich" sogar erheblich stärker berühren als ein Rückschluß aus schriftlichen Äußerungen. Und wenn man sich vor Augen führt, daß aus genetischem Material unter Umständen ein Klon des Betroffenen hergestellt werden kann, dann wird besonders deutlich, daß personale Belange des ursprünglichen Trägers durch die Verwendung „seines" genetischen Materials betroffen sein können. Die Schlußfolgerung muß daher lauten, daß *jede Nutzung menschlicher Körpersubstanzen unabhängig von der Frage, wer Eigentum daran hat, daraufhin zu überprüfen ist, ob sie das Persönlichkeitsrecht des früheren Trägers verletzt.*

Damit stellt sich natürlich sofort die Frage, ob mit menschlichen Körpersubstanzen überhaupt nichts ohne ausdrückliche Zustimmung des früheren Trägers gemacht werden darf. Aber das bedeutet es keineswegs. Denn ob das Persönlichkeitsrecht in rechtswidriger Weise verletzt ist, kann – wenn es nicht um dessen besondere Konkretisierung in den Rechtsgütern Leben, Körper, Gesundheit oder Freiheit geht – nach ganz herrschender Auffassung immer nur aufgrund einer Interessen- und Güterabwägung im Einzelfall festgestellt werden. Das bedeutet, daß zwar eine *Körperverletzung* prima vista rechtswidrig ist und erst durch einen besonderen Rechtfertigungsgrund, insbesondere durch die Einwilligung des Rechtsgutsinhabers, rechtmäßig wird. Demgegenüber ist jedoch in den Fällen, in denen ein Eingriff „nur" in das „allgemeine Persönlichkeitsrecht" in Frage steht, eine Güter- und Interessenabwägung vorzunehmen, deren *Ergebnis* dann „rechtmäßig" oder „rechtswidrig" lautet. Und da an abgetrennten Körpersubstanzen, wie dargestellt wurde, neben dem Eigentumsrecht nur das Persönlichkeitsrecht Abwehrfunktion entfaltet, sind jeweils einzelne Arten der Nutzung von Körpersubstanzen sorgfältig daraufhin zu überprüfen, ob sie wirklich persönlichkeitsrechtliche Belange des früheren Trägers tangieren.

Und um die Tragweite noch in anderer Hinsicht deutlich zu machen: Es geht nur um eine solche Nutzung, zu der sich der Betroffene nicht geäußert hat, vor allem weil er sie nicht kennt. Dem Arzt steht immer die Möglichkeit offen, die konkrete Zustimmung einzuholen. Umgekehrt hat es der Betroffene immer in der Hand, bestimmte Nutzungen ausdrücklich zu verbieten. Dieses „Vetorecht" gilt – und das sei ausdrücklich betont – auch gegenüber der Freiheit von Wissenschaft und Forschung. Denn ein Forscher darf sich bei seiner Tätigkeit nicht über Rechte seiner Mitbürger auf Leben, Gesundheit, Eigentum oder Persönlichkeitsschutz hinwegsetzen. Ein absoluter Vorrang der Wissenschaftsfreiheit gegenüber den Rechten von Patienten und Probanden kann insbesonre nach den Erfahrungen der nationalsozialistischen Zeit nicht ernstlich erwogen werden. Zwar mag in Fällen, in denen schon vom Körper getrenntes Material der Forschung unterworfen wird, das Gewicht der betroffenen Rechtsgüter des Patienten geringer einzustufen sein, als wenn speziell zum Zweck der Forschung ein Eingriff in die körperliche Unversehrtheit erfolgt. Gleichwohl würde in den Worten des kalifornischen Court of Appeal im Fall John Moore „die Tür zu einem massiven Eingriff in die menschliche Privatheit und Würde im Namen des medizinischen Fortschritts" geöffnet, wollte man dem Patienten die Befugnis absprechen, letztlich selbst darüber zu bestimmen, was mit seinen (auch bereits getrennten) körperlichen Substanzen geschieht.

3. Rechte „am" Leichnam

Auch die Leiche ist – ebenso wie der lebende Mensch – nach richtiger Auffassung keine eigentumsfähige Sache; zumindest ist die sachenrechtliche Ebene ganz maßgeblich von einer persönlichkeitsrechtlichen überlagert. Allerdings kann die Beziehung der Leiche zur früheren Person vollständig gelöst sein; dann wird der Überrest als Sache angesehen, zum Beispiel bei einem Skelett in der Anatomie.

In jedem Fall erleidet der Schutz des „allgemeinen Persönlichkeitsrechts" nach dem Tode erhebliche Modifizierungen, die sich aus daraus ergeben, daß es keine handelnde Person mehr gibt. Nur der lebende Mensch kann Träger eines Rechts sein. Der Verstorbene kommt mangels Rechtsfähigkeit nicht als Träger eines solchen Rechtes in Betracht. Aus doppeltem Blickwinkel ist jedoch gleichwohl ein Persönlichkeitsschutz nach dem Tode möglich:

Zum einen geht es um Folgewirkungen, die das Persönlichkeitsrecht des *Lebenden* oder einzelne seiner Ausprägungen nach dem Tode des Menschen entfalten. Zum Beispiel bleiben oder werden unstreitig solche Bestimmungen nach dem Tod wirksam, die der Betroffene selbst zu Lebzeiten im Rahmen seiner freien Entfaltung der Persönlichkeit (etwa im Hinblick auf Art und Ort der Bestattung, im Hinblick auf eine mögliche Sektion oder auch im Hinblick auf eine Genomanalyse) getroffen hat.

Zum anderen läßt sich aus dem Menschenwürdeprinzip (Art. 1 Abs. 1 Grundgesetz) ableiten, daß der Staat verpflichtet ist, dem einzelnen Schutz gegen Angriffe auf seine Menschenwürde auch nach seinem Tod zu gewähren. Aus diesem Blickwinkel ist unabhängig von dogmatischen Einzelfragen ein Fortwirken des Persönlichkeitsrechts über den Tod des Menschen hinaus anzuerkennen, und zwar am überzeugendsten im Sinne eines Fortbestandes in der Weise, daß es (obwohl an sich unübertragbar und unvererblich) doch treuhänderisch auf die Angehörigen übergeht. Damit sind die Angehörigen Träger eines auf den Toten bezogenen Persönlichkeitsrechts, und zwar zumindest Träger eines eigenen Persönlichkeitsrechts mit Schutzpflichten zugunsten des Verstorbenen.

4. Zusammenfassung

Vom menschlichen Körper getrennte Teile und Substanzen unterliegen zwei unterschiedlichen Rechten, die jeweils ihr eigenes Schicksal haben und einen je eigenständigen Schutz gewähren: Sie unterfallen sowohl dem Eigentumsrecht als auch dem Allgemeinen Persönlichkeitsrecht desjenigen, dessen Körper sie einmal angehörten.

Das Persönlichkeitsrecht führt dazu, daß auch ein anderer, der Eigentümer oder sonst Nutzungsberechtigter geworden ist, mit den Körpermaterialien nicht nach seinem eigenen Belieben umgehen darf. Er muß vielmehr die personalen Belange des Betroffenen beachten. Das allgemeine Persönlichkeitsrecht ist jedenfalls dann verletzt, wenn mit den Köpermaterialien *gegen* den geäußerten Willen des Betroffenen in bestimmter Weise umgegangen wird. Fehlt eine hinreichend klare Äußerung des Betroffenen, ist aufgrund einer Güter- und Interessenabwägung festzustellen, ob eine Verletzung des Persönlichkeitsrechts durch die in Frage stehende Verwendung gegeben ist.

III. Überindividuelle Perspektive: Gene als Gemeingut

1. Patentierung menschlicher Gene: Bleibt das Gemeinwohl auf der Strecke?

Wendet man sich aus dem Blickwinkel der Menschheit insgesamt, also aus der Perspektive des Gemeinwohls, überindividuellen Gesichtspunkten der Herrschafts- und Abwehrbefugnisse über das menschliche Genom zu, dann gerät vor allem die Frage in das Blickfeld, ob es exklusive Verfügungsrechte über das menschliche Genom in Form von gewerblich nutzbaren Patenten geben darf. Diese Frage ist bekanntlich auch international sehr umstritten. Menschliches Leben könne nicht patentierbar sein, weil dies gegen die Menschenwürde verstoße – menschliche Gene würden nicht im Sinne des Patentrechts „erfunden", sondern in der Natur „gefunden" – Patente auf menschliche Gene bedeuteten eine „Kommerzialisierung" des menschlichen Körpers – exklusive Verfügungsrechte über menschliche Gene behinderten die Forschung und schadeten auf diese Weise der Menschheit – so lauten die Hauptargumente derjenigen, die sich gegen Stoffpatente auf menschliche Gene aussprechen. Diese Argumente sind jedoch dann nicht stichhaltig, *wenn* die Kriterien des Patentrechts wirklich ernst genommen und gegebenenfalls eng interpretiert werden und *wenn* auch jene ethischen Grenzen eingehalten werden, die von allen internationalen Regelwerken mit dem Patenthindernis des Verstoßes gegen den ordre public beziehungsweise die guten Sitten ausdrücklich thematisiert werden (so daß zum Beispiel Verfahren zur Klonierung des Menschen nicht patentfähig sind). Im Einzelnen kann dies hier nicht dargelegt werden, zumal das Thema dieses Beitrags der grundlegenden Frage exklusiver Verfügungsrechte über das menschliche Genom gewidmet sein soll. Aus diesem Blickwinkel ist jedoch nicht einzusehen, worin das Anstößige einer Patentierung menschlicher Gensequenzen bestehen soll. Das Patent gewährt ja kein Nutzungsrecht, also kein Recht, den patentierten Gegenstand in bestimmter Weise zu gebrauchen oder zu verwerten. Erst recht geht es nicht um das Recht zur Nutzung oder Inanspruchnahme eines individuellen Menschen, so daß auch das Schlagwort von der „Versklavung des Menschen" in diesem Zusammenhang völlig verfehlt ist und auch ein Menschenwürdebezug nur dann hergestellt werden könnte, wenn man die Menschenwürde in jeder einzelnen (vom menschlichen Körper getrennten) Zelle verortet und damit atomisiert. Das Patent gewährt vielmehr nur das Recht, *andere* zeitlich befristet von der möglichen *gewerblichen* Anwendung der patentierten Erfindung *auszuschließen*. Inwiefern in einem derartigen *Ausschluß* von der gewerblichen Nutzung ein Verstoß gegen die Menschenwürde des ursprünglichen Trägers der Körpersubstanz oder eine Kommerzialisierung seines Körpers liegen können soll, ist erst recht kaum verständlich. Soweit aber das Patent aus dem Blickwinkel seines *Ausschlußcharakters* als Hindernis weiterer Forschung auf dem Gebiet von Diagnostik und Therapie betrachtet wird, gilt dies für andere segensreiche Erfindungen ebenfalls – oder auch nicht. Diesem Problem ist *innerhalb* des Patentrechts vor allem durch eine sachgerechte Begrenzung des Patentschutzes auf jene bestimmte *Funktion* der Gensequenz, die der jeweilige Forscher tatsächlich erfunden hat, Rechnung zu tragen, im übrigen auch durch das im Patentrecht verankerte Forschungsprivileg sowie gegebenenfalls durch die Erteilung von Zwangslizenzen. Dies alles wirft aber keine grundsätzlich neuen Probleme auf und beinhaltet auch kein Problem, das die Patentierung menschlicher Gensequenzen von der Patentierung in anderen Bereichen grundlegend unterschiede.

Im übrigen darf nicht außer Betracht bleiben, daß exklusive Verfügungsrechte, wie sie das Patent gewährt, ihrerseits als sozialnützlich angesehen werden (was letztlich denn auch die eigentliche Rechtfertigung für Patente darstellt), weil sie einen wichtigen Anreiz liefern, Investitionen in die Zukunft zu tätigen, die dann wiederum der Gesellschaft zugute kommen. Indem Patente die Möglichkeit zeitlich befristeter Exklusivität eröffnen, dienen sie, so wird erwartet, mittelbar dem Wohle der Menschheit. Zudem ist mit der Patentierung stets die Pflicht zur Offenlegung verbunden – was nichts anderes als eine (im Austausch gegen den verfolgten Eigennutzen auferlegte) Sozialpflicht beinhaltet, andere an jenem Wissen teilhaben zu lassen, das dem Patent zugrunde liegt.

2. Sozialpflicht des Individuums gegenüber der Menschheit: Gehört ihm „sein" oder der Menschheit „ihr" Genom?

Wie steht es aber mit der Sozialpflicht all derjenigen, um deren Gene es geht, die nämlich die individuellen Träger der menschlichen Erbsubstanz sind? Kann die Gesellschaft auch von ihnen einen Beitrag zum wissenschaftlichen Fortschritt verlangen? Dürfen sie „ihren" Teil des menschlichen Genoms „privatisieren", indem sie sich in ihr individualrechtliches Schneckenhaus zurückziehen ganz nach dem Motto: „Meine Gene gehören mir und gehen niemanden etwas an"?

Es wurde vorstehend dargelegt, daß ein Primat der Forschungsfreiheit oder allgemeiner des Gemeinwohls gegenüber den Individualinteressen nach unseren Rechts- und Kulturanschauungen nicht gerechtfertigt ist. Auch genetische Proben und Daten sind danach nicht Kollektivgut, sondern unterliegen der Verfügungsgewalt desjenigen, dessen Körper sie angehören oder angehört haben; diese Person kann aufgrund ihres Persönlichkeitsrechts auch darüber entscheiden, ob und wem sie eng begrenzte oder weit gefaßte Nutzungsbefugnisse erteilen möchte. Jedoch schließt dieser individualrechtliche Ausgangspunkt es keineswegs aus, innerhalb jener Güter- und Interessenabwägung, die zur Feststellung notwendig ist, *ob* durch eine bestimmte Nutzung *in concreto* eine Persönlichkeitsrechtsverletzung gegeben ist, Aspekte des Gemeinwohls einfließen zu lassen. Entgegen verbreiteter Auffassung ist es von daher insbesondere nicht gerechtfertigt zu verlangen, daß der Persönlichkeitsrechtsinhaber allem und jedem zustimmen müsse, was mit „seinen" Körpersubstanzen geschieht, damit dies in *rechtmäßiger* Weise geschieht – man hat auch „Ötzi" oder die ägyptischen Mumien nicht zu Lebzeiten gefragt, ob sie bereit sind, uns zu helfen, das Wissen über die Menschheit

JOCHEN TAUPITZ

und ihre Geschichte zu mehren. Richtigerweise sollte Forschung mit menschlichen Körpersubstanzen, die auf rechtmäßige Weise vom Körper *getrennt* wurden, auch *ohne* konkrete Zustimmung des Betroffenen als zulässig betrachtet werden, sofern der Betroffene nicht *widersprochen* hat, die Forschung nicht von Rechts wegen *verboten* oder *sittenwidrig* ist, keine *ethisch umstrittenen* Forschungsmaßnahmen umfaßt und keine *Rückwirkungen* auf den Betroffenen oder seine Familie hat. Durch diese „Widerspruchslösung", begrenzt durch objektive Kriterien, wird sowohl den Belangen des Betroffenen als auch den Interessen der Wissenschaft und damit der Menschheit Rechnung getragen – und zwar in einem ausgewogeneren Verhältnis, als wenn man durchgängig eine konkrete Einwilligung des Betroffenen verlangt, die dann nämlich implizit ein Verbot *jeder* darüber hinausgehenden Nutzung enthält.

Allgemeiner gesprochen geht es nicht an, unter einseitiger Betonung *möglicher* Eigeninteressen des Individuums Forschungsbarrieren zu errichten, die dem *tatsächlichen* Willen des Individuums unter Umständen sogar widersprechen. Zum Beispiel wird häufig verlangt, daß menschliche Körpersubstanzen, die für die Forschung zur Verfügung gestellt wurden, *zwingend* nach Abschluß des Forschungsvorhabens vernichtet werden müßten. Gelegentlich wird sogar eine zeitliche Höchstfrist der Nutzung bei 10, 20 oder 30 Jahren gesetzt. Das damit postulierte Vernichtungsgebot, das paternalistisch über den Individualwillen gesetzt wird, beinhaltet aber tatsächlich nichts anderes als das Verlangen, einen Teil des genetischen Erbes der Menschheit zu zerstören – und führt zu der Frage, warum nur Körpersubstanzen, die für die *Forschung* gespendet wurden, hiervon betroffen sein sollen, nicht aber auch die dem Perückenmacher verkauften Haare oder die bereits genannten Mumien bzw. die Leiche im ewigen Eis.

IV. Schlußbemerkung

Auf einer abstrakteren Ebene lautet die Schlußfolgerung, daß so, wie die Menschheit aus Menschen besteht, deren Individualität wir achten und schützen, auch das menschliche Genom zunächst einmal *individualrechtlich* zu erfassen ist. Das bedeutet aber nicht, daß Aspekte des Gemeinwohls oder – ganz hoch in der Normen- und Wertehierarchie verortet – der Menschenwürde in ihrer Ausprägung als Würde der menschlichen *Gattung* hier keine Berechtigung hätten. So wie wir den einzelnen Menschen auch wegen seiner Zugehörigkeit zur menschlichen Spezies achten und schützen, so sollten wir auch mit dem menschlichen Genom in Verantwortung für die Menschheit insgesamt umgehen.

Die angeborene Würde des Menschen

Zur deutschen Debatte über den Status
menschlicher Embryonen

von Volker Gerhardt

Eine beklemmende Ausgangslage: Fortschrittsangst und Positivismus. Die Biopolitik hat in den letzten drei Jahren die bevorzugte Aufmerksamkeit der Öffentlichkeit auf sich gezogen. Dies aber nicht, weil man von ihr technische, ökonomische oder medizinische Verbesserungen erwartet, sondern weil man die sich mit ihr eröffnenden Chancen fürchtet. Kurialer Katholizismus, weltanschaulich besorgter Protestantismus, forschungsresistenter Ökofundamentalismus und die poststrukturalistische Nachhut des Antikapitalismus bilden eine Koalition der Angst vor dem Neuen. Hinzu kommt der Immobilismus der politischen Klasse, die Innovationen meidet, weil sie wahlstrategisch nicht berechenbar sind.

Damit einher geht ein Rückfall in den ethischen Naturalismus: Die Entstehung der menschlichen Person wird an einen rein chemischen Vorgang geknüpft, der sich alljährlich bereits tausendfach im Reagenzglas abspielt. Unter Mißachtung alles dessen, was Soziologie, Psychologie, Anthropologie, Ethologie und Philosophie über die soziale Natur des Menschen ermitteln, wird die individuelle Existenz des Menschen auf die Anlagerung zweier haploider Chromosomensätze in einem mit einer Samenzelle verschmolzenen Ei reduziert. Diese biochemische Reaktion wird als Akt der Menschwerdung ausgegeben, so daß schon die befruchtete Eizelle unter dem vollen Schutz jener Grundrechte stehen soll, die unsere Verfassung dem Menschen vorbehält.

Wohlgemerkt: Es soll nicht etwa der hochsymbolische Zeitpunkt sein, in dem eine Samenzelle in eine Eizelle eindringt, nicht der paradigmatische Vorgang der ersten Verbindung der Keimzellen von Frau und Mann. Der Zeitpunkt wird vielmehr durch eine Rekombination von Molekülen markiert, die erst acht bis zehn Stunden *nach* Eindringen des Samens in das Ei erfolgt. Es handelt sich um den Moment der Zuordnung der beiden Chromosomensätze der verschmolzenen Zellen. Bis zu diesem biochemischen Akt sollen die verschmolzenen Zellen moralisch belanglos und völlig rechtlos sein. Solange die Anlagerung der Chromosomen noch nicht stattgefunden hat, können sie nach deutschem Recht beliebig eingefroren oder vernichtet werden. *Danach* jedoch, also in einem chemisch nur um ein Geringes fortgeschrittenen Zustand, der sich möglicherweise innerhalb von Minuten vollzieht, genießen sie den vollen Lebens- und

Würdeschutz der Verfassung. Ein Arzt, der dem zuwiderhandelt, macht sich strafbar, und das Paar, von dem die Zellen stammen, soll wenigstens ein schlechtes Gewissen haben. Denn bestraft wird es für die Zuwiderhandlung nicht.

1. Eine unsittliche Bestimmung

Die arbiträre Festlegung des Beginns des individuellen menschlichen Lebens ist eine Zumutung nicht nur für den gesunden Menschenverstand: Sie widerspricht einer Jahrtausende alten kulturellen Überzeugung, steht zu der wohl ebenso langen Tradition des Umgangs mit dem menschlichen Leben in Widerspruch, setzt jährlich Hunderttausende von Menschen ins Unrecht und unterhöhlt die Glaubwürdigkeit eines Staates, der die Rechtswidrigkeit höchstrichterlich behauptet, sie aber dennoch vorsätzlich straffrei läßt. Schließlich begünstigt sie eine Doppelmoral, die jeder unerträglich finden muß, dem die Erziehung der jüngeren Generation oder auch nur die Begründung einer in sich konsistenten Rechts- und Moraltheorie ein Anliegen ist. Also kann der Philosoph zu den anstehenden Fragen der Biopolitik nicht schweigen, so gern er sich auch mit anderen Themen befassen möchte. [1]

Zu den fatalen Konsequenzen der willkürlichen Festlegung des Lebensbeginns gehört die Aushöhlung von Rechtsnormen, die wissentlich ohne Wirksamkeit und damit letztlich ohne Geltung bleiben. Die Bürger sehen sich nicht nur durch die Umstände ihres Daseins, sondern auch im Bewußtsein ihrer Verantwortlichkeit zu Handlungen genötigt, die der Staat öffentlich verurteilt. Damit entsteht ein Gegensatz zwischen dem moralischen Selbstverständnis der Individuen und dem politischen Anspruch ihrer Institutionen. Es ist ein Gegensatz, der nicht erst dem Geist einer Demokratie, sondern bereits dem Anspruch auf die moralische Integrität des bürgerlichen Handelns widerspricht. Jeder muß erwarten können, daß die Befolgung der Gesetze ihn nicht in Konflikt mit seinen moralischen Überzeugungen bringt.

Schlimm ist auch, daß der naturalistische Dezisionismus des Rechts alle Fragen der Biopolitik kontaminiert. Allein die in der Bundesrepublik Deutschland bewirkte Blokkade der Forschung hat Wissenschaft und Wirtschaft längst schweren Schaden zugefügt. Auf mindestens eine der dringend benötigten Wachstumsindustrien müssen wir spätestens seit der Verabschiedung des Embryonenschutzgesetzes im Jahre 1990 verzichten. Wir werden frühestens dann den Anschluß an die wissenschaftliche Entwicklung finden, wenn andere Nationen die moralische Verantwortung des Fortschritts auf sich genommen haben und zu verwertbaren medizinischen Erkenntnissen gelangt sind. Auf die so gewonnenen Heilverfahren und Medikamente wollen die Staatsanwälte der Moral natürlich nicht verzichten. So entlasten sie sich für den Augenblick und bürden die Verantwortung denen auf, die ihnen nachzufolgen haben.

Das Schlimmste aber ist, daß die willkürliche Festlegung auf den Zeitpunkt der so genannten Kernverschmelzung die notwendigen Untersuchungen im Rahmen der *In-vitro*-Fertilisation (*IVF*) verhindert. Damit sind die betroffenen Frauen genötigt, erst eine Schwangerschaft auf sich zu nehmen, ehe entschieden werden kann, ob der Embryo lebensfähig ist oder nicht. Die Abtreibung ist nach deutschem Recht nicht nur erlaubt, sondern unter Umständen sogar geboten. Die *PID*, die eine Abtreibung verhindern könnte, ist jedoch verboten. So wird das Leiden einer Schwangeren mitsamt der

Zerstörung des in ihr herangewachsenen Fötus in Kauf genommen, nur um einer durch künstliche Befruchtung entstandenen Blastozyste keine Zelle entnehmen zu müssen, die in ihrer möglichen Totipotenz selbst wie eine befruchtete Eizelle behandelt werden könnte. Auch dahinter steht die arbiträre Festlegung auf einen durch eine chemische Reaktion bestimmten Zeitpunkt nach der Befruchtung eines Eis durch eine Samenzelle. Davon, daß die Totipotenz nicht eindeutig auf die Zellen im ersten Teilungsstadium beschränkt werden kann, will ich erst gar nicht sprechen. Die jüngsten Forschungen haben gezeigt, daß der Unterschied zwischen Toti- und Pluripotenz fließend ist. [2]

2. Eine Phantomdebatte mit realen Folgen

Der Grundsatzstreit über den Beginn des menschlichen Lebens wird auf der Bühne politischer Programmdebatten geführt. Hier herrscht der extreme Gegensatz, hier werden alle Theatereffekte genutzt, um den Gegner moralisch zu diskreditieren. Und hinter der Bühne wird ohne Bandagen, das heißt mit unlauteren Mitteln weitergekämpft. Wer als Wissenschaftler abweichende Meinungen vertritt, wird nicht nur politisch ausgegrenzt, sondern sogar von der Gemeinschaft der Wissenschaft, der DFG, mit patriarchalen Gesten beiseite geschoben.

Doch das Publikum, das von den Weltanschauungsfunktionären aus Kirchen und Parteien bevormundet wird, hat sich längst entschieden! Mindestens 200.000 jährliche Abtreibungen in der Bundesrepublik, etwa 50 Millionen weltweit, eine bedenklich zunehmende Zahl an Spätabtreibungen und vor allem ein ungehemmter Gebrauch von Verhütungsmitteln mit dem Effekt der Keimabtötung bis in die ersten Tage nach der Nidation sind Tatsachen, die auch moralische Wertungen zum Ausdruck bringen. Und da niemand im Ernst daran denkt, an dieser zwar rechtswidrigen, aber straffreien Praxis tatsächlich etwas zu ändern, ist im Grunde auch theoretisch entschieden, daß man den menschlichen Embryo nicht schon in jeder Phase seiner Entwicklung als ein voll entwickeltes menschliches Individuum behandelt. Der Grundrechtsschutz des Embryos, wie ihn das Bundesverfassungsgericht in den beiden Entscheidungen von 1975 und 1993 als verbindlich behauptet hat [3], wird *nicht* gewährt, und er wird, allen anderslautenden Erklärungen zum Trotz, auch gar nicht gewollt.

Die faktische Lage entspricht der historischen Praxis über viele Jahrhunderte gerade auch im christlich geprägten Abendland. Sie ist somit nicht die Folge einer säkularen Entheiligung des Lebens oder der inhumanen Achtlosigkeit einer Wegwerfgesellschaft, sondern Ausdruck der Selbstbestimmung des Menschen, auf die sich auch alle ethischen und rechtlichen Ansprüche gründen. Die antiken Denker, denen wir sowohl die ersten Beispiele als auch die ersten Gründe für die Humanität verdanken, sahen in der Geburt den Beginn des individuellen menschlichen Lebens. [4] Sie standen damit im Einvernehmen mit den ältesten kulturellen Überzeugen des Menschen. Die teilen wir noch heute, wenn wir den Menschen als ein kulturelles Wesen ansehen, das erst in Gemeinschaft mit seinesgleichen zu dem wird, was es ist.

Als soziales Wesen kommt der Mensch im sozialen Zusammenhang zur Welt, und das geschieht, indem er sich aus der unmittelbaren Abhängigkeit vom mütterlichen Organismus löst, selber atmet, sich schon im ersten Schrei an seine Mitmenschen wendet, die damit erstmals die Möglichkeit haben, den neuen Erdenbürger als ihresgleichen zu begrüßen. Da die Wahrnehmung des Neugeborenen im Prinzip von jedermann vollzogen werden kann, ist auch in den äußeren Bedingungen seiner Anerkennung die *Gleichheit* angelegt, die uns die Achtung vor dem Neugeborenen *als unseresgleichen* gebietet. Solange der Embryo noch im Mutterleib heranwächst, kann er nur unter privilegierten Bedingungen, vornehmlich vom Arzt und von der Mutter, wahrgenommen werden.

Es ist daher nicht nur in der Tradition begründet, den Beginn des individuellen menschlichen Lebens mit dem Geburtstag anzusetzen; es sind auch die phänomenalen Konditionen seiner Wahrnehmung durch seinesgleichen, die es rechtfertigen, ihm erst mit seiner Geburt das volle Recht auf den Schutz seines Lebens und seiner Würde zuzugestehen. Bis zur Geburt „kommt" das Kind; erst danach ist es „da". [5] Dann erhält es seinen Namen, und von da an ist es Mitglied der menschlichen Gemeinschaft. Und wer es für bedeutungsvoll hält, bringt den Zeitpunkt der Geburt mit der Konstellation der Sterne in Verbindung.

3. Alte und jüngste Traditionen

Es war die theoretische Frage nach den Anfängen der Beseelung des Leibes, die antike Autoren auf die ersten Regungen des Embryos verweisen ließen. Sie nahmen an, daß mit den frühesten spürbaren Bewegungen im Mutterleib, also etwa von der zehnten Woche an, eine individuelle Substanz gegeben ist. Dieser Mutmaßung hat sich der größere Teil der christlichen Denker angeschlossen, vor allem jene, die im 13. Jahrhundert den scholastischen Grund für die kirchliche Lehrmeinung gelegt und weit über die Reformation hinaus gewirkt haben. [6] Diese Lehrmeinung gab keinen Anlaß für ein theologisch begründetes Verbot der Abtreibungen in den ersten Monaten der Schwangerschaft. Ihr ist auch das päpstliche Offizium bis zum Jahre 1869 gefolgt. Erst 1917 hat Rom das darauf gestützte kanonische Recht geändert.

Den Grund dazu haben kirchenpolitische, und nicht etwa theologische Argumente gegeben. Es ging um die wirksame Überwachung der beichtpflichtigen Gläubigen. Es war also eine Machtfrage der über ihren schwindenden Einfluß besorgten Kirche. Offenbar glaubte man, über die Schwangerschaftskontrolle einen physisch ansetzenden Zugang zu den Seelen zu haben. Vielleicht ist man auch deshalb gegen den Naturalismus eines allein auf einen chemischen Vorgang gestützten Arguments für den Beginn des individuellen Lebens so unempfindlich.

Unter dem Eindruck seiner wachsenden politischen Bedeutungslosigkeit hat sich auch der deutsche Protestantismus zur spätkatholischen Auffassung bekehrt und ist in eine Romtreue zurückgefallen, die seinen Anfängen widerspricht. [7] Zu dieser Haltung kam es freilich über den Umweg der alten Staatsfrömmigkeit: Erst als der Lebensbeginn durch das Urteil des Verfassungsgerichts in den Rang eines Staatsrechts erhoben war, hat die EKD das päpstliche Exkathedra zur eigenen Amtsauffassung gemacht. Dabei hat sie das Motiv des Verbots der Abtreibung genau erfaßt: Man dürfe, so hat es der Leiter des Kirchenamtes der evangelischen Kirche in Deutschland, Dr. Hermann Barth, am 19. Oktober 2002 geschrieben, den Eltern, die sich, aus welchen Gründen auch immer, nicht zur Annahme eines Embryos entschließen können, „kein gutes Gewissen machen". [8]

In der jüdischen Tradition blieb man bis heute bei der die Anthropologie des *Alten Testaments* tragenden Parallele zwischen „Seele" und „Kehle". Der Beginn des individuellen menschlichen Lebens war folglich durch den ersten Schrei des Neugeborenen bestimmt. Dem ist man in Europa auch dort gefolgt, wo man andere Vorstellungen vom Verhältnis von Leib und Seele hatte: Zu Mutter und Vater werden Menschen erst, wenn ihr Kind geboren ist. Auch die Anhänger einer vorgeburtlichen Menschwerdung legen größten Wert auf die Tatsache, daß eine Schwangere noch keine Mutter ist – und sie merken noch nicht einmal, in welchen Widerspruch sie sich damit verwickeln. Um so nachhaltiger remonstrieren sie, wie dauerhaft die alten Institutionen sind: Mensch ist erst, wer geboren ist. Nur die organische Eigenständigkeit unter seinesgleichen schafft die Bedingung, die eine Zuschreibung der personalen Würde möglich macht. So, wie seit Jahrhunderten von der „angeborenen Freiheit" und den „angeborenen Rechten" des Menschen gesprochen wird, muß auch von der „angeborenen Würde" des Menschen die Rede sein.

4. Das Problem der Gleichstellung

Die europäische Rechtspraxis ist der jüdisch-christlichen Überlieferung bis heute gefolgt. Um so erstaunlicher ist, daß wir eine Debatte über den moralischen und rechtlichen Status des ungeborenen Lebens führen, in der zwar dem Embryo keine Handlungsfähigkeit unterstellt wird, wohl aber eine Schutzwürdigkeit, die dem des geborenen Menschen gleichgestellt sein soll. Diese *Gleichstellung* ist das Problem, und auf sie richtet sich meine Kritik:

Niemand kann ernsthaft behaupten, der Embryo habe bereits die organische Eigenständigkeit, die dem geborenen Menschen zukommt. Also ist an diesem – entscheidenden – Punkt keine Gleichheit gegeben. Man behauptet sie dennoch, nur um daraus die moralische und rechtliche Schutzwürdigkeit des Embryos abzuleiten. Erst unter dem peinlichen Druck der öffentlichen Meinung bequemt man sich, dieser Position zu einer gewissen praktischen Konsequenz zu verhelfen: Die Kirchen denken immerhin darüber nach, die totgeborenen Embryonen zu bestatten; gelegentlich geschieht dies auch nach Totgeburten in fortgeschrittenen Phasen der Schwangerschaft.

Doch zu der wirklich gebotenen Konsequenz, nämlich zur Vorverlegung des Existenzbeginns auf den Zeugungstag, zur Taufe einer jeden befruchteten Eizelle und auch zur Bestattung einer jeden befruchteten Eizelle, wenn sie sich, aus welchen Gründen auch immer, nicht als lebensfähig erweist, wird es vermutlich niemals kommen. Die Kirchen sind aus naheliegenden praktischen Gründen nicht in der Lage, das werdende Leben tatsächlich nach den von ihnen postulierten theologischen Grundsätzen zu behandeln; um so erstaunlicher, daß sie dies vom Staat verlangen, der es jedoch, wie der Widerspruch zwischen Rechtswidrigkeit und Straffreiheit beweist, auch nicht kann.

Die Kirchen haben von ihrem Auftrag her gegen den Reichtum und die Hartherzigkeit der Menschen zu predigen. Gleichwohl wissen sie (allein schon aus der Erfahrung ihrer eigenen Institution), daß sie weder das eine noch das andere wirklich beseitigen können. Das Armuts- und das Liebesgebot wird dadurch aber nicht widerlegt; es dient allemal einem guten Zweck. Ebenso könnten die Kirchen, wenn sie denn wirklich von der Heiligkeit der befruchteten Eizelle überzeugt sein sollten, in den biopolitischen Fragen optieren: Sie könnten ihren Gläubigen eine strikte Beachtung des ungeborenen menschlichen Lebens anempfehlen, ja, sie sollten es bei ihren Gliedern mit allen Mitteln des Glaubens durchzusetzen suchen. Dafür müßten die Chancen auch deshalb besonders günstig sein, weil es in den Fragen des werdenden menschlichen Lebens vor allem um einen erhöhten Aufwand an Liebe geht.

Doch man vernimmt in den biopolitischen Fragen des werdenden Lebens von der Liebe so gut wie nichts. Statt dessen ist unablässig von Gesetz und Recht die Rede. Was die Kirchen mit dem Mitteln des Glaubens in den eigenen Reihen nicht erreichen, soll über das allgemeine Recht zum Zwangsinstitut für alle Bürger werden. Das ist ein Rückfall in den Kirchenstaat. In Deutschland scheint das niemanden zu stören. Ein Biologe sagte kürzlich, er halte die wissenschaftlichen Restriktionen nach dem Embryonenschutzgesetz für völlig unbegründet; er halte sie mit Blick auf den Gang der Zivilisation auch für wirkungslos. Dennoch fühle er sich wohl in einem Staat, der wachsam sei. [9] Eine bessere Begründung für einen Nachtwächterstaat kann man sich gar nicht denken: Selbst das falsche Handeln der Obrigkeit verschafft das gute Gefühl, daß es den Staat noch gibt.

Wenn also mit theologischen Argumenten ein Abtreibungs- oder gar Forschungsverbot gefordert wird, kann das nur für die Gläubigen, nicht aber für die Bürger in einem säkularen Staatswesen gelten. Denn der liberale Staat hat ein ganz anders begründetes Interesse am Schutz des werdenden menschlichen Lebens: Er hat das Dasein, die Freiheit und die Würde seiner Bürger zu sichern. Dazu gehört, daß er nicht nur die jetzt lebenden Menschen, sondern auch ihren Nachwuchs schützt und fördert. Also muß ihm an einer guten gesundheitlichen Versorgung, damit auch am Schutz der Schwangeren gelegen sein. Der Schutz der Schwangeren schließt die Sorge für den Embryo ein, der unter Umständen auch vor fragwürdigen oder riskanten Handlungsweisen der werdenden Mutter zu bewahren ist.

Um dieses eminente Ziel staatlichen Handelns zu begründen, braucht man die Gleichstellung von Person und Embryo nicht. Der Embryo läßt sich auch mit anderen Argumenten als hohes Rechtsgut erweisen, ohne daß ihm der Status einer Person zugeschrieben wird.

5. Die Bedingung von Freiheit und Liebe

Die Realität der Abtreibung in Deutschland ist durch eine Fristenregelung charakterisiert, für die es gute Gründe gibt. De facto scheinen damit auch die Kirchen zufrieden zu sein. Nur de jure wollen sie mehr. Um dieses Mehr mit nicht-naturalistischen Argumenten zu erreichen, müßten sie die Würde des Embryos, wie auch beim geborenen Menschen, auf seine Freiheit gründen. Da er diese Freiheit jedoch weder als Handlungs- noch als Willensfreiheit äußern kann, müßte man auf die Freiheit jener zurück, die durch ihr freies Handeln für seine Existenz verantwortlich sind. Nur die Freiheit der Eltern kann die Freiheit des Embryos begründen, die wir brauchen, um daraus seine personale Würde abzuleiten.

Auf diesem Weg ist Immanuel Kant zu seiner Überzeugung von der Personalität des menschlichen Keims gelangt.[10] Kant gab sich dabei über den, wie er sagte, „tierischen Vorgang" der menschlichen Zeugung keinen Illusionen hin. Er ging sogar so weit, die bloße Begattung von den Akten der Freiheit auszunehmen.[11] Für ihn war die

Zeugung aus Freiheit wahrhaft nur dort gegeben, wo sie unter den Bedingungen einer rechtmäßig geschlossenen Ehe geschieht. Hier haben sich nämlich zwei Menschen *aus Freiheit* zusammengetan, und da Freiheit nur aus Freiheit hervorgehen kann, ist einzig ihr Geschöpf als ein Wesen aus Freiheit – und somit als Person – anzusehen. [12]

Die freiheitstheoretisch nach wie vor überzeugende Auffassung Kants scheint heute niemanden mehr zu interessieren. Da sie den gegebenen gesellschaftlichen Bedingungen offenkundig nicht mehr entspricht, will auch ich sie nicht ausdrücklich empfehlen. Trotzdem halte ich sie persönlich für unübertroffen und rate sie jedem an, der nicht schon aus anderen Gründen weiß, was für ihn das Beste ist. Noch steht es jedem frei, nach der Auffassung Kants zu handeln. Strenggenommen sind heute lediglich die Gründe entfallen, jene, die ihr Familienglück außerhalb der Ehe suchen, für unmoralisch zu halten. Gestehen wir auch ihnen die Freiheit und die Moralität ihres Handelns zu, kann alles Leben, das aus ihrer geschlechtlichen Verbindung hervorgeht, die Würde haben, die ihnen selber zukommt. Nur dürfen wir eine solche Konsequenz nicht unabhängig von ihrem eigenen Wollen ziehen – jedenfalls solange das heranwachsende menschliche Leben als unselbständiger Keim noch abhängig vom mütterlichen Organismus ist. Nach der Geburt kommt dann dem neuen Individuum die Freiheit zu, die ihren Ursprung im freien Willen seiner Eltern hat.

Auch mit Blick auf die interne Sicherung der Generationenkette durch eine moralische Verbindlichkeit wäre es aussichtsreich, die Begründung für den moralischen Status des Embryos aus dem freien Willen der Eltern herzuleiten. Denn wenn wir unterstellen, daß unsere Freiheit ihren Ursprung in der gelebten Freiheit unserer Vorfahren hat, und wenn uns daran gelegen ist, daß die Freiheit auch nach uns noch eine Zukunft hat, müssen wir mit uns auch die eigene Freiheit fortpflanzen. Im Gang der Zivilisation geschieht das wesentlich durch die institutionelle Sicherung mit Hilfe des Rechts. Im übrigen kann der Einzelne sich und seinesgleichen ein moralisches Beispiel geben. Er kann selbst zum Exempel der Freiheit werden, die er sich auch in der geschichtlichen Entwicklung wünscht. Diesem Wunsch bleibt er im eigenen Verhalten nahe, wenn er seine Kinder so betrachtet, als seien sie die Frucht seiner eigenen Freiheit. Was kann für ein Kind beruhigender sein, als das Bewußtsein, von seinen Eltern nicht nur geliebt zu werden, sondern auch von Anfang an gewollt zu sein?

In Abgrenzung zu Kant wäre dabei festzuhalten, daß in einer formell geschlossenen Ehe keine zwingende Voraussetzung für die Wertschätzung des Embryos liegen muß. Ein liebendes Paar kann alles, was aus seiner Vereinigung hervorgeht, als Glück und Verpflichtung ansehen, und niemand darf es daran hindern, sich schon vom ersten Tag nach der Zeugung an auf das Kind zu freuen. Für dieses Paar hat der Embryo einen hohen, vielleicht sogar einen absoluten Wert. Wer wollte ihm ausreden, bereits das heranwachsende menschliche Leben wie ein Kind zu achten, wenn das Paar dies selber will?

6. Dammbruch der gesellschaftlichen Entwicklung

Es lohnt sich dennoch, im Vorbeigehen auf die verlorene Prämisse der Ehe als des Ursprungs der personalen Freiheit des aus Freiheit gezeugten Menschen hinzuweisen. Denn wir sehen, daß bereits die heute von einer soliden Mehrheit der Bevölkerung für gut und richtig befundene Liberalisierung gesellschaftlicher Konventionen einer jener „Dammbrüche" ist, vor denen die Auguren der Jetztzeit warnen.

Die negative Prophetie des Dammbruchs gehört zur gängigen Rhetorik gegen die Biopolitik. Sie verkehrt den Wahn der Machbarkeit, der die Ideologien des letzten Jahrhunderts hervortrieb, ins Gegenteil, ohne deshalb besser zu sein als sie. Das gilt auch für jene Fälle, in denen sie mit der Aufforderung verbunden wird, der Mensch möge sich bescheiden und an seine begrenzten Kräfte denken. Eins geht nur: Entweder traut sich der Mensch die Riesenaufgabe zu, der Dynamik seiner eigenen Entwicklung Einhalt zu gebieten, oder er bescheidet sich mit dem ihm (gegenwärtig) Möglichen und läßt davon ab, seine Zukunft steuern zu wollen.

Nehmen wir die Liberalisierung der Partnerschaft als Beispiel: Noch vor dreißig Jahren wurde der „voreheliche Geschlechtsverkehr" verschwiegen. Man sprach im Ernst von „wilder Ehe", sah in der „Wohngemeinschaft" eine Provokation und betrachtete die Homosexualität als eine Perversion im Abseits der Gesellschaft. Heute gilt es schon als spießig, sich über die freien Formen der Sexualität auch nur zu wundern. Lassen wir dahingestellt, ob es die sogenannte „Pille" war, die den Dammbruch bewirkte, oder ob auch die Kritik an der autoritären Gesellschaft, die Explosion des Wohlstands oder die Emanzipation der Frau mitursächlich sind: Wer hätte die Flut verhindern können, die sich jetzt längst nicht nur über die westliche Zivilisation ergießt? Ja, wer wollte auch nur ein so überlegenes Wissen in Anspruch nehmen, von dem aus sich die Liberalisierung als Gefahr bezeichnen ließe? Und gesetzt, jemand hätte es wirklich gewußt: Hätte er auch etwas anderes gewollt?

Das Beispiel muß genügen, um kenntlich zu machen, daß die Rhetorik des Dammbrucharguments nicht nur ein Wissen vom Nutzen und Nachteil einzelner Entwicklungen für die Zukunft des Menschen, sondern auch eine Macht, den gesellschaftlichen Tendenzen zu wehren, erfordert. Über beides verfügt der Mensch weder als Individuum noch als politisch organisiertes Kollektiv. Deshalb ist Bescheidenheit geboten: So wenig sich die Zukunft des Menschen einfach „machen" läßt, so wenig läßt sie sich verhindern. Uns bleibt nur der Versuch, die Gesellschaft im Horizont der eigenen Generation zu lenken, die eindeutig schädlichen Folgen abzuwehren; damit bleibt der Anspruch, wenigstens das eigene Leben nach eigener Einsicht zu führen. Nur so nehmen wir unsere Verantwortung wahr. Wer, wie etwa Hans Jonas, mehr darunter versteht, redet unverantwortlich. [13]

7. Zwei Prämissen der modernen Ethik

Die neuzeitliche Ethik geht von zwei Prämissen aus, die wesentlich von Hume und Kant begründet worden sind. Beide Voraussetzungen können als allgemein anerkannt gelten, auch wenn sie in den bislang noch weitgehend unentwickelten Ansätzen zu einer evolutionären Ethik ebenso übergangen werden wie von den Soziobiologen und den meisten Kognitionswissenschaftlern.

Die *erste* Prämisse besagt, daß ethische Normen nicht aus naturalen oder historischen Fakten hergeleitet werden können. Aus der Tatsache, daß etwas so und nicht anders *ist*, darf nicht gefolgert werden, daß es auch so sein *soll*. Zwar setzen Tatsachen, insbesondere dann, wenn sie gar nicht geändert werden können, Rahmenbedingungen für moralische Ansprüche. Aber die in jedem moralischen Urteil (schon in jedem „Gewissensbiß" und erst recht in jedem moralischen Vorwurf) vorausgesetzte Freiheit des Menschen ist dadurch definiert, daß sie etwas, das es noch gar nicht gibt, von sich aus beginnen läßt.

Die Freiheit besteht darin, daß ein sich seiner selbst bewußter Mensch etwas *von vorn anfängt*, daß er „Ja" oder „Nein" sagt und in der Regel seinem Wort auch eine Tat folgen lassen kann. Damit beginnt er etwas Neues. Das aber kann *a priori* nicht schon durch das bestehende Alte vorausbestimmt sein. Also muß das, was einer tun will und was er tun soll, aus etwas anderem hergeleitet werden als aus vorgegebenen Tatsachen. Das aber ist nichts anderes als die Spontaneität seines eigenen Tuns. Die freie Spontaneität tritt für jeden sichtbar hervor, sobald der Handelnde es durch seine eigenen Gründe rechtfertigt. Moralische Handlungen sind allein durch die Gründe ausgezeichnet, die von einem freien, sich selbst bestimmenden Wesen für sie vorgebracht werden.

Gründe setzen nicht nur kulturelle Überlieferungen und Formen rationaler Verständigung, sondern vor allem die *eigene Einsicht* des eigenständigen Individuums voraus. Durch sie stellt sich der einzelne aus eigenem Anspruch unter Bedingungen begrifflicher Allgemeinheit. Das ist ein Punkt von außerordentlicher philosophischer Bedeutung, denn im moralischen Grund sind Individualität und Universalität ohne zusätzlichen Theorieaufwand, ohne den Zwang eines Systems ursprünglich verknüpft. In der Begründung tritt der exemplarische Charakter des Handelns aus eigener Einsicht hervor: Wer immer Gründe für sein eigenes Handeln nennt, begreift sich als Teil eines vernünftigen Ganzen, für das er im Einzelfall seines eigenen Tuns ein Beispiel gibt.

8. Humaner Ausgangspunkt

Die *zweite* Prämisse ist eng mit der ersten verbunden. Sie hält fest, daß die Begründung ethischer Normen nur von *der* Instanz ausgehen kann, die wirklich über Gründe verfügt. Diese Instanz ist der Mensch, in letzter Konsequenz ist es das einzelne Individuum selbst. Auch diese Prämisse kann als allgemein anerkannt gelten, obgleich sich die meisten Moralphilosophen scheuen, den unausweichlichen Schluß auf die moralische Zuständigkeit des Individuums, der einzigen moralischen Instanz, die wir kennen, ausdrücklich zu machen. [14]

Ausdrücklicher Konsens besteht hingegen darin, daß die Begründung sich weder auf überlieferte Ansprüche der Tradition noch auf Hochrechnungen über den erwarteten Gang einer künftigen Entwicklung der Natur oder der Gesellschaft berufen kann. Sie kann sich auch nicht auf eine Offenbarung oder auf die geglaubten Gebote eines Gottes stützen. Gründe können nur aus den rationalen Ansprüchen eines Menschen folgen. Sie stammen somit allein aus der Vernunft, was wiederum nur heißt, daß sie alle erkennbaren Handlungsfaktoren einbeziehen, die Einheit einer Handlungslage mit der Einheit des Individuums verknüpfen, das allgemein vertretbare Selbstverständnis des Handelnden berücksichtigen und auf individuelle wie auch auf interindividuelle Konsequenz bedacht sind. [15]

Die Vielfalt der ethischen Theorien der Gegenwart ist beträchtlich. Dennoch läßt sich – mit der Ausnahme eines rein quantitativ verfahrenden Utilitarismus – sagen, daß die genannten Prämissen weitgehend akzeptiert werden. Die Theoretiker geben zumindest vor, sich auf nichts anderes als auf *vernünftige Gründe* stützen und aus der *Perspektive des Menschen* argumentieren zu wollen. Von konfessionell gebundenen Autoren wird dies besonders gern in die Formel gebracht, man habe die Ethik unter *säkulare Prinzipien* zu stellen.[16]

Etwas anderes ist ohnehin nicht möglich. Doch die besondere Betonung des säkularen Charakters moralischer Gründe soll bedeuten, daß ein Autor von seinen religiösen Überzeugen absieht, um sich in seinem Ansatz nur auf die allgemeinen Einsichten der Vernunft zu stützen. Also ist auch im Bewußtsein sakraler Bindungen anerkannt, daß niemand anders als der auf seine Gründe bedachte Mensch die Legitimationsbasis ethischer Ansprüche darstellt. So bestätigen selbst die Theoretiker mit christlicher Konfession, daß alle Begründungsmodelle der Ethik vom Menschen auszugehen haben.

Vom Menschen auszugehen heißt: von einem erwachsenen, selbstverantwortlichen und vernünftigen Menschen, der nicht nur Gründe *haben* und Gründe *verstehen*, sondern auch Gründen *folgen* kann. Es ist offensichtlich, daß diese Konditionen vernünftiger Eigenständigkeit mit dem üblichen Selbstverständnis des selbstbewußten Menschen korrespondieren und eben darin ein Ideal vorstellen, dem der einzelne nicht in jeder Lage entspricht. Es gibt Situationen, da ist er übermüdet oder abgelenkt, da fühlt er sich nicht auf der Höhe seiner rationalen Kräfte. Und dennoch würde er den Selbstanspruch eines Wesens, das seine eigenen Gründe hat, nicht aufgeben. Auch die Tatsache, daß er ein Viertel seiner Lebenszeit verschläft, daß er ohnmächtig oder narkotisiert werden oder in einen komatösen Zustand verfallen kann, wird an seinem Anspruch nichts ändern. Die unterstellte Begründungsfähigkeit des ethischen Subjekts gilt für *alle* Lebenslagen und für *jedes* Lebensalter, auch wenn sie aktuell nicht einlösbar ist.

9. Zwischen Geburt und Tod: Der Bezug auf ein ganzes Leben

Die idealtypische Unterstellung unserer eigenen Begründungsfähigkeit wird im Alltag mit größter Selbstverständlichkeit gemacht und anerkannt: Wir beziehen sie aber nicht bloß auf den volljährigen Menschen, sondern nehmen sie in der Regel so, wie sie im Handeln selbst verstanden wird: Sie gilt für *jeden* Menschen und umfaßt die Dauer seines *ganzen* Lebens. Damit tragen wir der Tatsache Rechnung, daß die Handlungen des Menschen Relevanz für sein volles Leben haben. Zum Ausweis des Lebensbezugs braucht man nicht erst auf den Suizid oder auf eine lebenslange Freundschaft zu verweisen: Auch eine zunächst nebensächlich erscheinende Entscheidung, deren Folgen man mit der Zeit gewahr wird und die man dann über Jahre hinweg zu spüren bekommt, läßt die Lebensbindung eigener Entscheidungen erfahren. Also wird die moralische Zuständigkeit dem *ganzen* Leben eines Individuums unterstellt.

Vom ganzen Leben gehen wir auch aus, wenn wir den rechtlichen Schutz der individuellen Zuständigkeit des Individuums garantieren. In der bioethischen Debatte ist dieser selbstverständliche Punkt lediglich durch absurde Beispiele in Zweifel gezogen worden – so als könne man im Ernst annehmen, daß jemand im Schlaf rechtlos werde. Im alltäglichen ebenso wie im ethischen und juristischen Verständnis gehen wir hingegen davon aus, daß der Schutz der individuellen Handlungsfähigkeit nicht nur für jede Lebenslage, sondern auch für ein ganzes Leben gilt.

Also gehören schon die Neugeborenen dazu – unabhängig davon, ob ihr natürliches und gesellschaftliches Umfeld die Entwicklung ihrer Anlagen erlaubt und ob ihre Kräfte ausreichen, um eines Tages eigenständig denken, entscheiden und handeln zu können. Im begrifflichen Verständnis des Menschen verfahren wir nicht anders als bei der Beschreibung von Dingen und Lebewesen überhaupt: Wir gehen von einer Eigenschaftsmenge aus, die sich im Normalfall bei allen so bezeichneten Exemplaren findet, können mit Rücksicht auf besondere Umstände aber auch extreme Abweichungen einbeziehen. So stellt niemand in Zweifel, daß zur Gattung des aufrechtgehenden Zweibeiners Mensch auch jene Wesen gehören, die – aus welchen Gründen auch immer – nur über ein Bein verfügen oder aufgrund eines Schadens an Hirn oder Rückgrat nicht aufrecht gehen können. Wer den Menschen durch seine Sprachfähigkeit definiert, macht damit nicht den Vorschlag, die Taubstummen auszuschließen. Auch die normalerweise nicht erfaßten Extreme in Aussehen, Begabung und Leistung führen nicht zur begrifflichen Exklusion eines Individuums.

Zum menschlichen Dasein gehören daher *alle Situationen* und *alle Stadien* seines Lebens. Dabei spielt die Geburt und der damit bezeichnete Anfang des menschlichen Lebens seit alters eine ausgezeichnete Rolle. In unserer politischen Sprache ist diese Überzeugung festgehalten: Seit Jahrhunderten wird von der „angeborenen Freiheit" des Menschen und von seinen „angeborenen Rechten" gesprochen, und erst die unsinnige Übertragung dieser Rechte auf den Embryo hat gegen Ende des 20. Jahrhunderts zu der gegensinnigen Reaktion geführt, mit der Zuschreibung so lange zu warten, bis ein Kind selbstbewußt handeln oder sprechen kann. [17]

Die einseitige Festlegung auf manifeste Leistungen des Denkens, Sprechens und Handelns ist eine Spätfolge des Cartesischen Dualismus von Körper und Geist. Gehen wir mit Aristoteles und der modernen Anthropologie davon aus, daß der Mensch nur als selbsttätige Einheit von Geist und Körper verstanden werden kann, haben wir auch die Einheit seiner Entwicklung anzuerkennen. Also müssen wir seine *ganze* Natur in Rechnung stellen, und dies von dem Augenblick an, in dem der einzelne Mensch als selbsttätige Einheit sichtbar wird. Das ist der Augenblick der Geburt.

10. Die erworbene Trägheit der Gegenwart

„Angeboren" heißt zunächst: nicht durch die Erziehung oder den gesellschaftlichen Stand erworben. Das Adjektiv hebt die rechtliche Gleichheit aller Menschen hervor, die ihnen unabhängig von ihrer individuellen Ausstattung, auch ohne Rücksicht auf Hautfarbe und Geschlecht zukommen soll. Die Natalität des Menschen wird damit nur beiläufig hervorgehoben. Doch an der Selbstverständlichkeit, mit der die elementaren Rechte auf den Zeitpunkt der Geburt bezogen werden, läßt sich erkennen, daß die Menschwerdung mit diesem Akt – und nicht etwa mit der Zeugung oder der Einnistung – verbunden wird.

Die Geburt ist der Akt, in dem das Individuum „zur Welt kommt" und von dem an es sich in seiner psycho-physischen Einheit selbst erhält. Mit der Durchtrennung der Nabelschnur ist das Individuum organisch auf sich selbst gestellt. Zwar ist es danach auf die Fürsorge der anderen angewiesen; doch das bleibt es im Prinzip sein Leben lang. Kein Mensch kann ohne seinesgleichen leben. Und da sich diese unaufhebbare Gegenseitigkeit der Menschen in größeren Zusammenhängen nur durch das Recht regeln läßt, ergibt es einen guten Sinn, wenn die Rechtsfähigkeit des Menschen mit der Geburt beginnt.

Man kann natürlich den Embryo als einen Anwärter auf die Rechte eines Menschen betrachten, so wie es im römischen Recht möglich war, im ehelich gezeugten, aber noch nicht geborenen Sohn einen künftigen Erben zu reklamieren; im Fall einer Scheidung gehörte daher der Sohn dem Vater. Gleichwohl wurde und wird ein Embryo erst durch die Geburt zum Sohn und erst damit zum Träger eigenständiger Rechte. Erst die Verbindung vormoderner Machtansprüche der Kirchen mit dem nachmodernen Mißtrauen gegen Wissenschaft und Industrie hat die Ansicht verbreitet, der Anfang des individuellen menschlichen Daseins liege durchschnittlich neun Monate vor der Geburt.

Man darf unterstellen, daß diese lebensweltlich höchst befremdliche Auffassung nur deshalb eine größere Anhängerschaft finden konnte, weil Wissenschaft und Industrie in der Lage waren, das Wachstum des Embryos im Mutterleib in allen Stadien sichtbar zu machen. So zieht sich die Wissenschaft einmal mehr ihre eigenen Gegner heran. Im selbstverständlichen Gebrauch aller verfügbaren Erkenntnisse wehrt sich der Zeitgeist gegen die Ausweitung der Wissenschaft, weil damit, das ist die angeblich kritische Suggestion, die Perfektion erreicht sein könnte, die den Menschen lebensunfähig, unmündig oder überflüssig macht.

In Wahrheit macht sich nur die Trägheit der saturierten Schichten Luft. Die sind mit dem erreichten Fortschritt so zufrieden, daß sie glauben, ihn insgesamt verwerfen zu können. Sie beschwören zwar die Zukunft der kommenden Generationen, nehmen ihnen aber zugleich die Chancen, die nur eine zukunftsoffene Gesellschaft bieten kann. Der Konservativismus in der Biopolitik ist damit nicht mehr als eine neue Variante des Paternalismus, mit dem eine ängstlich gewordene Gegenwart versucht, ihre Zukunft auf die Dimension ihrer eigenen Vergangenheit zu reduzieren. So gesehen leidet die moderne Zivilisation noch immer unter dem „historischen Fieber", von dem sie Nietzsche befreien wollte. [18]

11. Mensch ist, wer vom Menschen geboren wird

Erst durch die Konstruktion absurder Beispiele ist in Zweifel gezogen worden, daß der Mensch während der ganzen Zeit seines menschlichen Daseins als Mensch angesehen werden muß. Gewiß: Der Mensch findet seine Definition nicht auf der Skala einer vorgegebenen Biologie. Er hat selbst zu sagen, als wer oder was er sich versteht. Dabei sucht er seit Jahrtausenden Kriterien zu nennen, die ihn von den Tieren einerseits und von den Göttern andererseits unterscheiden. Die Kriterien haben die Philosophen in die Formel vom *zoon logon echon*, lateinisch: *animal rationale* gebracht. Die Übersetzung dafür habe ich schon angeführt und ausgelegt: Der Mensch versteht sich als das *Tier, das seine eigenen Gründe* hat. [19]

Ob damit tatsächlich seine wesentlichen Eigenschaften erfaßt sind, wird immer neu zu diskutieren sein. Aber es kann nach den ersten 2500 Jahren dokumentierter Diskussion nicht strittig sein, daß die Kriterien sich auf *jeden* Menschen – unabhängig von seiner individuellen Ausstattung und seiner momentanen Lage – beziehen. Also können wir jene Versuche als abwegig übergehen, die das Kriterium des Menschen an aktuell ausgeübte Fähigkeiten des Sprechens und Denkens binden. Mensch ist jeder, der vom Menschen geboren ist.

Auch das ist nicht mehr als eine ausdrückliche Aufnahme einer alltäglichen Unterstellung: Wenn wir das Selbstverständnis des Menschen begrifflich analysieren, zeigt sich, daß schon der unscheinbare Selbstbezug eines „Ich" nur auf der Grundlage eines angenommenen „Wir" gelingt. Dieses „Wir" aber schließt im Prinzip jeden ein, mit dem man verständig sprechen kann. Nun kann sich der Mensch zwar vorstellen, daß auch Steine, Bäume und Tiere sprechen; im Gebet berät er sich mit Engeln und mit Gott. Unter den realen Bedingungen des gesellschaftlichen Lebens aber kommt nur ein einziges Wesen vor, daß diese Sprachfähigkeit auch tatsächlich besitzt: Und das ist genau das Wesen, das von Menschen geboren und erzogen wird, also der Mensch. Die Selbstreferenz eines Individuums, das „Ich" sagen kann, ist somit über das notwendig unterstellte „Wir" direkt auf die naturhistorische Bedingung der Gattung des Menschen bezogen. Die leibhaftige Verbindung, in der jeder Mensch als Kind von Kindeskindern in der Generationenkette steht, wird somit durch ein intelligibles Kriterium ergänzt, das in seinen Sprachgebrauch eingebettet ist: So ist jedes menschliche Individuum mit Leib *und* Seele notwendiger Teil einer natürlichen Population, die in jedem ihrer Exemplare Geschichte macht.

Daraus folgt, daß kein selbstbewußter Sprecher umhin kann, seine Zugehörigkeit zur menschlichen Gattung abzustreiten. Die Gattungszugehörigkeit ist Teil unseres Selbstverständnisses, das von der schier unendlichen Wiederholung von Zeugung, Geburt und Tod nicht abzutrennen ist. Zur Gattung gehören aber nicht etwa schon die Samen oder Eier eines Lebewesens, sondern stets nur die geschlüpften, geworfenen oder geborenen Individuen. Niemand käme auf die Idee, bei einer Zählung der Fischbestände auch schon den Laich oder beim Verkauf von Hühnern bereits das Gelege mitzuzählen. [20] Auch bei einer politisch veranlaßten Volkszählung werden nur die geborenen Mitglieder der Gemeinschaft erfaßt. [21]

12. Die Schizophrenie des öffentlichen Bewußtseins

Viele zögern, das Kriterium der Geburt als Existenzbedingung des Menschen anzuerkennen, weil sie befürchten, damit werde der Embryo der Willkür seiner Eltern oder den Forschungsinteressen der Medizin rechtlos ausgeliefert. Von einer solchen Rechtlosigkeit aber kann keine Rede sein. Sie drohte nur dann, wenn es gar keine anderen Rechte als die Grundrechte gäbe. Doch das ist eine geradezu absurde Annahme; von Grundrechten ist erst seit zweihundertfünfzig Jahren die Rede; auf das Recht gründen sich die Gesellschaften hingegen schon seit Jahrtausenden, und es soll alles Mögliche bewahren und schützen, vornehmlich natürlich das Eigentum, die gegebenen Versprechen oder die geschlossenen Verträge; es kann sich auf das Nächste wie auch auf das Entfernteste beziehen und dient in allem der Sicherung der menschlichen Interessen.

Wenn nun der Mensch ein Interesse daran hat, den Embryo, in welchem Stadium auch immer, vor Willkür und fremdem Einfluß zu schützen, dann ist es, rein rechtlich gesehen, gänzlich problemlos, eben *den* Schutz zu erwirken, der als richtig und sinnvoll erachtet wird. Dazu bedarf es in einer Demokratie nicht mehr und nicht weniger als guter Gründe und einer parlamentarischen Mehrheit. Sie könnte sich, wenn sie nur auf die natürlichen und geschichtlichen Tatsachen achtet, leicht davon überzeugen lassen, daß ihr am Nachwuchs neuer Generationen gelegen sein muß und daß sie deshalb einen sorgsamen Umgang mit dem werdenden menschlichen Leben, also auch schon mit den Keimzellen, verbindlich zu machen hat; sie könnte die Ansicht vertreten, daß eine befruchtete Eizelle mit der Einnistung in den Uterus vom mütterlichen Organismus so weit anerkannt ist, daß eine Abtreibung nicht ohne Beratung stattfinden darf; sie könnte schließlich auch die Auffassung vertreten, ein Embryo sei nach dem dritten Monat dem Zustand eines Menschen schon so nahe, daß er nur im Fall schwerer medizinischer Bedenken geopfert werden darf. Ein solches Opfer wäre dann, anders als heute, ohne Grundrechtsverletzung möglich. So ließe sich die unerträgliche Rede vom „Kompromiß" zwischen dem Grundrecht der Mutter und dem des Embryos vermeiden [22], und gleichwohl könnte der Schutz des werdenden Lebens wirksamer sein.

Das Problem der Berufung auf ein Grundrecht ist, daß es eher eine moralische als eine positiv-rechtliche Bedeutung hat. Man spricht, wie schon die Rede von der „straffreien Rechtswidrigkeit" erkennen läßt, primär das Gewissen an und erlaubt dem Staat, untätig zu bleiben. Ist es das, was man will? Könnte es sein, daß der Grundrechtsschutz deshalb bevorzugt wird, weil er zwar von hohem moralischen Symbolwert, aber faktisch unwirksam ist? Liegt hier erneut der historisch vertraute politische Mißbrauch moralischer Prinzipien vor, der es leicht macht, öffentlich Wasser zu predigen, weil der private Wein straffrei getrunken werden kann? [23]

Ich kann die Fragen nicht beantworten: Tatsache ist nur, daß in der Grundrechtsgarantie *kein* wirksamer Rechtsschutz für den Embryo liegt. Die sogenannte „Spätabtreibung", die im Effekt eine extrauterine Tötung eines Frühgeborenen darstellt, ist nicht verboten; sie kann nach höchstrichterlicher Rechtsprechung sogar geboten sein, um Schadensersatzansprüche abzuwehren – und dies sogar in Fällen, in denen das Leben der Mutter nicht gefährdet ist.

Es kann in Deutschland also gar keine Rede davon sein, daß Leben und Würde des Embryos derzeit nachhaltig geschützt sind. Gleichwohl wird in den Kolumnen der Feuilletons und in den Sonntagsreden unserer Politiker so getan, als sei ihnen der Schutz des ungeborenen Lebens heilig. Daß der schizophrene Umgang mit dem Recht in der Bundesrepublik dennoch geduldet wird, hat seinen Grund vermutlich in der Tatsache, daß niemand wirklich von der vollen Rechtsfähigkeit der Embryonen überzeugt ist. Solange die Bürger von sich aus tun dürfen, was ihnen richtig erscheint, fühlen sich viele wohler, wenn der Staat allen anderen alles verbietet, was sein Vorgänger zwischen 1933 und 1945 zugelassen hat. Deshalb beharren sowohl die klerikal-konservativen wie die grün-alternativen wie auch die links-intellektuellen Kommentatoren in ihrem öffentlichen Urteil so bereitwillig auf der vom Verfassungsgericht übernommenen katholischen Position. Sie folgen einer irrealen Annahme, die den einen die Beruhigung gibt, sie hätten, durch Gehorsam gegenüber einem kirchlichen Diktat, ihrem Gott einen Dienst getan, und die andere glauben läßt, sie hätten einen Pflock gegen die Wiederkehr der menschenverachtenden Experimente der Nazis eingerammt.

Im Interesse dieser teils religiösen, teils politischen Selbstberuhigung legt man – gegen jede wissenschaftliche und philosophische Vernunft – den Beginn des individuellen menschlichen Lebens auf die Anlagerung der haploiden Chromosomensätze noch *vor* der ersten Zellteilung der Zygote fest und behauptet, anders sei der Embryo gar nicht zu schützen.

13. Der Primat der Schwangeren

Wem es wirklich um den Schutz des ungeborenen Lebens geht, der kann sowohl den Embryo als auch die Schwangerschaft als ein Rechtsgut begreifen, das durch das Bedürfnis der Schwangeren, durch den gemeinsamen Wunsch des elterlichen Paares, durch den therapeutischen Anspruch der Medizin wie auch durch die Interessen der Gesellschaft so eminent ausgezeichnet ist, daß ihm ein hoher und weitreichender Schutz garantiert wird.

Wir beobachten in den allermeisten Fällen, daß sich Paare und ihre Familien über die Schwangerschaft freuen und daß deren günstiger Ausgang in einem weiten gesellschaftlichen Umfeld mit Anteilnahme erwartet wird. Wenn kein Unglücksfall vorliegt, ist die ganze Sorge einer Schwangeren auf das werdende Leben gerichtet. Den Schutz, den sie für ihre Leibesfrucht wünscht und den sie braucht, muß ihr die Gesellschaft gewähren. Deshalb untersteht der Embryo eben der medizinischen und sozialen Sorge, die eine Schwangere in ihrer besonderen Lage objektiv und subjektiv benötigt. Embryonenschutz fällt somit unter den Mutterschutz und ist rechtlich Teil der Garantien, die eine politische Gemeinschaft der Familie zu gewähren hat.

Wer auch nur flüchtig wahrnimmt, wie ein Menschenleben unter den bis heute üblichen Bedingungen heranwächst, der muß es schon als eine unerträgliche Abstraktion begreifen, den Embryo primär als ein für sich bestehendes Wesen aufgefaßt zu sehen, so als existiere er unabhängig von der Schwangeren, die ihn allererst auszutragen hat. Die Debatte über den Status des Embryos betrachtet ihn immer schon als potentielle Frühgeburt. Darin liegt eine bedenkliche Mißachtung der Schwangeren und ihrer Schwangerschaft. Der Positivismus der Festlegung des individuellen Lebensbeginns auf den chemischen Akt der Chromosomenanlagerung wird durch den Technizismus der Auffassung der Schwangerschaft als eines bloßen Modus der Austragung eines anderen Lebens überboten. Da liegt es tatsächlich nahe, den Hinweis auf die besondere Beziehung zwischen der werdenden Mutter und ihrer Leibesfrucht mit dem Verweis auf den (angeblich technisch möglichen) künstlichen Uterus zu konterkarieren. [24]

Wollen wir die Positivismen und die Technizismen vermeiden, haben wir den Embryo primär als einen organischen Teil der Schwangeren zu betrachten. In seiner individuellen Einbindung gehört er dem sozialen und kulturellen Ganzen zu, in dem er mit der Geburt ausdrücklich empfangen wird. Und auf diesen mit der Geburt erreichten Zustand müssen die rechtlichen Schutzvorschriften für den Embryo bezogen sein – woraus folgt, daß dem Willen der Schwangeren oder dem Willen des Paares der Primat gebührt. [25]

14. Selbstbestimmung in der Schwangerschaft

Leider ist es so, daß nicht jedes Kind freudig erwartet wird. Schwangere haben unter Umständen gravierende Gründe, ihren Zustand als unerwünscht anzusehen und damit das in ihnen heranreifende Kind nicht zu wollen.

Dies hat man als einen bedauerlichen Tatbestand anzusehen, und es wird keine noch so mächtige Kirche, keinen noch so perfekten Überwachungsstaat geben, der daran etwas ändern könnte. Natürlich kann man den Traum eines Gemeinwesens träumen, in dem nur Wunschkinder geboren werden. Und wenn sie nicht schon von der Zeugung an von liebenden Paaren herbeigewünscht werden, dann sollte wenigstens die Schwangerschaft die Vorfreude auf das Kind mit sich bringen. Aber solange es Vergewaltigung, arglistige Verführung, soziale Notlagen oder schwere gesundheitliche Gefährdungen gibt, wird man froh sein, daß der Abort heute wenigstens ohne größere medizinische Risiken ist. Psychisch bleibt er in jedem Fall eine schwere Belastung. Also wird man sich in jedem einzelnen Fall um Hilfe bemühen; die wiederum kann man auch durch allgemeine politische Maßnahmen zu verbessern suchen. Aber beseitigen können wird man den Zustand vorerst nicht.

Solange dies so ist, schließt die Selbstbestimmung eines Paares (notfalls auch der Schwangeren allein) die Verfügung über eine mögliche Abtreibung des Embryos ein. Der Status des Embryos spielt bei einer solchen Entscheidung zunächst nur in medizinischer Hinsicht eine Rolle. Der Arzt wird der Schwangeren vor Augen führen, welche Probleme mit der Abtreibung verbunden sind. Zugleich aber ist der Embryo immer auch das werdende Kind. Damit ist er nicht nur über die Zeugung und deren biographisches Gewicht mit der Schwangeren verbunden. Er gehört – und zwar mit jedem Tag der Schwangerschaft um so mehr – bereits dem Leben der werdenden Mutter zu. Auch als Fötus, erst recht als *nasciturus* – also als geburtsfähiger Embryo – ist er ein Bestandteil ihrer Lebensperspektive.

Darin liegt der Wert des Embryos, der moralisch und rechtlich zu gewichten ist. Allerdings wird man ihn erst dann gegen den entschiedenen Willen der Mutter behaupten und durchsetzen können, wenn er schon eine unabhängig von ihr bestehende Lebenschance besitzt. Das ist von dem Augenblick an der Fall, wo der Fötus außerhalb ihres Leibes existieren könnte. Also hat der Embryo von dem Augenblick an einen dem geborenen Menschen analogen moralischen und rechtlichen Status, in dem er als Frühgeburt überleben kann. Es ist nicht zuletzt dieser Grund, der die Spätabtreibungen zu einer skandalösen Tatsache macht.

Wer die Ansicht vertritt, dem Embryo komme bereits ein uneingeschränkter Schutz von Leben und Würde zu, und nicht zugleich das Verbot der Pille „danach" und anderer Nidationshemmer fordert, ist moralisch in einer prekären Lage. Wer aber auch nur einen Versuch macht, die Spätabtreibungen als legitime Folge jener „Kompromisse" zu verteidigen, die angeblich zwischen dem Leben der Mutter und dem gleichberechtigten Leben des Kindes zu finden sind, der verliert angesichts der realen gesellschaftlichen Lage jede Glaubwürdigkeit. [26]

Die Risiken der Schwangerschaft nehmen bekanntlich mit ihrer Dauer zu. Zugleich erhöht sich die Bindung an das werdende Kind. Mit der zehnten Woche tritt die menschliche Gestalt des Embryos immer stärker hervor. Die emotionale Bindung der werdenden Mutter an den heranwachsenden Menschen wächst. Auf die auch daraus resultierenden Risiken für einen Abort muß die Schwangere aufmerksam gemacht werden. Das kann in einer sozialen Beratung geschehen – dies um so mehr, als eine Gesellschaft ein legitimes Interesse am Nachwachsen weiterer Generationen hat. Deshalb ist die Schwangerschaftsberatung ein willkommenes Mittel der Aufklärung, das der Schwangeren helfen kann.

Für diesen Zweck braucht man jedoch keine zusätzlichen Annahmen über einen intrinsischen moralischen Wert des Embryos. Es genügt, daß er das werdende Kind dieser werdenden Mutter ist, daß er auf Liebe und Zuwendung schon in der Schwangerschaft rechnen können sollte und daß die Gesellschaft ihr berechtigtes Interesse an einem wohlversorgten Nachwuchs rechtlich sichert. Dieses Interesse hat freilich seine Grenze im Selbstbestimmungsrecht der schwangeren Frau.

15. Der vormoralische Status des menschlichen Embryos

Die weitgehend undiskutierte Einführung der *In-vitro-Fertilisation* vor etwa fünfundzwanzig Jahren hat uns in die problematische Lage gebracht, über im Labor erzeugte Embryonen entscheiden zu müssen. Hier ist eine vom Körper der möglichen Mutter getrennte Entität, die, so scheint es, eine gesonderte rechtliche und moralische Bewertung erfordert.

In der Tat: In der Petrischale fehlt die physiologische Unmittelbarkeit. Das mag einen affektiven Unterschied bedeuten. Die Gefahr einer abstrakten Verfügung über den Embryo wächst. Es droht eine Entfremdung, die der natürlichen Zeugung zutiefst widerspricht. Gleichwohl gehören derzeit alle befruchteten Einzellen im Labor zu einem identifizierbaren Paar, das sich ein Kind wünscht. Und offenbar ist hier ein besonders ausgeprägter Kinderwunsch gegeben. Der gibt der Eizelle einen großen Wert, der überdies mit beachtlichen Leiden erkauft ist. [27] Mit der Zelle irgend etwas zu tun, das dem Willen der potentiellen Eltern entgegensteht, wäre eine Verletzung ihrer Selbstbestimmung, die durch das Prinzip der sogenannten „Fortpflanzungfreiheit" in Deutschland sogar grundrechtlichen Schutz genießt.

Also bedarf es keiner Ableitung einer exklusiven moralischen Qualität des Embryos. Der elterliche Wille gilt, solange er nichts verfügt, was gegen die guten Sitten verstößt. Zu den Verstößen ist alles zu rechnen, was auf einen Handel mit dem organischen Material oder auf fragwürdige Experimente hinausliefe. Es genügt der Grundsatz, daß die Eltern nichts über das mögliche Kind verfügen dürfen, was sie nicht auch ihren geborenen Kindern zumuten könnten. Man braucht also nur konsequent davon auszugehen, daß die im Labor erzeugte Eizelle als etwas betrachtet wird, aus dem ein Mensch hervorgehen kann, um strafrechtliche Schutzbestimmungen gegen einen Mißbrauch zu erlassen. Die Eizelle ist noch kein menschliches Wesen (*human being*), aber sie gehört in einem eminenten Sinn zum menschlichen Leben (*human life*).

Dieser eminente Sinn wird vornehmlich durch den Kinderwunsch der Eltern und durch das Interesse der Gesellschaft konstituiert; aber er wäre nicht möglich, wenn er sich nicht auf eine organische Einheit bezöge, aus der unter günstigen Bedingungen (in einer durchschnittlichen Zeit von neun Monaten) ein Mensch werden könnte. Mit anderen Materialien menschlichen Lebens, wie etwa bei Haaren, Speicheltropfen oder Fingernägeln, ist ein solcher Effekt nicht zu erzielen; bei zentralen Organen wie bei Herz oder Hirn ist das schon anders; hier liegt die Eminenz in der Funktion für die Lebensfähigkeit des Körpers; hier könnten wir einen Vergleich mit dem Embryo schon eher akzeptieren, weil uns am Leben eines Menschen liegt. Doch der Embryo hat seinen herausgehobenen Status nicht durch seine aktuelle physiologische Funktion, nicht durch die *Gegenwart* seiner Leistung, sondern allein durch die *Zukunft*, die vor ihm liegt. Diese Zukunft hat er darin, daß er ein Mensch werden kann.

Es kann also gar nicht in Zweifel stehen, daß dem Embryo allein durch seine biologischen Eigenschaften ein besonderer Status zugesprochen werden muß. Wir bewerten ihn höher als den einer Träne, einer Nervenzelle oder eines Tropfen Blutes. Doch zu seiner Auszeichnung vor dem Status anderer organischer Stoffe kommt es allein durch die Erwartung der Menschen. Die entdecken im frühen Stadium der embryonalen Entwicklung den Keim zu einem neuen menschlichen Individuum; im fortgeschrittenen Stadium treten mit ihnen die Konturen von ihresgleichen hervor. Dem so (als unseresgleichen ziemlich nahe) erkannten Embryo läßt sich folglich auch die Achtung entgegenbringen, die ein geborener Mensch von seinesgleichen verlangt. So wirken an seiner Auszeichnung nicht nur natürliche, sondern auch gesellschaftliche und moralische Faktoren mit.

Im Embryo ehrt der Mensch die Vorform seiner selbst. Darauf hat man schwangere Frauen und werdende Eltern, aber auch Ärzte und Forscher aufmerksam zu machen, wenn sie im werdenden menschlichen Leben entweder nur eine Last oder nur einen Untersuchungsgegenstand zu sehen geneigt sind. Wenn sie selbst auf eine personale Würde Anspruch erheben und bereit sind, sie auch ihresgleichen zuzugestehen, können sie nicht bestreiten, daß der Embryo daran seinen Anteil hat, je näher er in seiner Entwicklung dem geborenen Menschen ist. Also kann man von einem vormoralischen Status des Embryos sprechen, der völlig ausreicht, um daraus starke Schutzrechte zu entwickeln.

16. Das Kontinuitätsargument

Der Mensch wird Mensch durch seine Geburt. Von da an kommt ihm die angeborene Freiheit zu, die seine angeborenen Rechte begründet. Darin ist er Person und allen anderen Menschen gleich. Jedermann hat ihn als Person zu respektieren; in nichts anderem liegt die angeborene Würde des Individuums unmittelbar nach seiner Geburt, selbst dann, wenn es die ersten Wochen seines Lebens im Brutkasten verbringt.

Diese hochkultivierte Selbstauszeichnung des Menschen geht von natürlichen Tatsachen aus und bleibt in allem auf Naturgegebenheiten, wie zum Beispiel auf die Lebendigkeit oder die körperliche Einheit des Menschen bezogen. In ihrer gewohnten Form ist sie auch auf die üblichen Lebensgrenzen bezogen. Die „ersten Wochen" eines Menschen sind die nach seiner Geburt und die „letzten Wochen" sind die vor seinem Tod. Man versuche nur einmal, die normale Sprache vom gewohnten Geburtstag auf den „Zeugungstag" [28] umzustellen, um zu gewahren, in welcher tiefen kulturellen Spur wir uns mit der These von der konstitutiven Natalität des Menschen befinden.

Der geborene Mensch bleibt auch das Maß für jene Theorien, die davon ausgehen, daß ein Individuum schon mit dem Augenblick der Kernverschmelzung ins Dasein gelangt. Alle derzeit diskutierten Modelle zur Begründung eines eigenen moralischen Status des Embryos gehen vom geborenen Menschen aus und leiten die Schutzwürdigkeit des Embryos aus der körperlichen Verbindung zum geborenen Menschen her. Dabei werden im wesentlichen drei Hilfskonstruktionen in Anschlag gebracht: Das *Kontinuitäts-*, das *Identitäts-* und das *Potentialitätsargument.* Sie werden abschließend vorgestellt und als interessant, aber unzulänglich erwiesen. [29]

Der Embryo, so wird gesagt, durchlaufe eine *stufenlose Entwicklung* von der befruchteten Einzelle bis zum neugeborenen Menschen. Es gebe keinen erkennbaren Stillstand, keine Phase dramatischer Beschleunigung, keine Verpuppung, keine Häutung, sondern im durchschnittlichen Zeitraum von 36 Wochen sei durchweg ein kontinuierlicher Prozeß des qualitativen und quantitativen Wachstums zu beobachten. Deshalb, so legt das Argument nahe, verbiete es sich, eindeutig evolutive oder temporale Einschnitte zu markieren. Also könnten keine Bewertungsunterschiede im Gang der Schwangerschaft gemacht werden. Dem Embryo im Ein-, Zwei- oder Achtzellstadium solle daher die gleiche moralische Dignität zukommen wie dem Fötus im dritten oder siebten Monat. Der moralphilosophische Schluß aus der Kontinuitätsthese lautet daher, der Embryo sei in allen Phasen seiner Entwicklung vom geborenen Zustand gleich weit entfernt.

Diese These kann nur überzeugen, wenn man die Entwicklung des Embryos selbst aus großer, gleichsam metaphysischer Entfernung sieht. Für den aus der Nähe beobachtenden Arzt ergibt sich zumindest mit der Einnistung des Eis in die Schleimhaut des Uterus eine bemerkenswerte und über alles Folgende entscheidende Veränderung: Der Keim, der sich bis dahin ohne äußere Stoffzufuhr in sich geteilt und entwickelt hat, wird fest im mütterlichen Organismus verankert, um im Inneren eines anderen Körpers von außen versorgt zu werden. Der Embryo geht eine Verbindung ein, ohne die er sich nicht weiterentwickeln kann und die erst mit dem Schnitt durch die Nabelschnur gelöst wird. Man braucht lediglich zu wissen, wie sehr es in der assistierten Reproduktion darauf ankommt, daß der künstlich erzeugte Keim die Transplantation in den mütterlichen Organismus übersteht, und schon wird die Rede von der Kontinuität zu einer abstrakten These, die man im Prinzip zwar nicht bestreiten kann, die aber für die reale Entwicklung des Embryos bedeutungslos ist.

Wer sich einen Blick für die konkrete Entwicklung des menschlichen Embryos bewahrt, wird aber auch für die Phasen *nach* der Nidation nicht von einer einfachen Kontinuität sprechen wollen: Die Ausbildung der ersten Nervenstränge, die Bildung des Blutkreislaufs mit dem sichtbar schlagenden Herzen, die meßbare Empfindungsfähigkeit oder die ersten Eigenbewegungen sind Anzeichen staunenswerter Entwicklungsschritte, die nicht nur biologisch bedeutsam sind, sondern auch angetan sind, die affektive Beziehung zum Embryo zu verändern. [30] Schließlich wird man den Zeitpunkt, zu dem der Embryo nach einer Frühgeburt lebensfähig wäre, als eine bedeutende Etappe in seiner Entwicklung ansehen müssen, obgleich sich natürlich der Übergang in nahtlosem Anschluß an alles vorige einstellt. Alles Leben vollzieht sich stets in kontinuierlichem Werden; gleichwohl treffen wir eindeutige Unterscheidungen mit praktisch verbindlichen Folgen. Ich erinnere nur an die Festlegung der Volljährigkeit. Natürlich gibt es hier eine Kontinuität mit kaum merklichen Veränderungen, und trotzdem gilt der 18. oder der 21. Geburtstag.

Schon von der Zeugung oder von der Verschmelzung zweier Zellen ließe sich zeigen, daß selbst hier eine Kondition des Lebens übergangslos in eine andere greift. Strenggenommen stehen wir von Adam und Eva an in einer ununterbrochenen Abfolge des Lebens. Trotzdem sehen wir die Entstehung eines jeden neuen Individuums als ein eigenständiges Ereignis im kontinuierlichen Lauf durch die menschliche Keimbahn. Die jeweilige Existenz der Individuen macht den Unterschied. Dabei spielen Kriterien der Sichtbarkeit und der selbständigen Beweglichkeit eine entscheidende Rolle. Die phänomenale Eigenständigkeit eines Organismus ist die Bedingung der Wahrnehmung überhaupt. Nur was sich selbst bewegt, nimmt etwas als etwas anderes zur Kenntnis. Aber erst auf dem Niveau der menschlichen Erkenntnis wird die kategoriale Differenzierung zwischen anderen Dingen, anderen Lebewesen und anderen Menschen möglich. Dabei liegt in allen Fällen eine Angleichung an die Selbstwahrnehmung eines selbstbewußten Individuums vor. Denn jeder Mensch kann sich selbst als dinglichen Körper oder als belebte Einheit begreifen. Aber nur, sofern er *sich selbst* auch als sich selbst bestimmendes Wesen begreift, kann er seinesgleichen nach Analogie seiner eigenen Selbständigkeit verstehen. Dazu muß er den Anderen als eigenständigen anderen erfahren. Also ist es die Diskontinuität seiner Selbstwahrnehmung zwischen sich und einem anderen, die es ihm erlaubt, über den fundamentalen Unterschied zwischen sich und allem anderen hinweg, in einigen der anderen Wesen *seinesgleichen* zu erkennen.

Um es deutlich zu sagen: Dieses Ineinander von Erkenntnis und Anerkennung ist an die Eigenständigkeit der Selbstbewegung auf beiden Seiten gebunden, und es setzt im Erkennenden die aktuelle, im Erkannten und Anerkannten die potentielle Selbstbestimmung voraus. Also muß ein menschliches Lebewesen, ehe ihm die personale Würde zugesprochen werden kann, allererst zu seiner Form als *eigenständig existierendes Individuum* gefunden haben. Eben dazu kommt es durch den Akt der Geburt, ganz gleich ob er natürlich erfolgt, ob er künstlich eingeleitet wird oder in einem operativen Eingriff besteht. Am Ende steht in jedem Fall die Durchtrennung der Nabelschnur. Dieser Schnitt realisiert und symbolisiert die Diskontinuität, in der das neugeborene Wesen zu seinen ersten Entwicklungsphasen als Ei- und Samenzelle und als Embryo steht.

Daraus resultiert die Evidenz der Geburt, die natürlich durch ein hohes Maß an Kontinuität zwischen Embryo und Neugeborenem gekennzeichnet ist, aber durch die definitive Trennung vom mütterlichen Organismus eine irreversible Eigenständigkeit des Individuums erzwingt. Wenn man trotz der gegebenen Kontinuität die markanten Entwicklungsschritte der Zeugung, Zellverschmelzung oder Geburt im Werden eines Individuums anerkennt, kann man auch die weniger auffälligen Entwicklungsschritte des Embryos spätestens vom dritten Monat an zur Begründung rechtlicher Unterscheidungen heranziehen, um einen gestuften Schutz des werdenden Lebens verbindlich zu machen. Der aber läßt sich nur dann widerspruchsfrei begründen, wenn der Embryo in keiner seiner Entwicklungsphasen als Person begriffen wird. Ist er Person, kann sein Dasein nur im Fall einer akuten Lebensgefahr für die Schwangere aufgegeben werden – und auch dies erst in konkreter Abwägung der Lebenschancen eines unverbrauchten jungen Lebens gegen eine bereits durch Krankheit geschwächte Existenz.

Trotz der Kontinuität des Lebens, so lautet das Fazit, lassen sich auch in der Entwicklung des Embryos mehrere Phasen unterscheiden, deren funktionale Bedeutung für das entstehende menschliche Individuum ebenso deutlich ist wie ihre emotionale Rückwirkung auf jene, die davon etwas erfahren – insbesondere natürlich für die Mutter. Nur eine Moral, die sich für das reale Werden des Menschen nicht interessiert, kann über die Entwicklungsstufen des Embryos hinwegsehen. Und nur eine Philosophie, die über die Bedingungen der Wahrnehmung individueller Eigenständigkeit keine Rechenschaft gibt, kann die essentielle Bedeutung der Geburt für die Personaliät des Menschen in Abrede stellen.

Gänzlich unverständlich wird das Kontinuitätsargument im Fall einer extrakorporalen Befruchtung: Zwischen einer Blastozyste im Reagenzglas (*in vitro*) und einer im mütterlichen Körper (*in vivo*) besteht ein Unterschied, wie er größer im Leben nicht sein könnte.

17. Das Identitätsargument

Der Embryo, so wird gesagt, bleibe in den Wochen und Monaten seiner Entwicklung von der befruchteten Eizelle bis zur Geburt *ein und dasselbe Wesen*. Er sei in allen Phasen dieselbe Entität.

Wer die geistes- und kulturwissenschaftliche Debatte der letzten fünfundzwanzig Jahre verfolgt hat, hätte es nicht für möglich gehalten, daß ein solches Argument überhaupt noch einmal eine öffentliche Rolle spielen könne. Denn bis vor wenigen Jahren hörte man unablässig, daß es Identität beim Menschen gar nicht gebe. Der Mensch habe keine Substanz, die sich *gleich* bleibe, er sei kein *Subjekt*, dem man einen unveränderlichen Wesenskern zuschreiben könne. Vielmehr bewege sich der Mensch in *Kontexten*, wandle sich mit ihnen, habe allenfalls an ihren Rändern eine ephemere Beständigkeit und sei im übrigen nur das, was er von sich erzähle.

Ich bin überzeugt, daß dies auch heute noch vorherrschender Lehrstoff in den Proseminaren der progressiven Kulturwissenschaften ist. Ausgehend davon, daß sich nicht nur die organische Zusammensetzung des Menschen in vergleichsweise kurzen Abständen ändert, daß sein Denken und Handeln von geschichtlichen Faktoren abhängig ist, daß sich seine Einstellungen und Erwartungen mit den gesellschaftlichen Chancen wandeln, wird behauptet, daß von einer ethisch-moralischen Konstanz des Individuums nicht die Rede sein könne. Selbst die biographische Identität eines Menschen sei eine literarische Konstruktion, die sich nur als ephemere Spur im Medium der Erzählung einstelle. Auf dem Höhepunkt dieses heraklitäischen Fiebers der Postmoderne wurde in einer philosophischen Habilitationsschrift vorgeschlagen, statt von „Substanz" nunmehr von „Fluktuanz" zu sprechen. [31]

Wohlgemerkt: Das galt für den Menschen in seiner gereiften Verfassung, von einem Wesen, von dem man immer wieder hofft, daß es *Charakter* habe. Und nun soll plötzlich schon der Embryo die *substantielle Einheit* haben, die es ermöglicht, ihm über alle phantastischen Veränderungen seiner Entwicklungszustände hinweg eine eindeutige, rechtsverbindliche *Identität* zuzusprechen! Das ist einer jener Bocksprünge öffentlicher Debatten, die man noch am ehesten begreift, wenn man zehn Jahrgänge der Tagesschau im Zeitraffer passieren läßt. Der Zeitgeist macht die Moden, und die Moden schaffen ihn. So hat auch die Willkür Methode, nach der ein Biologe, nur weil er an die kulturellen Bedingungen der menschlichen Existenz erinnert, ausgerechnet von denen, die kurz zuvor eben darin ihr wissenschaftliches Credo hatten, als industrieller Universalist gescholten wird. [32]

Doch lassen wir die Exaltationen des Zeitgeistes auf sich beruhen. Ich weise sie, wann immer ich mit ihnen in Berührung komme, entschieden zurück. [33] Deshalb wäre ich eigentlich ein idealer Kandidat für die Ausweitung des Identitätsarguments auf den Embryo. Doch das Argument, das im strikten Sinn nur für den Menschen als personales Wesen gelten kann, läßt sich nicht auf eine Entität übertragen, der bereits die Bedingung für die Ausbildung der Personalität, nämlich die organische Eigenständigkeit, fehlt. Man könnte das Argument bestenfalls für die Existenz des *Zellverbandes* gelten lassen, aus dem im Lauf der Schwangerschaft der *nasciturus* und schließlich das Neugeborene werden. Hier gibt es natürlich eine durchgängige Unverwechselbarkeit, die sich zum einen aus der *funktionalen Konsistenz* der organischen Verbindung und zum anderen aus dem in allen Zellen wirksamen *genetischen Programm* ergibt.

VOLKER GERHARDT

Doch selbst auf dieser moralisch unerheblichen Ebene der unselbständigen physiologischen Organisation verfehlt das Argument sein Ziel, weil aus einer befruchteten Eizelle bekanntlich auch Mehrlinge werden können. Man könnte das Argument also bestenfalls von jenem Augenblick an zur Geltung bringen, in dem definitiv entschieden ist, daß keine Verzweigung in Zwillinge oder Drillinge mehr stattfinden kann. [34] Das ist, wie uns die Ärzte sagen, stets erst kurz vor oder kurz nach der Nidation der Fall, trifft also auf keinen Fall auf die Zygote und die ersten Teilungsphasen der Blastozyste zu. Wer also die Entscheidung des Verfassungsgerichts stützen will, darf sich auf das Identitätsargument nicht berufen.

18. Das Potentialitätsargument

Auch über das Potentialitätsargument ließe sich so urteilen wie über seinen identitätstheoretischen Gehilfen. Daß in einem Zeitalter, das mit Vorliebe als „nach-" oder „postmetaphysisch" bezeichnet wird, eine der prominentesten Kategorien der antiken Metaphysik, nämlich der Begriff der Potenz, noch einmal Karriere machen würde, kann jemanden wie mich, der ohnehin von der Überlegenheit der klassischen Metaphysik überzeugt ist, nur freuen. Also hätte ich auch in diesem Fall einen guten Grund, das Potentialitätsargument zu favorisieren.

Tatsächlich zeigt sich, daß die Annahme einer Potenz selbst in einer Biologie unverzichtbar ist, die nur noch kausalmechanisch verfahren möchte. Denn jede Beschreibung eines lebendigen Vorgangs nimmt teleologische Argumente in Anspruch und unterstellt damit eine organische Dynamik und (mit ihr) evolutive Potenzen, die sich in jedem einzelnen Akt des Lebens realisieren.

Die Potenz hat aber nur dort einen Erklärungswert, wo es vorher wie nachher schon eine bestimmte Einheit gibt, deren Entwicklung es zu beschreiben gilt: Wenn man das Produkt schon im Blick hat, steckt in jedem Grashalm, den das Vogelpaar herbeischafft, die Potenz zum späteren Nest. Kennt man die Eltern (oder zumindest Vögel überhaupt), betrachtet man das Ei im Nest als potentiellen Jungvogel. Aber auch jeder Wurm, der zur Ernährung der geschlüpften Jungen herbeigeflogen wird, ist in der Potenz ein flügge werdendes Tier.

Nun wird niemand bestreiten, daß Grashalm, Ei und Wurm auf höchst verschiedene Weise auf den erwachsenen Vogel verweisen. Man brauchte nur alle drei in einen Brutkasten zu legen, um den Unterschied nach kurzer Zeit leibhaftig vor sich zu haben. Doch am Beispiel des Brutkastens tritt auch das Gemeinsame aller drei Potenzen hervor: Es bedarf in jedem Fall der zusätzlich von außen hinzutretenden Einflüsse, damit sich der erwartete Effekt ergibt. Es gibt keine vollkommen autonomen Zustände, die sich ohne Zusammenhang mit der Welt entwickeln. Alles bedarf der stützenden und fördernden Bedingungen. Oder anders: Nichts ist so angelegt, daß es nicht gestört werden könnte.

Also gibt es weder reine noch absolute Potenzen. Jede Potentialität entfaltet sich in Abhängigkeit von umgebenden Faktoren. Wo sie fehlen, kommt es nicht zum Akt, also zu der Realität, die wir in ihnen angelegt sehen. Damit ist gesagt, daß man einen Embryo durchaus als potentiellen Menschen bezeichnen kann, wenn man ihn an der Einheit mißt, die wir vorab in ihm erkennen.

Gehen wir vom geborenen Menschen aus, können wir den Embryo als dessen Vorform ansehen, die sich aus eigener Anlage auf die vorab unterstellte Entwicklungsform zubewegt. Das aber geschieht nicht allein aus der internen Dynamik des Embryos, sondern stets unter wesentlicher Beteiligung umgebender Bedingungen, die nicht nur durch die Mutter, sondern auch durch deren soziales, geschichtliches und politisches Umfeld bezeichnet sind. Viele glauben, daß auch kosmische Faktoren eine Rolle spielen, deshalb achten sie auf die Konstellation der Sterne zum Zeitpunkt der Geburt.

Sieht man beim Potentialitätsargument von den umgebenden Konditionen ab, macht man den gleichen Fehler, in den der lineare Kausalismus verfällt, wenn er aus der strengen Determination einzelner Naturprozesse auf den Determinismus der ganzen Natur zu schließen versucht. Tatsächlich aber umfaßt die Welt ein Pluriversum von sich wechselseitig durchkreuzenden Prozessen, die sich teils verstärken oder schwächen, teils aufheben oder sich nicht wirklich im Wege stehen. Nur eines darf man nicht glauben: Daß auch nur ein einziger Quantensprung in der Welt ohne Beziehung zu jedem möglichen anderen ist.

Gäbe es die strikte Kausalität in Verbindung mit der autonomen Potenz, würde aus jedem Embryo ein Mensch. Wie wir jedoch wissen, entsteht nur aus etwa zehn Prozent der befruchteten Eizellen ein lebensfähiges Wesen. Damit hält sich die Natur selbst nicht an ein strikt verstandenes Potentialitätsargument.

Gegen eine strikte Anwendung des Arguments spricht schließlich auch, daß wir immer schon eine Vorstellung von der dynamischen Einheit von Potenz und Akt haben müssen, um die unterstellte Verbindung zu erkennen. Mit Recht wird darauf hingewiesen, daß in jeder Keimzelle ein potentieller Mensch zu erkennen ist. Das Maß ist der geborene Mensch, von dem aus wir auf frühere Stadien seiner Entwicklung schließen. Aber so zwingend der Schluß auf die vorausgehenden Phasen seines Daseins ist, so unabweisbar ist die Tatsache, daß es keine notwendige Beziehung zwischen einem jetzt gegebenen Stadium und seinen späteren Folgen ist. Schon im nächsten Augenblick kann ein unerkannter Virus oder ein Treppensturz die besten Hoffnungen zunichte machen. Also fehlt dem Schluß vom Embryo auf den Neugeborenen die Notwendigkeit, die das Potentialitätsargument benötigte, um moralisch verbindlich zu sein. [35]

19. Der Wert der drei Argumente

Die drei erörterten Argumente sind Bestandteil der lebensweltlich wirksamen Plausibilität. Sie machen uns klar, daß der Embryo sich auf uns zubewegt, daß er, trotz seiner unendlichen langen Vorgeschichte in der Kausalgeschichte eines jeden Naturereignisses, dem einzelnen schon sehr, sehr nahe ist und daher unserer Aufmerksamkeit, Sorge und – so wie der Mensch nun einmal angelegt ist – der Liebe bedarf.

Wer aber versucht, auf diese Argumente einen strikten Beweis für die Personalität des Embryo zu gründen, wer auf diese Weise dartun will, daß schon die befruchtete Eizelle unter dem vollen Schutz der Grundrechte stehe, der bleibt auf der Strecke. Denn in allen Fällen, vor allem aber beim lebensweltlich besonders anschaulichen Potentialitätsargument, hat er so starke Zusatzannahmen zu machen, daß er sich am Ende einzugestehen hat, sein Beweisziel bereits vorab in die Prämissen investiert zu haben. Er schließt in allen Überlegungen vom geborenen Menschen auf dessen Keim zurück, um dann aus ihm das weitere abzuleiten. Wenn er nicht einfach einem naturalistischen Fehlschluß verfallen will, der die moralische Dignität aus dem chemischen Vorgang der Anlagerung von Chromosomen ableitet, wenn er also die Personalität des Menschen nicht einfach an ein Faktum der Natur binden will, hat er sich einzugestehen, daß seine Argumente keine Argumente, sondern nur suggestive Projektionen sind, mit deren Hilfe er sich selbst mit dem Keim identifiziert.

Gegen Projektionen dieser Art ist im Prinzip nichts einzuwenden. Wir brauchen sie bei jedem Umgang mit unseresgleichen, vor allem mit jenen, die ihre moralischen Ansprüche aktuell nicht selbst vertreten können. Auch die Einbeziehung des Neugeborenen in den Kreis der vernünftigen Wesen, als die wir uns Menschen betrachten, arbeitet mit Projektionen, die es uns erlauben, selbst über größte individuelle Unterschiede hinweg im anderen primär unseresgleichen zu sehen.

Deshalb gibt es auch kein logisch zwingendes Argument, das es grundsätzlich verbietet, schon den Embryo in seiner allerersten Form als unseresgleichen anzusehen. Ich habe das stets betont und wiederhole es an dieser Stelle gern. Wir können uns, wenn wir denn wollen, auf andere Formen der kulturellen Behandlung des ungeborenen Lebens verständigen. Nur müssen wir uns klar machen, daß diese unserer kulturellen Überlieferung widersprechende Übereinkunft einen hohen Preis verlangt. Denn wenn wir uns im Interesse der Sicherung unserer eigenen Lebensform (die wir mit Würde tragen wollen) verabreden wollten, von nun an nicht erst vom neugeborenen Menschen, sondern schon von der Zygote oder spätestens von der Nidation der Blastozyste auszugehen, hätte das enorme individuelle und exorbitante politische Kosten: Wir hätten das Leben eines Embryos unter allen Umständen und ohne jeden Kompromiß wie das eines geborenen Menschen zu achten.

Dann nämlich hätten wir ein striktes Verbot aller nach dem Koitus wirkenden Verhütungsmittel zu erlassen. Dann dürfte keine befruchtete Eizelle mehr eingefroren werden – auch nicht in dem fragwürdigen Zustand *vor* einer Kernverschmelzung, die es in der gesetzlich festgelegten Form überdies nicht gibt. Jeder Embryo hätte einen Anspruch auf einen Namen und auf einen würdigen Platz im Gedächtnis der Menschheit. Und Abtreibung wäre nur noch in jenen Fällen zulässig, in denen das Leben der Schwangeren akut gefährdet ist. Und was immer mit eine Zelle nach dem „Augenblick der Empfängnis" geschieht – sie hat einen Anspruch auf Bestattung, die ihrerseits eine Namensgebung verlangt.

Ich persönlich hätte nichts gegen kulturelle Innovationen dieser Art. Aber ich habe den Eindruck, daß weitaus die meisten Individuen, in welcher Kultur sie auch leben, zu dieser Konsequenz nicht bereit sein werden. Also müßten sie mit politischen Mitteln zur Anerkennung der Personalität des Embryos gezwungen werden. Dazu wäre ein politisches System mit inquisitorischen Vollmachten nötig. Das aber steht den liberalen Grundsätzen unserer Rechtsordnung entgegen. Also muß jede rechtliche Regelung, die heute allgemein verbindlich sein soll, von einer anderen Annahme ausgehen.

20. Drei Bemerkungen zum Schluß

Die genannte Annahme ist in so gut wie allen Kulturen der Welt längst als verbindlich anerkannt. Sie lautet: Der Mensch kommt mit seiner Geburt ins Leben und ist von da an als Mensch zu achten. Er hat eine angeborene Würde, sobald er als Person unter Personen wahrgenommen werden kann. Wem diese Garantie aus religiösen Überzeugungen oder unter dem Eindruck einer individuellen Erfahrung nicht reicht, der kann es selber anders halten. Jeder kann in seinem eigenen Tun den Schutz des individuellen Lebens vom Akt der Zeugung an für verbindlich halten. Aber angesichts der Intimität des Vorgangs, der verbreiteten gesellschaftlichen Praxis und der gegebenen Differenzen wäre es absurd, daraus eine Forderung an alle abzuleiten. Das war die *erste* Bemerkung.

Zweitens: Die strikte Verbindung zwischen uneingeschränkter Dignität und Geburt schließt den rechtlichen Schutz des Embryos in der Zeit der Schwangerschaft nicht aus. Denn nicht nur der Frau, die „in guter Hoffnung" ist, muß an der Zukunft des kommenden Kindes gelegen sein, sondern auch die Gesellschaft hat ein legitimes Interesse am werdenden Leben. Folglich müssen Vorkehrungen gegen den willkürlichen Umgang mit dem Embryo getroffen werden. Dazu geben die erkennbaren Entwicklungsschritte in der vorgeburtlichen Genese gute Anhaltspunkte. Es hat sich als vorteilhaft erwiesen, daß eine Beratung der Schwangeren stattfindet. Und die Dreimonatsfrist, die mit dem antiken und mittelalterlichen Kriterium der achtzig Tage nahezu identisch ist, hat sich medizinisch und politisch bewährt.

Drittens: Solange wir den Embryo auch moraltheoretisch nicht aus der engen Beziehung zu denen, die ihn gezeugt haben, entlassen, haben wir die besten Gründe, seinen unkontrollierten Gebrauch in der medizinischen Forschung abzuwehren. Nichts, was Eltern nicht wollen oder zumindest nicht ohne Selbstwiderspruch wollen können, darf geschehen. Überdies darf kein menschliches Wesen entstehen, das mehr oder weniger als die Erbanteile seiner beiden Eltern hat. Damit wäre auch ein striktes Verbot dessen ausgesprochen, was heute „reproduktives Klonen" heißt und was der *Council on Bioethics* des amerikanischen Präsidenten in Aufnahme einer besseren sprachlichen Tradition als „Klonen von Kindern" bezeichnet. Andererseits wäre es bei der im Augenblick besonders umstrittenen Präimplantationsdiagnostik eine unzumutbare Härte, wenn man in jenen Risikofällen, in denen der Verdacht auf eine schwere Erkrankung des erhofften Kindes besteht, die Diagnose so lange verschiebt, bis die Frau schwanger ist.

In der Schwangerschaft untersteht der Embryo vor allem dem Schutz der Mutter. Je mehr er die Gestalt und den Ausdruck des Menschen annimmt, kommen ihm eigene Schutzrechte zu, die notfalls auch gegen die Mutter verteidigt werden müssen. Sobald er aber in einem Zustand ist, in dem er als Frühgeburt und somit in organischer Selbständigkeit überleben kann, muß er als Mensch begriffen werden. Von da an hat er die „angeborene Freiheit", die seinen Selbstwert, seine Würde und seine unveräußerlichen Rechte begründet. Mit der Geburt und – so füge ich hinzu – mit der *Geburtsfähigkeit* hat er als Selbstzweck zu gelten, der alle moralischen Ansprüche begründet. Dann ist er Person.

Der Status des Embryos hängt somit auf das engste mit der moralischen Selbstschätzung des Menschen zusammen. Wenn wir vermeiden wollen, mit den Kriterien für die moralische Bewertung des Embryos der jeweils neuesten Entwicklung der Medizin hinterherzulaufen, brauchen wir Maßgaben, die dem alltäglichen Leben des Menschen möglichst nahe bleiben. Auch deshalb empfiehlt es sich, nicht bei einer imaginären „Kernverschmelzung", sondern bei der Geburt anzusetzen, die selbst bei Frühgeburten

VOLKER GERHARDT

ihre Eindeutigkeit behält. Mit Blick auf die Reproduktionsmedizin und die angeblichen Bemühungen um einen „künstlichen Uterus" empfiehlt es sich, nicht nur an den Begriffen von Vater und Mutter festzuhalten, sondern auch an deren Zuständigkeit. Doch wie immer Gesellschaften es mit der Elternschaft halten: Mit Blick auf sich selbst hat jeder Mensch mit allen moralischen und politischen Mitteln darauf zu dringen, daß nicht nur er selbst, sondern auch seinesgleichen als *Person* geachtet wird. *Person* aber ist jeder, der nach seinen eigenen Gründen handeln kann – und jeder, von dem wir diese Fähigkeit erwarten. Das aber ist ausnahmslos jeder Mensch – solange er lebt, also von der Geburt bis zum Tod. In seiner Lebenszeit hat seine angeborene Würde uneingeschränkt zu gelten.

Literatur

[1]   Es soll nicht verschwiegen werden, daß nicht wenige Teilnehmer an der kontroversen Debatte den Tatbestand des rechtlich-moralischen Widerspruchs als Zeichen einer lebendigen Demokratie zu deuten verstehen. Dabei wird es sogar für einen glücklichen Umstand gehalten, daß der in systematischer Perspektive unerträgliche Gegensatz zwischen „Rechtswidrigkeit" und „Straffreiheit" praktisch erhalten bleibt. Denn so könnten die einen das gute Gewissen haben, in einem Staat zu leben, der die Abtreibung strikt verbietet, und die anderen könnten die Abtreibung mit geringem Aufwand sanktionslos vornehmen lassen. – Ich weiß den Wert gegensätzlicher Meinungen sehr wohl zu schätzen, aber es ist ein Unterschied, ob die Bürger unterschiedliche Meinungen vertreten oder ob ein Staat es allen recht zu tun versucht, indem er die Meinung der einen zum Rechtsprinzip mit Verfassungsrang erhebt und die Ansicht der anderen praktisch fördert. So geschieht es in der Frage der Abtreibung, die grundsätzlich verboten ist, aber, sobald sie nur ernsthaft gewünscht wird, auf Krankenschein erhältlich ist. Hier kann nur eine Auffassung richtig sein. – Zum biopolitischen Dissens siehe: Kurt Bayertz, Dissens in Fragen von Leben und Tod: Können wir damit leben? In: Aus Politik und Zeitgeschehen. Beilage zur Wochenzeitschrift Das Parlament, 6/1999, 39-46.

[2]   Siehe dazu: Schöler u. a., Derivation of Oocytes from Mouse Embryonic Stem Cells, Science (2003) 300: 1251-1256.

[3]   Es ist unter Juristen strittig, ob das Verfassungsgericht den Grundrechtsschutz bereits von der „Kernverschmelzung" von Ei- und Samenzelle oder erst von der Nidation an für verbindlich erklärt. Der Wortlaut der ersten Entscheidung läßt beide Deutungen zu. Sieht man jedoch, welche Konsequenzen in den staatlichen Entscheidungen, vor allem im *Embryonenschutzgesetz* von 1990 und im *Stammzellengesetz* von 2002, aus dem Verfassungsgerichtsurteil gezogen werden, ist die Option für den Zeitpunkt der „Kernverschmelzung" offenkundig. Damit haben sich Gericht und Gesetzgeber für ein Datum entschieden, das ausschließlich chemisch chrarakterisiert ist. Selbst eine symbolische Auszeichnung unter dem Hinweis, daß hier erstmals das Erbmaterial des künftigen Individuums beisammen sei, geht fehl, weil nach der Anlagerung der haploiden Chromosomensätze immer noch Mehrlingsbildungen möglich sind. Wenn hingegen ein gläubiger Mensch diesen Akt aus innerer Überzeugung als den Übersprung des göttlichen Funkens deutet, mit dem die individuelle Seele in den individuellen Körper gelangt, ist dagegen nichts einzuwenden. Er mag seine persönlichen Konsequenzen daraus ziehen und entsprechend handeln. Für ein Staatswesen kann daraus aber keine Verbindlichkeit entstehen, solange keine anderen Gründe für die Festlegung des Zeitpunkts sprechen.

[4]   Daß der Hippokratische Eid die Abtreibung verbietet, ist kein Indiz dagegen. Das Verbot folgt aus dem Anspruch auf Heilung durch die ärztliche Kunst, zumal die Abtreibung (bis weit ins 20. Jahrhundert hinein) mit hohen gesundheitlichen Risiken verbunden war. Wer heute an den Eid des Hippokrates erinnert, sollte nicht vergessen, daß in der Antike die Kindstötung noch eine verbreitete Praxis war. Das strikte Tötungsverbot verdanken wir der jüdisch-christlichen Tradition.

[5] Siehe dazu: Volker Gerhardt, Der Mensch wird geboren. Kleine Apologie der Humanität, München 2001, 41 ff. Ludger Honnefelder hat gemeint, meine Argumentation scheitere schon an der Tatsache einer Frühgeburt (L. Honnefelder, Pro Kontinuitätsargument: Die Begründung des moralischen Status des menschlichen Embryos aus der Kontinuität der Entwicklung des ungeborenen zum geborenen Menschen, in: G. Damschen/D. Schönecker (Hg.), Der moralische Status menschlicher Embryonen, Berlin/New York 2002, 61-81. Das Gegenteil ist der Fall: Gerade die Frühgeburt, die heute schon nach der 22. Woche möglich ist, gibt zu erkennen, daß es die Abnabelung und die organische Verselbständigung des individuellen Körpers ist, die ihn zum geborenen Menschen macht. Es besteht keine Gefahr, den Brutkasten mit dem Mutterleib zu verwechseln. – Zum Problem der Würde siehe: Michael Quante, Wessen Würde? Welche Diagnose? Anmerkungen zur Verträglichkeit von Präimplantationsdiagnostik und Menschenwürde, in: Ludwig Siep/Michael Quante (Hg.), Der Umgang mit dem beginnenden menschlichen Leben, Münster/Hamburg/London 2003, 133-152.

[6] Eine informativen Überblick vermittelt: Manfred Kindl, Philosophische Bewertungsmöglichkeiten der Abtreibung, Berlin 1996; ferner: Anton Leist, Eine Frage des Lebens: Ethik der Abtreibung und künstlichen Befruchtung, Frankfurt am Main. u. a. 1990; Norbert Hoerster, Ethik des Embryonenschutzes. Ein rechtsphilosophischer Essay, Stuttgart 2002. Zum ganzen Komplex sehr klar: Reinhard Merkel, Forschungsobjekt Embryo. Verfassungsrechtliche und ethische Grundlagen der Forschung an menschlichen embryonalen Stammzellen, München 2002.

[7] Die protestantische Auffassung läßt eine gewisse Skepsis gegenüber der in *Donum vitae* gebräuchlichen Rede vom „Augenblick der Empfängnis" erkennen. Sie bezweifelt auch, ob die personalen Rechte schon mit diesem „Augenblick" gegeben sein können, kommt aber in der Bewertung aller strittigen Fragen der Stammzellenforschung oder der PID zu exakt denselben praktischen Antworten wie die Katholische Kirche (vgl. dazu: Landesbischof Wolfgang Huber, Darf der Mensch einen Menschen nach eigenem Bilde schaffen?, in: FAZ, Nr. 9, 11. Januar 2003).

[8] FAZ vom 19. Oktober 2002.

[9] So der Genetiker Thomas Börner auf einer Podiumsdiskussion über Fragen der Bioethik der Fachschaft Biologie am 2. Juli 2003 in der Humboldt-Universität zu Berlin.

[10] Immanuel Kant, Metaphysik der Sitten, Rechtslehre § 28, Akad. Ausg. 6, 217 f. Die Passage lautet: „Denn da das Erzeugte [der geborene Mensch; V.G] eine *Person* ist, und es unmöglich ist, sich von der Erzeugung eines mit Freiheit begabten Wesens durch eine physische Operation einen Begriff zu machen: so ist es eine in *praktischer Hinsicht* ganz richtige und auch nothwendige Idee, den Act der Zeugung als einen solchen anzusehen, wodurch wir eine Person ohne ihre Einwilligung auf die Welt gesetzt und eigenmächtig in sie herüber gebracht haben [...]." Danach ist der „Act der Zeugung" der Ursprung der (mit Freiheit begabten) Person, die aber, so würde ich ergänzen, erst mit der Geburt wirklich existent ist. Dem widerspricht der § 6 der Metaphysik der Sitten, Tugendlehre (Akad. Ausg. 6, 422). Hier zieht Kant aus seiner praktischen Ursprungsbestimmung der Person die Konsequenz, daß für den Fall des Selbstmords einer Schwangeren auch von der „Selbstentleibung an anderen", also faktisch von einem Doppelmord gesprochen werden muss. – Die Kant-Interpretation hätte zu prüfen, ob die beiden Aussagen aus der Sittenlehre mit der von Kant gegebenen Definition der Person als „dasjenige Subjekt, dessen Handlungen einer Zurechnung fähig sind", übereinstimmen. Die Zurechnung läßt sich durchaus schon für einen Neugeborenen, wohl aber nicht für einen Embryo aussagen, weil hier die *conditio sine qua non* der Zurechnung, nämlich die leibliche Eigenständigkeit, nicht gegeben ist.

[11] Diese Ansicht ist nicht zwingend – weder für Kant noch für seine heutigen Leser. Deshalb halte ich es auch für aussichtsreich, Kants Argument unter den modernen, nicht auf die Ehe verpflichteten Lebensbedingungen zu rekonstruieren. – Zur weitläufigen Debatte über die Personalität verweise ich pauschal auf: Michael Quante, Personales Leben und menschlicher Tod. Personale Identität als Prinzip der biomedizinischen Ethik, Frankfurt am Main 2002.

VOLKER GERHARDT

[12] Dazu: V. Gerhardt, Der Mensch wird geboren, München 2001, 22 ff.

[13] Siehe dazu: V. Gerhardt, Das Prinzip der Verantwortung. Zur Grundlegung einer ökologischen Ethik. Eine Entgegnung auf Hans Jonas, in: V. Gerhardt/W. Krawietz (Hrsg.), Recht und Natur. Beiträge zu Ehren von Friedrich Kaulbach, Berlin 1992, 103 – 131.

[14] Hier stehe ich vorerst noch ziemlich allein: V. Gerhardt, Selbstbestimmung. Das Prinzip der Individualität, Stuttgart 1999; ders., Individualität. Das Element der Welt, München 2000.

[15] Einzelheiten über die Rationalität ethischer Begründung in: Selbstbestimmung, 1999, 8. u. 9. Kapitel. – Erst mit der Präzisierung des Anspruchs auf Rationalität beginnt die Vielfalt moderner ethischer Theorien. Diese Vielfalt muß freilich weniger modern als altvertraut erscheinen, denn schon die antike Ethik, obwohl wir das Wenigste von ihr kennen, präsentiert sich uns heute als vielstimmiger Chor.

[16] Besonders deutlich bei O. Höffe, Medizin ohne Ethik?, Frankfurt 2002.

[17] Dazu Peter Singer, Praktische Ethik, Stuttgart 1994. Entsprechend: Norbert Hoerster, Neugeborene und das Recht auf Leben, Frankfurt am Main 1995.

[18] F. Nietzsche, Zweite Unzeitgemäße Betrachtung: Vom Nutzen und Nachtheil der Historie für das Leben, KSA 1, 305. Die historisch-philologische Verehrung, die Nietzsche von vielen seiner Leser entgegengebracht wird, hat freilich zu einer bedenklichen Ausweitung der „historischen Krankheit" geführt. Die Bewahrung des Vergangenen ist für viele der einzige Imperativ, den sie angesichts künftiger Herausforderungen geltend machen.

[19] Näheres dazu vom Verfasser in: Selbstbestimmung, 1999, 323 ff.

[20] Der moralische wie der juridische Tierschutz sind ausnahmslos auf die geschlüpften oder geborenen Tiere beschränkt. – Zum Tier-Mensch-Vergleich siehe auch: Christiane Nüss-lein-Vollhard, Wann ist ein Mensch ein Mensch? Embryologie und Gentechnik im 19. Und 20. Jahrhundert, Heidelberg 2003, 17 ff.; sehr klar auch: Hubert Markl, Eine Raupe ist noch kein Schmetterling, in FAZ Nr. 276 vom 27. November 2001.

[21] Darauf hat Horst Dreier, Stufungen des vorgeburtlichen Lebensschutzes, in: ZEITSCHRIFT FÜR BIOPOLITIK, 1. Jg., 2, 2002, 5-11, hingewiesen. Ferner: ders., Lebensschutz und Menschenwürde in der bioethischen Diskussion, in: H. Dreier/W. Huber (Hg.), Bioethik und Menschenwürde, 2002, 9-49.

[22] So Herta Däubler-Gmelin, Interview in der FAZ, Nr. 118 vom 22. Mai 2001.

[23] Jeder hat darauf zu achten, daß die Moral nicht primär aus dem Finger besteht, mit dem er auf andere zeigt. Nietzsche fand diesen von sich ablenkenden Gebrauch moralischer Urteile so dominant, daß er fälschlicherweise die Moral mit dem Ressentiment identifizierte.

[24] Otfried Höffe, Medizin ohne Ethik?, Frankfurt am Main 2002, 83.

[25] Die kulturelle Dimension der Bewertung kann man an die geäußerten „Interessen" knüpfen, die sich dem Embryo gegenüber äußern. Darauf sind die Überlegungen von Anton Leist, Norbert Hoerster, Reinhard Merkel (a.a.O.) und vielen anderen gegründet. Ihnen kann ich folgen, wenn dem besonderen Interesse der Mutter und des Vaters Rechnung getragen wird. Das schließt, um es noch einmal deutlich zu sagen, ein unter Umständen übergeordnetes Interesse der Gesellschaft an der Erhaltung der menschlichen Gattung nicht aus.

[26] Ich verweise auf die Kaltherzigkeit, mit der die damalige Justizministerin Däubler-Gmelin die geltende Rechtslage zum Schwangerschaftsabbruch verteidigt hat (Interview in der FAZ, Nr. 118 vom 22. Mai 2001).

[27] Die investierten Leiden der potentiellen Eltern sind so groß, daß man eigentlich erwarten könnte, niemand werde sich dem Verfahren der IVF freiwillig aussetzen. Dazu gibt es einen höchst instruktiven Erlebnisbericht eines betroffenen Vaters (in: NEW YORKER, Juli 2002). Doch der positive Ausgang der dort geschilderten Tortur läßt schon vermuten, daß selbst Paare, die aus eigener Erfahrung wissen, was ihnen abverlangt wird, das Verfahren sogar zum zweiten oder zum dritten Mal über sich ergehen lassen. Das bestätigen die weltweit mehr als hunderttausend Fälle im Jahr. Der Kinderwunsch ist eine Realität, die sich selbst gegen stärkste Widerstände behauptet.

[28] So Konrad Adam in einer Besprechung in der LITERARISCHEN WELT vom 11. November 2001.

[29] Zu diesen Argumenten siehe: Peter Hucklenbroich, Individuation, Kontinuität und Potenzial – zum Paradigmenstreit in der Theorie der Reproduktion, in: Ludwig Siep/Michael Quante (Hg.), Der Umgang mit dem beginnenden menschlichen Leben, Münster/Hamburg/London 2003, 37-58. Ferner sei auf die Sammlung von Pro- und Contra-Argumenten für Kontinuität, Identität und Potentialität, in: G. Damschen/D. Schönecker (Hg.), Der moralische Status menschlicher Embryonen, Berlin/New York 2002, hingewiesen. Hier überzeugen durchweg die Contra-Positionen, wie sie von Matthias Kaufmann (Abgestufte moralische Berücksichtigung trotz stufenloser Entwicklung, 83-98), Ralf Stoecker (Mein Embryo und ich, 129-145) und Bettina Schöne-Seifert (s. u.) vorgetragen werden.

[30] Die affektive Anteilnahme an der durch Mikroskop, Röntgenbild, Film und Ultraschall sichtbar gewordenen Entwicklung des Embryos hat einen großen Anteil am moralisch-politischen Engagement für das ungeborene menschliche Leben.

[31] Werner Stegmaier, Fluktuanz, Göttingen 1988 (Habilitationsschrift, Bonn 1987).

[32] So erging es dem Max-Planck-Präsidenten Hubert Markl im Jahre 2002. Zur Analyse von Markls Position vgl: Andreas Vieth, Die Berliner Reden von Johannes Rau und Hubert Markl, in: Ludwig Siep/Michael Quante (Hg.), Der Umgang mit dem beginnenden menschlichen Leben, Münster/Hamburg/London 2003, 107-132.

[33] Nachdrücklich in: Politische Subjekte. Zur Stellung des Subjekts in der Politik , in: H. Nagl-Docekal/H. Vetter, Wiener Reihe. Themen der Philosophie, Band 2, München 1987, 201-229, und in: Individualität und Moderne. Zur Philosophischen Ortsbestimmung der Gegenwart, in: L. Koch/W. Marotzki/H. Peukert (Hrsg.), Revision der Moderne? Beiträge zu einem Gespräch zwischen Pädagogik und Philosophie, Weinheim 1993, 27-40.

[34] Dazu sehr klar: Ulrich Steinvorth, Wann beginnt das menschliche Individuum, in: Jahrbuch für Wissenschaft und Ethik 7, 2002, 165-178. Siehe ferner: Norman Ford, When I did begin? Cambridge 1988. Zur Kritik des Identitätsarguments siehe auch: Anton Leist (Eine Frage des Lebens, a.a.O.), der auch das Kontinuitäts- und das Potentialitätsargument verwirft.

[35] Zur Kritik des Arguments siehe auch: Bettina Schöne-Seifert, Contra Potenzialitätsargument: Probleme einer traditionellen Begründung für embryonalen Lebensschutz, in: G. Damschen/D. Schönecker (Hg.) Der moralische Status menschlicher Embryonen, a.a.O., 169-185. Die im selben Band enthaltenen Argumente von Wolfgang Wieland (Moralfähigkeit als Grundlage von Würde und Lebensschutz, 159-168) und der beiden Herausgeber (In dubio pro embryone, 187-267) können hingegen nicht überzeugen.

Biologische Waffen

Über die Schwierigkeiten ihrer Herstellung,
die Wahrscheinlichkeit ihrer Anwendung und
Möglichkeiten, sie zu kontrollieren

von Jens Kuhn

Die Anschläge auf das World Trade Center und das Pentagon in den USA im Herbst 2001 markierten den Beginn eines neuen Zeitalters. Noch nie zuvor starben Tausende bei einem einzelnen terroristischen Anschlag. Nur kurze Zeit später wurde die Öffentlichkeit erneut in Angst versetzt, als in den USA Briefe mit Milzbrandsporen an Politiker und Journalisten verschickt wurden. In der Folge starben fünf Menschen und 17 weitere erkrankten.

Die Koinzidenz dieser beiden Ereignisse rückte biologische Waffen in das Bewußtsein der Weltöffentlichkeit. Politiker und Medien warfen die Frage auf, wie viel verheerender die Anschläge auf das World Trade Center hätten sein können, wenn die Terroristen im Besitz von Milzbrandsporen gewesen wären und diese im Rahmen ihrer Anschläge freigesetzt hätten. In kürzester Zeit verband sich in der Öffentlichkeit die Diskussion um globalen Terrorismus mit der um biologische Waffen, wobei biologische Waffen oftmals mit Massenvernichtungswaffen gleichgesetzt wurden. Die Angst der Bevölkerung vor weiteren, eventuell noch zerstörerischeren Terroranschlägen wurde zunächst von den Medien aufgegriffen und in den folgenden Monaten durch oft unseriöse Berichte verstärkt. Politiker, Wissenschaftler und Ärzte mußten schnell auf die Besorgnisse der Bevölkerung reagieren und sich an der Diskussion beteiligen. Die Mehrheit der jetzt in die Rolle der Ratgebenden gedrängten Personen hatte sich bis zu diesem Zeitpunkt weder mit Terrorismus noch mit biologischen Waffen beschäftigt und war daher oft überfordert. Interviews selbst führender Politiker und Mikrobiologen brachten keinerlei Ordnung in das Chaos der verschiedensten und oft unwahrscheinlichen Was-wäre-wenn-Szenarien, welche die Massenmedien, aber leider auch die Fachpresse dominierten.

In den letzten Monaten fiel das öffentliche Interesse an biologischen Waffen und Terrorismus auf ein normales, kontrollierbares Niveau. Jetzt kann die B-Waffenproblematik vielleicht sachlicher diskutiert werden. Hierbei sollten vor allem Fachtermini geklärt, das Gefahrenpotential biologischer Waffen auf das richtige Maß reduziert und der Sinn und Unsinn bestimmter präventiver Maßnahmen debattiert werden.

Die Verwirrung um die Definition biologischer Waffen

Jede Diskussion, die sich – in welcher Weise auch immer – mit „biologischen Waffen" beschäftigt, muß mit einer Klärung beginnen, was unter diesem Begriff zu verstehen ist. Mit Ausnahme einer Definition des „Protokoll Nr. III über die Rüstungskontrolle" der Westeuropäischen Union (WEU) vom 23. Oktober 1954, welches später mit Abschluß des 2+4-Vertrags rechtlich gegenstandslos wurde, gab es bisher keine international akzeptierte Legaldefinition dieses Terminus. Das Protokoll legt fest:

„(a) Als biologische Waffen gelten alle Einrichtungen oder Geräte, die eigens dazu bestimmt sind, schädliche Insekten oder andere lebende oder tote Organismen oder deren toxische Produkte für militärische Zwecke zu verwenden.

(b) Vorbehaltlich der unter c getroffenen Regelung sind in dieser Definition Insekten, Organismen und ihre toxischen Produkte eingeschlossen, soweit sie nach Art und Menge für die Verwendung in den unter a genannten Einrichtungen oder Geräten in Frage kommen.

(c) Von dieser Definition gelten als ausgenommen die unter a und b aufgeführten Einrichtungen und Geräte sowie die Mengen von Insekten, Organismen und ihren toxischen Produkten, die über den zivilen Friedensbedarf nicht hinausgehen."

Die Vereinten Nationen bezeichneten 1969 alle lebenden Organismen und von ihnen abgeleitetes infektiöses Material als biologische Waffen, die absichtlich eingeplant werden, Krankheit oder Tod von Menschen, Tieren oder Pflanzen zu verursachen. Die US-Armee hat diese Definition 1985 erweitert. Als biologische Waffen seien lebende Organismen und toxische Substanzen mikrobieller Herkunft anzusehen, die dazu verwendet werden, tödliche oder nicht tödliche Schäden an Menschen, Tieren oder Pflanzen zu verursachen. Die Vereinten Nationen und die US-Armee beziehen sich also primär auf Organismen oder Substanzen in Verbindung mit einer bösartigen Intention. Dagegen bezieht sich die NATO ähnlich der WEU-Definition auf tatsächliche Waffen, indem sie biologische Waffen als Vorrichtungen definiert, welche ein biologisches Agens ausbringen, zerstreuen oder verteilen. Dabei bezieht sich „biologisches Agens" auf Mikroorganismen, welche Krankheiten in Menschen, Pflanzen oder Tieren verursachen oder die Zerstörung von Materialen zur Folge haben. Sidell und Franz sind in ihrer Definition noch spezifischer indem sie biologische Agenzien als entweder replizierende, das heißt vermehrungsfähige Entitäten (Bakterien oder Viren) oder sich nicht replizierende Substanzen (Toxine oder physiologisch aktive Proteine oder Peptide), welche durch lebende Organismen entstehen, definieren. Dabei weisen beide Experten explizit darauf hin, daß einige dieser Substanzen auch durch chemische Synthese oder rekombinante Expressionsmethoden entstehen können oder könnten. Sie betonen also die Möglichkeit, daß bestimmte biologische Agenzien und damit bestimmte biologische Waffen auch unter der Umgehung lebender Organismen hergestellt werden könnten.

Toxine werden meistens als spezifische Produkte lebender Organismen bezeichnet, die lebensbeeinflussende, lebensbedrohliche oder tödliche Effekte auf andere Organismen haben. „Spezifisch" bezieht sich hierbei auf einen definierten und daher genetisch determinierten Stoffwechselweg eines Organismus, der zielgerichtet zur Entstehung des Toxins führt. Hierdurch werden aber alle natürlich entstandenen und ebenfalls

JENS KUHN

gefährlichen zufälligen Nebenprodukte wie z.B. verschiedenste Alkaloide ausgegrenzt. Das führende mikrobiologische Hochsicherheitslabor der US-Armee, das United States Army Medical Research Institute of Infectious Diseases in Maryland, definiert daher Toxine als *jegliche* toxische Substanz natürlicher Herkunft.

Die besprochenen Definitionen von biologischen Waffen unterscheiden sich gravierend. Die WEU-Definition bezieht sich vor allem auf die militärische Anwendung von biologischen Waffen. Die UN-Definition erwähnt weder Toxine noch bioregulatorische Substanzen. Die Definition der US-Armee nennt zwar solche biologischen Stoffe, bezieht aber nur jene ein, die mikrobieller Herkunft sind. Biologische Waffen, welche Materialien zerstören, findet man nur in der Definition der NATO.

Nach der Definition der Vereinten Nationen könnte man bereits HIV-infiziertes Blut als biologische Waffe ansehen, wenn es dazu verwendet werden soll, eine nichtinfizierte Person absichtlich zu infizieren. Nach Sidell und Franz könnten auch Medikamente wie Insulin, Herzglykoside (Digitalis) oder Botulinumtoxin, aber auch Gifte wie Strychnin oder Kokain als biologische Waffen definiert werden, wenn sie in bösartiger Absicht eingesetzt werden. Nach der NATO-Definition müßten sich kontaminiertes Blut oder eben jene Medikamente und Gifte erst in Vorrichtungen zur absichtlichen Verbreitung (z.B. in Spritzen) befinden, bevor man die Vorrichtungen als biologische Waffen bezeichnen könnte. Gemäß der WEU-Definition dürften Spritzen und ähnliche Vorrichtungen nicht zu den biologischen Waffen gezählt werden, da diese „zu militärischen Zwecken" verwendet werden müßten und man sich den militärische Einsatz einzelner Spritzen schlecht vorstellen kann. Die WEU bezog sich bei biologischen Waffen daher vermutlich auf Geschosse und ähnliche Vorrichtungen.

Es ist wichtig, noch einmal darauf hinzuweisen, daß keine der aufgelisteten Definitionen biologische Waffen mit Massenvernichtungswaffen gleichsetzt. Biologische Waffen könnten eingesetzt werden, um Individuen oder eine kleinere Anzahl von Organismen zu schädigen. Sie könnten aber auch so eingesetzt werden, daß ganze Populationen ausgerottet werden.

Aufgrund der unterschiedlichen Begriffsdefinitionen, die vermutlich aus nationalen, politischen, legislativen oder institutionellen Gründen so divergent sind, wäre es günstig, in allgemeinen Diskussionen zwischen biologischen Agenzien, biowaffentauglichen Agenzien, biologischen Kampfstoffen und Biowaffen an sich zu unterscheiden. Als biologische Agenzien könnte man definieren: *alle* lebenden Organismen (Tiere, Pflanzen, Pilze, Chromisten, Protozoen, Pilze, Bakterien und Archaebakterien), *alle* sich im Grenzgebiet zwischen lebender und toter Materie gefundenen replizierenden oder zur Verbreitung befähigten Entitäten (Viren und Phagen, Viroide, Virusoide, Satelliten, Retroelemente, Transposons, und Prionen), *alle* von diesen Organismen und Entitäten spezifisch und unspezifisch produzierten biologischen beziehungsweise organischen Substanzen und *alle artifiziell hergestellten Lebewesen oder Substanzen,* die den natürlichen ähneln oder auf deren Grundprinzipen basieren. Biowaffentaugliche biologische Agenzien wären dann alle diejenigen biologischen Agenzien, die sich dazu verwenden lassen könnten, andere Lebewesen *gleich welcher Art* absichtlich und mit verwerflicher Intention zu manipulieren, zu schwächen, erkranken zu lassen oder zu töten, oder welche bei absichtlicher Anwendung Materialien gleich welcher Art zum Schaden des Besitzers zerstören. Biologische Waffen wären dann mechanische oder sonstige Vorrichtungen, die biologische Kampfstoffe so an das Ziel transportieren, daß dieses von den Agenzien beeinflußt werden kann, sei es durch Dispersion oder Dissemination in verschiedenen Medien (Luft, Wasser, Oberflächen, Nahrungsmittel) oder durch direkte Penetration (Spritzen, transdermale Systeme). Es dürfte nur dann von biologischen Waffen gesprochen werden, wenn die Anwendung der Vorrichtungen mit der definitiven Absicht geschähe, das Ziellebewesen zu schädigen. Zu den biologischen Waffen wären dann relativ einfache und leicht erhältliche Systeme (Spritzen, Flüssigkeitszerstäuber) zu rechnen, aber auch hochentwickelte Systeme wie speziell angefertigte Langstreckenraketen. Biologische Kampfstoffe wären Präparationen waffentauglicher biologischer Agenzien, welche die nötigen Eigenschaften zur Ausbringung und Verteilung mit sich brächten, also zum Beispiel hochkonzentrierte, fein gemahlene, hochvirulente Milzbrandspuren, die durch technische Hilfsmittel noch umweltresistenter gemacht wurden.

Der schwierige Weg zur biologischen Waffe

Die Schwierigkeit der Konstruktion und Anwendung einer biologischen Waffe ist abhängig von den Zielsetzungen des Aggressors:

- Erstens dürfte bereits die Wahl des zu schädigenden Zielorganismus einen entscheidenden Einfluß auf den zu betreibenden Aufwand haben, eine Waffe zu entwickeln. Generell könnte man vielleicht sagen, daß die Entwicklung einer biologischen Waffe um so schwieriger und damit aufwendiger ist, je weniger der Menschheit oder dem Aggressor selber über das zu verwendende Agens und den Zielorganismus bekannt ist. Ist ein Organismus wissenschaftlich ausführlich beschrieben, so lassen sich auch seine Schwachstellen einfacher aufdecken und ausnutzen. Ist ein Agens wissenschaftlich gut charakterisiert, so läßt es sich einfacher herstellen oder vermehren und manipulieren.
- Zweitens kann man die These aufstellen, daß es umso leichter ist, eine biologische Waffe zu entwickeln, je weniger Aufmerksamkeit ein Zielorganismus in der Öffentlichkeit genießt. Ein kurzer Blick auf die öffentliche Diskussionen der letzten Monate bestätigt diese These. Pockenviren, Milzbrandbakterien, Pestbakterien und Botulinumtoxin dominierten die Diskussion, da es sich hier um Agenzien handelt, die potentiell als Massenvernichtungsmittel gegen Menschen eingesetzt werden können. Dagegen gab es nur vereinzelte Diskussionen über Agenzien, welche als Massenvernichtungsmittel gegen Nutztiere oder Nutzpflanzen eingesetzt werden könnten, obwohl der aus einem solchen Angriff hervorgehende ökonomische Schaden für eine Industrienation langfristig noch viel existenzbedrohender sein könnte als der Tod einiger tausend Bürger. In einem Land der Dritten Welt könnte ein Angriff auf die Landwirtschaft die Zerstörung von Nahrungsreserven und damit das Verhungern von unzähligen Menschen zur Folge haben. Trotzdem wird ein Individuum, das mit menschenpathogenen Pockenviren jedweder Art arbeitet, mit Sicherheit unter viel stärkerer Beobachtung durch seine Umgebung stehen als ein Forscher, der sich mit Pathogenen von Fischen beschäftigt – obwohl die Vernichtung von Fischfarmen vielleicht ein „lohnenderes" Ziel für einen Aggressor sein könnte. Für diesen ist es mit Sicherheit auch leichter, in den Besitz von Fischpathogenen zu kommen, als auch nur in die Nähe von Pockenviren zu gelangen.

– Drittens dürfte die Konstruktion einer biologischen Waffe umso leichter sein, je weniger Organismen getroffen werden sollen. Die tödliche Infektion *eines* Individuums mit HIV ist durch eine Spritze mit kontaminiertem Blut relativ leicht zu bewerkstelligen. Auch Toxine lassen sich oft in ausreichenden Mengen herstellen, um damit eine geringe Menge an Lebensmitteln zu vergiften. HIV ist aber zum Beispiel nicht über die Luft oder über Nahrungsmittel übertragbar, so daß die Infektion von Tausenden von Individuen mit einer theoretischen HIV-Biowaffe praktisch unmöglich wird. Ebenso ist die Produktion großer Toxinmengen entwe der unmöglich oder erfordert großindustrielle Anlagen, die sich nicht mehr einfach verstecken lassen.

Ein biowaffentaugliches biologisches Agens kann nur dann in einen biologischen Kampfstoff und damit zur Grundlage einer biologischen Waffe werden, wenn es die richtige Kombination von Eigenschaften besitzt. Die Liste der Agenzien, welche in diesem Zusammenhang genannt werden, ist lang. Wichtige Beispiele für Bakterien sind *Bacillus anthracis* (Milzbrand), Brucellen (Brucellose), *Burkholderia mallei* (Rotz), *Burkholderia pseudomallei* (Melioidose), *Francisella tularensis* (Tularämie) und *Yersinia pestis* (Pest); für Pilze *Coccidioides immitis* (Kokzidioidomykose) und *Histoplasma capsulatum* (Histoplasmose); für Viren *Venezuelan equine encephalitis virus* (Venezolanisches Pferdefieber), *Lassa fever virus* (Lassa-Fieber), Ebolaviren (Ebolavirus-Krankheit) und *Variola virus* (Pocken); und für Toxine Botulinumtoxin, Palytoxin, Ricin, Saxitoxin und Staphylokokkenenterotoxine.

Bei der Wahl eines Erregers als Grundlage für einen biologischen Kampfstoff würde sich dem Aggressor zunächst das Problem seiner Infektiosität stellen. Hierunter versteht man die Fähigkeit eines Erregers, in den Zielorganismus einzudringen und dort eine Infektion auszulösen. Je höher die Infektiosität einer Erregerart, desto weniger Mikroorganismen werden benötigt, um eine möglichst hohe Anzahl an Zielorganismen zu infizieren. Praktisch würde eine hohe Infektiosität einen „Produktionsvorteil" bei der Konstruktion einer biologischen Waffe bedeuten – da weniger Kampfstoff gelagert, transportiert und disseminiert werden müßte, um den gleichen Effekt (Anzahl der betroffenen, kranken oder toten Organismen) hervorzurufen – als mit einem weniger infektiösen Erreger. Je weniger Kampfstoff produziert werden muß, desto kostengünstiger wäre die Produktion, desto leichter wäre es, die Präparation rein zu halten, und desto kleinere Produktionsanlagen wären vonnöten, was die Produktion im Verborgenen erleichtern würde. Die Notwendigkeit einer zumindest relativ hohen Infektiosität führt bereits zu drastischen Einschränkungen bei der Auswahl eines Erregers. HIV zum Beispiel ist nicht besonders infektiös, denn es werden mehrere zehntausend HIV-Partikel benötigt, um einen Menschen zu infizieren. Ebolaviren dagegen sind hochinfektiös, denn ein Partikel reicht theoretisch aus, eine Krankheit auszulösen.

Hätte ein Aggressor das Ziel, eine möglichst hohe Zahl an Organismen zu treffen, so würde ein besonders infektiöser Erreger jedoch nicht ausreichen. Die Infektiosität ist unabhängig von der Fähigkeit eines Erregers, von einem infizierten auf das nächste nichtinfizierte Individuum überzugehen (Kontagiösität). Die meisten Erreger werden z.B. nicht über die Luft übertragen, was eine schnelle Ausbreitung einer Infektion und die Umgehung einer Epidemieeindämmung durch Quarantänemaßnahmen erschwert. Die hochinfektiösen Ebolaviren sind zum Beispiel nicht sehr kontagiös, da sie sich hauptsächlich über direkten Körperkontakt infizierter Individuen mit Gesunden verbreiten. Deshalb lassen sich Ebolaepidemien relativ gut kontrollieren und zum Erliegen bringen. Entgegen der öffentlichen Meinung sind Ebolaviren daher keine guten Kandidaten für eine auf ihnen basierende biologische Massenvernichtungswaffe.

Nach der bereits schwierigen Auswahl eines passenden, ausreichend infektiösen und kontagiösen Erregers müßte zunächst ein Stamm desselben akquiriert werden, der pathogen für den Zielorganismus ist, das heißt der die Fähigkeit besitzt, im Zielorganismus überhaupt eine Krankheit auszulösen. Bereits dieser Schritt könnte enorme Schwierigkeiten bedeuten. Nicht jeder Milzbrandbakterienstamm verursacht auch Milzbrand beim Menschen. In Laboratorien werden oft Erreger verwendet, die zur Sicherheit des Personals apathogen sind. Wenn sich also jemand Zugang zu einem Labor verschaffen kann, in dem für ihn „interessante" Erreger gelagert werden, so heißt dies nicht, daß er damit auch Zugang zu Pathogenen hat.

Nach der Sicherstellung der Pathogenität würde sich dann die Frage stellen, ob der gewählte Stamm auch eine „ausreichend schwere" Krankheit verursacht. Diese sehr variierende Eigenschaft von Pathogenen bezeichnet man als Virulenz. So gibt es schwach virulente Pockenstämme, die wenige Todesopfer fordern, und hochvirulente Pockenstämme mit hoher Letalitätsrate. Je virulenter ein Erregerstamm ist, desto schwerer ist es, an ihn heranzukommen und ihn ohne Aufsehen zu entwenden. Außerdem steigt mit der Virulenz eines Erregers die Gefahr für den Aggressor bei der Produktion des Kampfstoffs selbst infiziert zu werden, oder, im Fall eines für den Menschen nicht pathogenen Erregers, das dieser in die Umwelt um die Produktionsstätte herum freigesetzt wird und dort durch den Befall von Wirtsorganismen Aufsehen erregt und damit die geheime Produktion gefährdet.

Die wirklichen Schwierigkeiten bei der Entwicklung eines biologischen Kampfstoffes begännen allerdings erst, nachdem ein passender Erreger ausfindig gemacht und erworben wurde. Das erste zu lösende Problem wäre das Anlegen einer Kultur, das heißt die eigentliche Produktion des Erregers. Ihn in größeren Mengen herzustellen wäre auf keinen Fall trivial. Schon die Beschaffung eines geeigneten Kulturmediums in großen Mengen, die Sicherstellung einer gleichmäßigen, das Wachstum des Erregers fördernden Temperatur in demselben und die gleichmäßige Umspülung aller Zellen mit ausreichend Nährstoff würde Probleme aufwerfen. Je höher die Konzentration an Organismen in einem Kulturmedium wird, desto höher würde auch die Konzentration an durch die Organismen ausgeschiedenen und für sie toxischen Stoffwechselnebenprodukten. Je umfangreicher die Produktion, desto schwieriger würde die Entfernung dieser Nebenprodukte, desto leichter käme das Wachstum der Erreger zum Stillstand und desto eher stürben sie ab. Außerdem stiege mit zunehmender Größe einer Produktionsanlage die Kontaminations-Wahrscheinlichkeit des Erreger-Mediumgemisches mit anderen Mikroorganismen, welche als Umweltkeime schnell die eigentliche Kultur überwuchern und sie so zerstören würden. Die größte Schwierigkeit bei der Produktion eines biowaffentauglichen Erregers bestünde jedoch darin, seine Virulenz bei der Produktion zu bewahren. Die meisten Erreger verlieren ihre krankheitsinduzierenden Eigenschaften mit zunehmenden Replikationszyklen. Das heißt: je mehr Erreger erzeugt werden sollen, desto länger dauert die Zucht und desto wahrscheinlicher wird es, daß sich die Erreger am Ende der Zucht nicht mehr zur Grundlage für einen biologischen Kampfstoff eignen.

Das zweite Problem ergäbe sich direkt nach der Produktion. Nun müssen die Erreger aus dem Kulturmedium isoliert, aufgereinigt und für die Lagerung stabilisiert werden. Bei kleinen Erregermengen sind diese Schritte mit einfachen Zentrifugen, kleinen Mengen Waschlösung und regulären Tiefkühlschränken leicht zu durchlaufen. Bei großen Mengen sind hierfür jedoch biotechnologische Kenntnisse und industrielle Produktionsanlagen vonnöten.

Würde auch dieses Problem gelöst, so müßte der produzierte Erreger jetzt in einen biologischen Kampfstoff verwandelt werden. Er müßte so manipuliert werden, daß er verschiedensten mechanischen und meteorologischen Bedingungen trotzt. Die meisten Erreger reagieren empfindlich auf Hitze, Kälte, Sonneneinstrahlung, Druck, Sauerstoff, Trockenheit oder Wind. Das Wetter an sich, aber auch die durch Klimaanlagen im Inneren von Arbeitsräumen geschaffenen Konditionen könnten sich bereits so schädlich auf einen Erreger auswirken, daß die meisten der individuellen Zellen direkt nach der Verbreitung verenden würden. Um die Zerstörung der Erreger zu verhindern müßten sie mit speziellen Beschichtungen („coating") versehen werden, welche sie vor widrigen Bedingungen schützen, aber nicht gleichzeitig die Infektiosität und Virulenz herabsetzen. Schließlich müßte die Erreger-Präparation auch noch so fein gemahlen werden („milling"), daß eine optimale Partikelgröße für die Dispersion, die Dissemination und die Infektion entsteht. Daß diese beiden letzten Schritte auf höchstem wissenschaftlichen Niveau anspruchsvoll sind, zeigen die jahrzehntelangen offensiven Forschungsprogramme verschiedener Nationen. Im Gegensatz zur industriellen Anzucht und Aufreinigung von Mikroorganismen sind die Anweisungen und „Rezepte" zur Langzeitstabilisierung und zur Beschichtung von mikrobiellen Präparationen meist als streng geheim eingestuft und potentiellen Aggressoren nicht ohne weiteres zugänglich.

Sollte jedoch auch die Herstellung des biologischen Kampfstoffes gelungen sein, so müßte nun die Vorrichtung zur Ausbringung desselben, das heißt die biologische Waffe an sich, geplant und konstruiert werden, wobei vor allem Ingenieurwissen auf höchstem Niveau erforderlich wäre. Außerdem müßte sich der Aggressor Schutzmaßnahmen überlegen, um bei „Erfolg" seines Angriffs nicht selbst zum Opfer zu werden oder um seine Anhänger nicht zu gefährden. Er müßte also entweder Therapeutika oder Impfstoffe in ausreichendem Masse unauffällig akquirieren oder sie gar selbst entwickeln.

Zuletzt müßte noch studiert werden, unter welchen meteorologischen und sonstigen Bedingungen die fertiggestellte Waffe überhaupt angewendet werden kann, um ein Maximum an Effekt zu erzielen. Die optimalen, oft äußerlichen und daher unbeeinflußbaren Bedingungen müßten daher abgewartet werden, bevor die Waffe zum Einsatz kommen könnte, was die Verwendung dieser Waffengattung für bestimmte Zielsetzungen sehr erschweren dürfte.

Die genaue Betrachtung all dieser zu bewältigenden Etappen hin zur fertigen biologischen Waffe macht deutlich, wie schwierig und anspruchsvoll die Schaffung der Voraussetzungen für solche ist. Das immer wieder gern entworfene Horrorszenario eines noch in der Ausbildung befindlichen Studenten, der in seiner mit einfachen Mitteln zum Labor umgebauten Garage mit geringem finanziellen und zeitlichen Aufwand eine biologische Massenvernichtungswaffe erschafft, ist lächerlich und fördert in unverantwortlicher Weise die Verunsicherung der Bevölkerung. Auf der anderen Seite soll allerdings auch nicht verschwiegen werden, daß besagter Student durchaus in der Lage wäre, unbemerkt eine einfache biologische Waffe zu entwickeln, mit der er einzelnen Individuen schaden und, nach Wahl des richtigen Erregers, eine Massenpanik verursachen könnte.

Bioverbrechen, Bioterrorismus und biologische Kriegsführung

Biologische Waffen könnten gegen Einzelindividuen oder gegen Gruppen eingesetzt werden. Der Einsatz der Waffen könnte dabei so erfolgen, daß Aufmerksamkeit erregt wird (zum Beispiel durch das Versenden von Milzbrandbriefen oder durch die bloße Behauptung, eine einer Bombe ähnelnde Vorrichtung enthalte Ebolaviren). Er kann aber auch subversiv verlaufen, indembeispielsweise eine Epizootie der Maul- und Klauenseuche wiederholt auf solche Art und Weise verursacht wird, daß sie natürlichen Ausbrüchen gleicht oder indem ein mißliebiger Arbeitskollege absichtlich mit Salmonellen oder Staphylokokken infiziert wird und so an einer nichttödlichen Lebensmittelvergiftung erkrankt.

Biologische Waffen könnten für Attentate und Liquidationen verwendet werden, wenn sie zum Beispiel auf Toxinen oder sonstigen bioregulatorischen Substanzen basieren, die selbst in gut ausgerüsteten gerichtsmedizinischen Instituten nicht nachweisbar sind. In dieser Beziehung ist vor allem an die zahlreichen marinen und amphibischen Toxine zu denken, die noch auf ihre Charakterisierung warten, aber auch an bestimmte Hormone und Cytokine, welche nach der Applikation die Homöostase eines Organismus dramatisch stören können. Im Krieg, aber auch im Rahmen des internationalen Terrorismus, könnten biologische Massenvernichtungsmittel taktisch oder strategisch zum Einsatz kommen.

Um all diesen verschiedenen, zumindest theoretisch möglichen Einsatzmöglichkeiten biologischer Waffen Rechnung zu tragen unterscheidet man zwischen „Bioverbrechen", „Bioterrorismus" und „biologischer Kriegsführung". Die Unterscheidung der Begriffe beruht hauptsächlich auf den Zielsetzungen des jeweiligen Aggressors: nach Seth Carus spricht man von Bioterrorismus, wenn Individuen oder Gruppen, die politisch, religiös, ökologisch oder auf andere ideologische Art motiviert sind, mit der Anwendung biologischer Agenzien drohen oder sie tatsächlich zum Einsatz bringen. Bioverbrechen lassen sich nach Seth Carus von Bioterrorismus dadurch abgrenzen, daß erstere durch persönlichen Ziele wie Rache, finanzielle Gewinne oder psychologische Probleme motiviert sind. Biologischer Kriegsführung ist der Einsatz biologischer Waffen innerhalb militärischer Konflikte. Für die Rechtssprechung ist die Unterscheidung der drei Termini von Bedeutung, da Verbrechen, Terror- und kriegerische Akte zumeist ganz unterschiedlich geahndet werden.

Aufgrund der Hürden bei der Konstruktion einer biologischen Waffe ist der Schluß gerechtfertigt, daß Bioverbrechen einzelner Individuen gegen andere Einzelpersonen oder kleine Gruppen als wahrscheinlich zu betrachten sind; bioterroristische Anschläge ideologisch motivierter Gruppen auf kleinere oder größere Gruppen aufgrund der höheren Motivation und der eventuell besseren finanziellen und logistischen Ausstattung möglich sind und vereinzelt passieren werden; bioterroristische Anschläge mit echten biologischen Massenvernichtungsmitteln jedoch sehr unwahrscheinlich sind. Die größte Gefahr geht von staatlichen Biowaffenentwicklungsprogrammen aus, da innerhalb dieser jahrzehntelang mit großem finanziellen und personellen Aufwand im Verborgenen an der Perfektion biologischer Waffen gearbeitet werden kann. Staatlich unterstützte Terrorgruppen könnten in den Besitz hochentwickelter Waffen kommen und damit tatsächlich Anschläge unvorstellbaren Ausmaßes verüben. Die Diskussion um die Gefahr von biologischen Waffen sollte sich daher vor allem auf offensive staatliche Programme und staatlich unterstützte Terroristen konzentrieren und nicht auf den „durchschnittlichen" Terroristen kleinerer, national ausgerichteter Gruppierungen oder gar den Bürger von nebenan.

Biologische Horrorszenarien und ihre Grundlage

Die rasante Entwicklung der Molekularbiologie und der Biotechnologie mit ihren Methoden zur Manipulation von Nukleinsäuren, Proteinen und Kohlenhydraten hat in den letzten zwei Jahrzehnten zur Entwicklung zahlreicher Impfstoffe und Therapeutika geführt, die im Kampf gegen gefährliche Krankheitserreger eingesetzt werden können. Die gleichen Methoden könnten theoretisch jedoch auch dafür eingesetzt werden, Krankheitserreger zum Zweck der Entwicklung eines neuartigen biologischen Agens zu manipulieren.

Bereits 1985 hatte eine Forschergruppe gezeigt, daß das harmlose Darmbakterium *Escherichia coli* K-12 nach der Transfektion eines einen Virulenzfaktor von *Yersinia pestis* kodierenden Plasmids selbst die Fähigkeit erlangt, in tierische Zellen einzudringen. Im selben Jahr wurde gezeigt, daß das Virulenzplasmid von *Yersinia pestis* relativ leicht auf *Yersinia pseudotuberculosis* übertragen werden kann und diesem die Virulenzeigenschaften von *Y. pestis* verleiht.

1991 berichtete eine Forschergruppe über Erfolge bei der Entwicklung lebender biologischer Insektizide. Sie hatte natürliche Insektenpathogene (Baculoviren) so manipuliert, daß diese ein insektenspezifisches Neurotoxin eines Skorpions produzierten. Die künstlich hergestellten rekombinanten Viren waren nun in der Lage, ihre Wirtsorganismen viel schneller abzutöten, als sie dies unter natürlichen Umständen tun.

Sechs Jahre später wurden Milzbrandbakterien so verändert, daß sie sich nicht wie gewöhnlich nur extrazellulär vermehren, sondern zusätzlich auch die Fähigkeit bekamen, sich intrazellulär zu replizieren. Im selben Jahr identifizierte eine andere Forschergruppe populationsspezifische genetische Marker, welche eine genetische Differenzierung verschiedener ethnischer Gruppen erlauben. Ein russisches Team berichtet ebenfalls 1997 über die Herstellung eines Milzbrandstammes, gegen den die gängigen Impfstoffe wirkungslos waren.

1998 bewies das streng geheime Projekt „Bacchus" des US-Verteidigungsministeriums, daß es möglich ist, eine kleine B-Waffenproduktionsstätte für die Produktion von Milzbrandbakterien aus kommerziell erhältlichen Materialien zu bauen, ohne dabei entdeckt zu werden.

Ein Jahr später zeigte ein schwedisches Wissenschaftlerteam, daß bioaktive Substanzen tatsächlich schwere Schäden verursachen können. Aerosolisierte Substanz P (ein Neuropeptid, das Säugetiere produzieren und welches die Aktivität von Nervenzellen, den Speichelfluss, Bronchokonstriktion, Vasodilatation und Gefäßpermeabilität kontrolliert) erwies sich in diesen Experimenten als 100- bis 1000-fach toxischer für Meerschweinchen als die chemischen Waffen Sarin, Soman und VX.

Vor zwei Jahren wurde ein infektiöser *Zaire ebolavirus*-cDNA-Klon vorgestellt. Dieses System, welches bei korrekter Anwendung zur Biosynthese von Ebolaviren in Zellkulturen führt, beruht im Gegensatz zu den natürlichen Viren nicht auf RNA, sondern auf DNA. Hierdurch ist es möglich, das Virus leichter genetisch zu manipulieren und auch aufzubewahren.

Etwa zur selben Zeit erschütterte ein australisches Experiment die Fachwelt. Ein mäuse-spezifisches Pockenvirus, welches nach Manipulation Interleukin-4 produzierte, über-wand die genetische Immunität einzelner Mäuse sowie den durch Impfung transferier-ten Schutz vor den natürlichen Viren. Zusätzlich steigerte es die Mortalität.

Im vergangenen Jahr wurde schließlich gezeigt, daß Polioviren von Grund auf und ohne die Hilfe lebender Systeme synthetisiert werden können; und das bestimmte Affen-Parainfluenzaviren so manipuliert werden können, daß diese nur bei Anwesen-heit bestimmter Substanzen Zellen töten. Etwa zeitgleich kündigten Craig Venter und Hamilton O. Smith die baldige Synthese eines künstlichen Organismus an, welcher mit einer minimalen Zahl an Genen lebensfähig sein soll.

All diese Experimente gaben Anlaß zur Sorge,
- daß gänzlich neue und hochgefährliche Kleinstlebewesen geschaffen werden kön-nen und das bestimmte Pathogene nicht mehr beschafft werden müssen, sondern im Labor konstruiert werden können,
- daß relativ harmlose Bakterien zu gefährlichen Erregern umfunktioniert werden können, die aber dann in diagnostischen Überlegungen nicht als solche erkannt werden,
- daß biologische Agenzien so verändert werden können, daß sie virulenter und resistenter gegenüber Antibiotika und Impfstoffen werden,
- daß Krankheitserreger so manipuliert werden können, daß sie nur bestimmte ethnische Gruppen befallen,
- daß Krankheitserreger so konstruiert werden können, daß sie nach der Infektion keine Krankheit verursachen, bis sie von außen aktiviert werden („stealth agents"),
- daß Erreger in Labors produziert werden können, die aus kommerziell leicht erhältlichen Einzelteilen gebaut wurden
- und daß sich die Entwicklung biologischer Waffen mehr und mehr von lebenden Organismen fort- und auf bioaktive Substanzen hinbewegen könnte, die leichter erhältlich und zu produzieren wären und genauso zerstörerisch wirken könnten.

Es sei hier allerdings darauf hingewiesen, daß all diese kurz vorgestellten Experimente Einzelergebnisse erzielten, die unter oft enormem Aufwand erreicht wurden und mitnich-ten auf andere als die jeweils benutzten Organismen und die dazu publizierten, sehr spezifischen experimentellen Bedingungen zu übertragen sind. Sicherlich ist es wichtig, über zukünftig mögliche Entwicklungen bei der B-Waffenentwicklung nachzudenken und Gegenmaßnahmen zu diskutieren und einzuleiten. Man sollte allerdings davon ausgehen, daß Manipulationen der oben beschriebenen Art technisch sehr aufwendig sind und daher vermutlich nur für staatlich unterstützte offensive Waffenentwicklungspro-gramme wirklich interessant und erstrebenswert sind. Bioverbrecher und nicht-staatlich unterstützte Bioterroristen dürften bereits in den meisten Fällen an der Herstellung eines biologischen Kampfstoffs scheitern, der auf nicht-manipulierten Agenzien beruht.

Die Geschichte der biologischen Waffen

Bisher wurden nur wenige „erfolgreiche" Anschläge mit biologischen Waffen regi-striert. Die meisten von ihnen sind biokrimineller Natur. Der erste Fall eines Bioverbrechens wurde 1910 aufgedeckt, als ermittelt wurde, daß der russische Hauptmann Buturlin durch eine Injektion von Diphtherietoxin getötet wurde. Später wurden Fälle beobachtet, bei denen Typhusbakterien in Frankreich und Japan dazu verwendet wurden, um Menschengruppen zu infizieren. Im Jahr 1970 kontaminierte ein kanadischer Parasitologe Nahrungsmittel seiner Mitbewohner mit Spulwürmern (Askariden), welche schwere Krankheitsbilder unter den Betroffenen auslösten. Vor allem zwischen 1990 und 1994 wurden zahlreiche Menschen durch absichtliche Injektionen mit HIV-infiziertem Blut tödlich angesteckt. 1996 tränkte eine medizinisch-technische Assistentin des St. Paul Medical Center Hospital im amerikanischen Dallas Muffins und Doughnuts mit Dysenteriekulturen. In der Folge erkrankten zwölf Personen schwer.

Die mit Milzbrandsporen gefüllten Briefumschläge, die Ende 2001 an verschiedene Politiker und Journalisten verschickt wurden, stellen den bisherigen Höhepunkt der Bioverbrechen dar. An dieser Stelle soll darauf hingewiesen werden, daß man bei diesen Attacken bis auf weiteres von einem Bioverbrechen sprechen muß, da die Intention der Attacken ungeklärt bleibt, keinerlei Bekennerschreiben eingingen und auch keine Forderungen bekannt wurden und somit ein ideologischer Hintergrund bis auf weiteres fraglich bleibt.

„Erfolgreiche" bioterroristische Anschläge sind bis dato mit drei Ausnahmen quasi unbekannt. 1952 benutzte die Befreiungsbewegung Mau Mau im heutigen Kenia den Latex einer giftigen Pflanze, um Stiere britischer Farmer zu töten und sie somit aus dem Land zu vertreiben. 1981 lieferte eine britische Untergrundgruppe einen Eimer mit Milzbrandsporen-kontaminierter Erde an das britische biologische Verteidigungszentrum in Porton Down, um hierdurch auf die angeblich noch vorhandene Milzbrandverseuchung von Gruinard Island aufmerksam zu machen, wo die britische Armee Jahrzehnte zuvor B-Waffenexperimente unternommen hatte. Der einzig wirklich bedeutende Bioterrorismus-Fall geschah 1984, als Mitglieder einer Sekte in Oregon Salmonellen dazu benutzen wollten, Salatbars in der Umgebung ihrer Gemeinde zu verseuchen, um hierdurch bestimmte Personen bei einer lokalen Wahl wahlunfähig zu machen. Bei einem Vorversuch erkrankten 751 Menschen an Salmonellose. Zu dem eigentlichen Anschlag kam es nicht mehr.

Mindestens drei Individuen wurden durch Geheimdienste mit biologischen Waffen angegriffen. Im August 1978 versuchte der bulgarische Geheimdienst, den Überläufer Vladimir Kostov mit Hilfe einer durch einen umfunktionierten Regenschirm ausgebrachten und mit Ricin glasierten Kugel zu liquidieren. Im September desselben Jahres gelang ein ähnlicher Angriff auf den Überläufer Georgii Markov, der an den Folgen der Intoxination verstarb. 1980 wurde ein CIA-KGB-Doppelagent auf die gleiche Art und Weise liquidiert.

Bisher gibt es keinen Beweis für einen „erfolgreichen" Angriff mit einer biologischen Massenvernichtungswaffe. Soweit bekannt, waren bisher nur einzelne Nationen im Besitz solcher Waffen und sie kamen nie zum Einsatz oder ihr Einsatz führte nicht zum erwünschten Effekt. Zwar werden immer wieder einzelne biologische Attacken wie die absichtliche Infektion von Bettlaken mit Pockenviren mit anschließender Lieferung derselben an Indianerstämme durch die Briten oder auch das Katapultieren von pestinfizierten Leichen in belagerte Städte zitiert, doch begann die wirklich organisierte staatliche Entwicklung biologischer Waffen erst während des ersten Weltkrigs. Das erste staatliche B-Waffenprogramm wurde in Deutschland von 1915-1918 unterhalten. Es zielte ausschließlich auf die Infektion und Schwächung von Armeepferden und anderen Tieren der Alliierten sowie neutraler Staaten. Ob das Programm einen Einfluß auf die Kampfhandlungen hatte, ist ungewiß.

Frankreich unterhielt ein offensives B-Waffenprogramm von 1921-1926 und von 1935-1940. Innerhalb des Programms wurden Explosivgeschosse erforscht, die verschiedenste Erreger und Toxine verteilen sollten. Unter anderem erforschte Frankreich auch die Verteilung von harmlosen Bakterien in der Pariser Metro sowie die Möglichkeit, mit Kartoffelkäfern die deutsche Landwirtschaft zu schädigen. Frankreich setzte jedoch nie irgendwelche biologischen Waffen ein.

In etwa zeitgleich begann die Sowjetunion mit der Entwicklung eines später alle anderen Nationen in den Schatten stellenden offensiven Biowaffenforschungs- und Produktionsprogramms, welches Ende der 70er Jahre trotz Unterzeichnung des internationalen Verbots solcher Programme weitergeführt und sogar noch expandiert wurde. Es wurde 1991 offiziell beendet. Es gibt zwar Hinweise, aber keine Beweise, daß die Sowjetunion jemals biologische Massenvernichtungswaffen erfolgreich eingesetzt hat.

Kanada unterstützte ein offensives B-Waffenprogramm von 1925-1947 in enger Koordination mit den britischen und den amerikanischen Programmen.

Japan entwickelte biologische Waffen in einem umfangreichen und streng geheimen Programm von 1931-1945. Im Gegensatz zu allen anderen offensiven staatlichen Programmen beschränkte sich dieses nicht auf Experimente mit Versuchstieren, sondern schloß Experimente an Kriegsgefangenen und verurteilten Verbrechern mit ein. Entwickelte biologische Waffen wurden gegen chinesische Truppen eingesetzt. Inwieweit der Einsatz der Waffen „erfolgreich" war, wird immer noch diskutiert.

Großbritannien begann sein offensives B-Waffenprogramm im Jahr 1940. Das Programm evaluierte zahlreiche verschiedene Erreger und Toxine. Feldexperimente mit biologischen Waffen wurden vor der schottischen Küste auf Gruinard Island unternommen. Außerdem produzierte Großbritannien kontaminiertes Viehfutter als eine potentielle Vergeltungswaffe gegen Deutschland und seine Landwirtschaft. Das Programm zur Erforschung und Produktion biologischer Waffen wurde Ende der 50er Jahre terminiert, ohne daß je eine biologische Waffe zum Einsatz kam.

Die USA begannen 1941 biologische Waffen zu entwickeln. Neben Mikroorganismen und Toxinen wurden auch Insekten wie Moskitos und Flöhe als potentielle Grundlage für Waffen evaluiert. Experimente mit nicht-tödlichen biologischen Kampfstoffen wurden mit Freiwilligen durchgeführt. Außerdem erforschten die USA die Verteilung von harmlosen Erregern und deren Beeinflussung durch unterschiedliche meteorologische Bedingungen in Experimenten, die teilweise ganze amerikanische Städte oder deren U-Bahnsysteme umfaßten, ohne daß die Bevölkerung davon wußte. Im November 1969 beendete US-Präsident Nixon das Programm, was wohl entscheidend dazu beitrug, daß biologische Waffen nur wenig später international verboten werden konnten.

1995 bestätigte Irak den langgehegten Verdacht der United Nation Special Commission (UNSCOM), daß das Land ein geheimes B-Waffenforschungsprogramm unterhielt. Es begann vermutlich um 1975, dauerte bis 1978 und wurde dann 1985 wiederaufgenommen. Auch nach 1995 bestanden Zweifel, ob das Programm und alle eventuell entwickelten biologischen Waffen zerstört wurden. Diese Zweifel waren im Jahr 2003 Mitauslöser des zweiten militärischen Konflikts zwischen den USA und Irak.

Vor ein paar Jahren wurde das offensive B-Waffenprogramm Südafrikas entdeckt und beendet. Im Gegensatz zu den vielen anderen Programmen konzentrierten sich die südafrikanischen Wissenschaftler auf die Entwicklung subversiver Waffen. Briefumschlagsklebestreifen, Zigarettenfilter und Pralinen wurden mit verschiedenen Erregern infiziert, um gezielt einzelne Individuen attackieren zu können. Ob solche Attacken wirklich unternommen wurden und wie erfolgreich sie waren, bleibt zu diskutieren.

Zusammenfassend läßt sich sagen, daß es bisher trotz teilweiser umfangreicher Bemühungen keinerlei Beweise dafür gibt, ob ein biologisches Massenvernichtungsmittel überhaupt funktioniert. Obwohl Bioverbrechen relativ leicht zu begehen sind, lassen sich die bisherigen bioterroristischen Angriffe an einer Hand abzählen. Keiner führte zu einem Szenario, das auch nur entfernt an solche apokalyptischen Szenen erinnert, wie sie in den Medien ausgemalt werden. Die Liste der mißlungenen Herstellungs- und Anwendungsversuche biologischer Waffen ist dagegen sehr viel länger und belegt eindrucksvoll, wie schwierig die Konstruktion dieser Waffengattung ist. Allerdings darf man auch nicht vergessen darauf hinzuweisen, daß die Konstruktion biologischer Waffen in naher Zukunft durch die Fortschritte der Biotechnologie und anderer wissenschaftlicher Disziplinen in starkem Maße erleichtert werden könnte. Man darf sich also nicht ausschließlich auf die Vergangenheit beziehen, um zu einer realistischen Gefahreneinschätzung bezüglich biologischer Waffen zu kommen.

Internationale Ächtung biologischer Waffen

Der erste Schritt zur Verhinderung eines biologischen Angriffs ist die generelle Ächtung biologischer Waffen. Bereits 1874 wurde in Brüssel diesbezüglich vorgeschlagen, die Nutzung von Giften und vergifteten Waffen zu verbieten. 1899 wurde auf der Internationalen Friedenskonferenz in Den Haag die Nutzung von Projektilen verboten, welche schädliche Gase verbreiten. 24 Nationen unterzeichneten den Vertrag. 1925 trat das Genfer „Protocol for the Prohibition of the Use in War of Asphyxiating, Poisonous or other Gases and of Bacteriological Methods of Warfare" in Kraft, welches spezifisch den Erstschlag mit biologischen Waffen verbot. Obwohl viele Staaten dem Protokoll beitraten, ratifizierten es so wichtige Staaten wie Japan und die USA erst 1970 beziehungsweise 1975.

Im Jahr 1975 trat die „Convention on the Prohibition of the Development, Production and Stockpiling of Bacteriological (Biological) and Toxin Weapons and on Their Destruction" in Kraft, welche vor allem aufgrund der Bestrebungen der USA, der Sowjetunion und Großbritanniens ausgearbeitet wurde. Bis heute haben 164 Staaten die Konvention unterzeichnet. 150 davon haben sie auch ratifiziert. Die Konvention verlangt die Zerstörung aller biologischen Waffen einer Beitrittsnation und untersagt alle offensiven Forschungsbestrebungen. Trotzdem wird die Konvention heute gerne als „zahnloser Tiger" bezeichnet, da sie keinerlei Auflagen zur gegenseitigen Kontrolle macht und somit die Verifikation der Einhaltung der Konvention durch verschiedene Mitgliedsnationen Utopie bleibt. In den letzten Jahrzehnten wurde erfolglos versucht, ein Zusatzprotokoll zu entwickeln, das die Konvention um solche Verifikationsmaßnahmen erweitern und sie insgesamt stärken würde.

Letztlich bleibt also zu diskutieren, inwiefern internationale Übereinkommen bisher dazu geführt haben, die Konstruktion von biologischen Waffen zu verhindern oder zu erschweren.

Biosecurity

Die „Biosecurity" umfaßt diejenigen Maßnahmen, die unternommen werden, um die Beschaffung, Entwicklung und Benutzung von biologischen Waffen durch Kriminelle, Terroristen und Geheimdienstmitarbeiter zu verhindern. Hierunter fallen auch Maßnahmen, die in Deutschland schon seit Jahrzehnten unter dem Begriff der biologischen Sicherheit („Biosafety") angewandt werden.

Die amerikanische Seuchenzentrale CDC definiert Biosecurity als die Verhinderung unautorisierten Zugangs zu Laboratorien und die Verhinderung der Entwendung gefährlicher biologischer Agenzien. Biosecurity kann auf individueller, institutioneller, nationaler oder internationaler Ebene erfolgen:

- Ein bestimmtes Ausmaß an individueller Biosecurity kann zum Beispiel durch Hintergrundsüberprüfungen wissenschaftlicher Mitarbeiter oder deren individuelle Beobachtung im Labor erreicht werden. Dabei sollte allerdings bedacht werden, daß der Ausschluß ganzer Nationalitäten den Wissenschaftsbetrieb erheblich einschränken könnte, da für viele gefährliche Erregerklassen nur wenige Spezialisten existieren, die mit ihnen umgehen können. Da die meisten biowaffentauglichen biologischen Agenzien auch notorische Krankheitserreger sind, müssen sie erforscht werden, um Diagnostika, Therapeutika und Impfstoffe zu entwickeln. Es muß also ein Mittelweg gefunden werden, der es Spezialisten weiterhin erlaubt, zum Wohle der Menschheit zu forschen, der aber gleichzeitig die Möglichkeiten einschränkt, daß dieselben Spezialisten gefährliche Erreger entwenden oder sie zweckentfremden können.
- Institutionelle Biosecurity kann durch elektronische Überwachung und Zugangskontrollen zu Erregersammlungen erreicht werden. Außerdem kann die Gefahr der Entwendung bestimmter Agenzien minimiert werden, indem nur einzelne Institute an diesen arbeiten. Innerhalb der Institute können Regeln aufgestellt werden, die es einzelnen Mitarbeitern erschweren, illegale Aktivitäten vorzunehmen. Zum Bei-spiel kann bei gefährlichen Agenzien verlangt werden, daß immer mindestens zwei Forscher gleichzeitig damit arbeiten.
- Nationale Biosecurity-Maßnahmen betreffen vor allem die Import- und Exportregulation potentiell waffentauglicher Agenzien oder zum Bau biologischer Waffen benötigter Materialen. Nationale Gesetzgebungen können außerdem die Verbreitung von zum Bau biologischer Waffen benötigten Wissens eindämmen. Wissenschaftliche Artikel können vor der endgültigen Publikation innerhalb des Peer-Review-Prozesses freiwillig kontrolliert und so geändert werden, daß die friedliche Forschung an sich hierdurch nicht behindert wird, aber auch keine Informationen verbreitet werden, die für böswillige Zwecke benutzt werden könnten.
- Internationale Biosecurity-Maßnahmen umfassen Programme zur Proliferationskontrolle, internationale Gesetze, Protokolle und Konventionen, gegenseitige Inspektionen und den Aufbau vertrauensbildender Maßnahmen zwischen den Nationen.

Fazit

Biologische Waffen sind, je nach Verwendungsintention, mit unterschiedlichem Aufwand herstellbar. Bioverbrechen stellen vermutlich die häufigste Variante zukünftiger biologischer Attacken dar, wobei die durch sie verursachten Schäden auf die Gesamtbevölkerung einer Nation oder gar den gesamten Planeten eher als vernachlässigbar einzuschätzen sind. Die größte Gefahr geht von biologischen Waffen aus, die aus staatlichen oder staatlich unterstützten Forschungsprogrammen hervorgehen, da nur solche Programme den Aufwand betreiben können, der nötig ist, um eine biologische Massenvernichtungswaffe zu konstruieren. Bioterroristische Angriffe ohne staatliche Unterstützung sind eher als unwahrscheinlich anzusehen. Um die Wahrscheinlichkeit der Anwendung effektiver biologischer Waffen zu minimieren, ist es zunächst nötig, staatliche offensive B-Waffenprogramme so weit wie möglich durch internationale Übereinkommen, vertrauensbildende Maßnahmen und gegenseitige Inspektionen einzudämmen oder zu terminieren und die Bewegung von biowaffentauglichen biologischen Agenzien und dem praktischen Wissen über den Umgang mit denselben zu beobachten und eventuell einzuschränken.

Kein Patent auf Leben: Rechtssicherheit für biotechnologische Erfindungen

von Brigitte Zypries

Im Fokus der Diskussion über Biopatente steht die Biotechnologierichtlinie 98/44/EG. [1] Die Bundesregierung hat hierzu am 25. Juni 2003 den Entwurf eines Gesetzes zur Umsetzung dieser Richtlinie beschlossen. [2] Vor diesem Hintergrund sollen – nach einem kurzen Überblick über den aktuellen Verfahrensstand – die Bedeutung der Richtlinie und die Hauptprobleme bei ihrer Umsetzung näher beleuchtet werden.

I. Sachstand

Am 6. Juli 1998 wurde die Richtlinie 98/44/EG des Europäischen Parlaments und des Rates über den rechtlichen Schutz biotechnologischer Erfindungen – die so genannte Biotechnologie- oder Biopatentrichtlinie – verabschiedet. Vorausgegangen waren fast zehnjährige Beratungen der Materie. Das Europäische Parlament und der Rat haben schließlich beide mit großer Mehrheit für die Verabschiedung der Richtlinie votiert.

Die Richtlinie verpflichtet die EU-Mitgliedstaaten, biotechnologische Erfindungen patentrechtlich zu schützen. Sie war bis zum 30. Juli 2000 in nationales Recht umzusetzen. [3] Dies ist bisher erst in Dänemark, Finnland, Griechenland, Irland, Spanien, dem Vereinigten Königreich und zuletzt Portugal geschehen. Dabei können an der europarechtlichen Umsetzungspflicht keine Zweifel mehr bestehen, seitdem der Europäische Gerichtshof mit Urteil vom 9. Oktober 2001 die Nichtigkeitsklage der Niederlande abgewiesen und den Inhalt der Richtlinie in allen Punkten, auch den kritischen, ausdrücklich bestätigt hat. [4]

In Deutschland hat die Bundesregierung am 18. Oktober 2000 einen ersten Gesetzentwurf zur Umsetzung der Biotechnologierichtlinie beschlossen. [5] Die Umsetzung ist aber in der letzten Legislaturperiode im Bundestag nicht mehr gelungen, da vor allem bei der Frage des Stoffschutzes keine Einigkeit erzielt werden konnte. Nach dem Grundsatz der Diskontinuität mußte das Gesetzgebungsverfahren neu eingeleitet werden. Die Bundesregierung hat deshalb am 25. Juni 2003 einen neuen Gesetzentwurf beschlossen, der sich wie der Vorangegangene eng an den Vorgaben der Richtlinie orientiert. Jetzt sind Bundesrat und Bundestag gefordert, ihrerseits Stellung zu nehmen beziehungsweise zu entscheiden.

Aus Brüssel ist zu ergänzen, daß die EU-Kommission im Oktober 2002 den ersten Bericht nach Artikel 16 c der Richtlinie über die Entwicklung und die Auswirkungen des Patentrechts im Bereich der Biotechnologie erstellt hat. [6] Darin bestätigt die Kommission ausdrücklich, daß die Richtlinie den europäischen ethischen Maßstäben voll gerecht wird und das sie zugleich den notwendigen Schutz biotechnologischer Erfindungen gewährleistet. Die Kommission hat die Bundesregierung wiederholt aufgefordert, die Richtlinie unverzüglich umzusetzen und inzwischen gegen Deutschland und die anderen säumigen EU-Mitgliedstaaten ein Vertragsverletzungsverfahren eingeleitet. Dies hat den Handlungsdruck in Deutschland noch vergrößert.

II. Bedeutung der Biotechnologierichtlinie

Die Biotechnologierichtlinie wird – weit über die Fachkreise und die Politik hinaus – in der Öffentlichkeit sehr kontrovers diskutiert. Das ist verständlich, da die Biotechnologie neben großen Chancen auch schwierige ethische Fragen mit sich bringt. Einerseits gibt es große Hoffnungen, daß die neuen Entwicklungen etwa in der Genforschung zu neuen Heilungschancen für viele Krankheiten führen. Auf der anderen Seite werden Widersprüche zu den ethischen Grundwerten unserer Gesellschaft befürchtet. Dabei wird zum Teil aus den Augen verloren, daß die Biopatentrichtlinie vor allem patentrechtliche Vorschriften zum Schutz biotechnologischer Erfindungen enthält. Das Wesen des Patentrechts wird in der öffentlichen Diskussion oft verkannt. Insofern ist klarzustellen, daß das Patentrecht dem Erfinder für seine schöpferische Leistung nur ein ausschließliches Verwertungsrecht gibt, mehr nicht. [7] Eine Erlaubnis zur Nutzung ist damit nicht verbunden. Das Patentrecht regelt nicht, was Forscher und Unternehmen tun dürfen und was ihnen verboten ist. Das richtet sich nach den jeweils einschlägigen Gesetzen, wie zum Beispiel dem Embryonenschutzgesetz. Diese Unterscheidung ist nicht nur grundlegend für den Gegenstand des Patentrechts, sondern auch für die Bewertung der Biopatentrichtlinie. [8]

Bei näherer Betrachtung zeigt sich so, daß die zum Teil sehr emotionale Kritik an der Biopatentrichtlinie weitgehend unberechtigt ist. Das wird klar, wenn man sich den Zweck der Richtlinie vor Augen führt. Die Richtlinie will kein neues Patentrecht schaffen. Es soll nur das geltende Patentrecht im Bereich der Biotechnologie EU-weit harmonisiert und verbessert werden. [9] Es geht also nicht um einen radikalen Umbruch. Denn schon seit vielen Jahrzehnten werden in Deutschland und überall auf der Welt Patente auf biotechnologische Erfindungen erteilt. [10] Die Biopatentrichtlinie sorgt hier für mehr Klarheit und Rechtssicherheit, indem sie zum Beispiel in Deutschland das Richterrecht des Bundesgerichtshofs durch geschriebenes Recht fortschreibt. Ihre Hauptbedeutung liegt darin, die Grenzen der Patentierbarkeit im geltenden Patentrecht festzuschreiben. Die Richtlinie weitet das Patentrecht nicht aus, sondern schränkt es ein – auch und gerade aus ethischen Gründen.

Dies läßt sich an zwei Punkten exemplarisch verdeutlichen. Artikel 5 Abs. 1 der Richtlinie stellt klar, daß der menschliche Körper in den einzelnen Phasen seiner

Entstehung und Entwicklung keine patentierbare Erfindung darstellen kann. Dies gilt auch für die bloße Entdeckung eines seiner Bestandteile, einschließlich der Sequenz oder Teilsequenz eines Gens. Diese Norm betrifft also nicht nur die Abgrenzung von Erfindungen und Entdeckungen, sie stellt darüber hinaus sicher, daß auch im Patentrecht der Respekt vor dem Leben und die Würde des Menschen die entscheidenden Maßstäbe bleiben.

Die gleiche Zielrichtung hat Artikel 6 Abs. 2 der Richtlinie, der zu einer weiteren wichtigen Verbesserung gegenüber dem geltenden Patentrecht führt. Denn bisher sind die ethischen Grenzen der Patentierbarkeit allein durch die Generalklauseln „öffentliche Ordnung" und „gute Sitten" bestimmt. [11] Artikel 6 Abs. 2 der Richtlinie wird hier konkreter und verbietet ausdrücklich Patente zum Klonen von menschlichen Lebewesen, Patente für Keimbahneingriffe beim Menschen sowie die Verwendung von menschlichen Embryonen zu industriellen oder kommerziellen Zwecken. [12] Die Richtlinie gibt damit dem Rechtsanwender in bestimmten Kernpunkten klare Vorgaben und erleichtert so auch die Lösung anderer Fragen.

Diese beiden Punkte verdeutlichen, daß die Richtlinie das nationale Patentrecht verbessert und präzisiert, gerade auch im Hinblick auf die ethischen Grenzen der Patentierbarkeit. Deshalb hat die Bundesregierung die Richtlinie wiederholt begrüßt. Die ethische Diskussion kann und soll damit natürlich nicht abgeschlossen werden. Die Verabschiedung der Biopatentrichtlinie am 6. Juli 1998 ist aber ein wichtiges und verbindliches Zwischenergebnis. Auch wenn die Richtlinie nicht in allen Punkten endgültige Antworten auf die Herausforderungen der neuen Biotechnologien gefunden hat, ist sie jetzt vorrangig umzusetzen.

III. Hauptdiskussionspunkte bei der Umsetzung der Biotechnologierichtlinie

Die Bundesregierung hat am 25. Juni 2003 mit ihrem Gesetzentwurf den ersten wichtigen Schritt zur Umsetzung der Biotechnologierichtlinie gemacht. Entscheidend ist aber das Votum des Deutschen Bundestages. [13] Die schwierigen Verhandlungen in der letzten Legislaturperiode haben gezeigt, daß es dort im Kern um drei Probleme geht: Erstens um den Umfang des Stoffschutzes, zweitens um die Frage des sogenannten „informed consent" und drittens um die Angabe der geografischen Herkunft genutzten biologischen Materials.

1. Umfang des Stoffschutzes

Im Zentrum der Diskussion steht nach wie vor die Frage des Umfangs des Stoffschutzes. [14] In der Öffentlichkeit werden in diesem Zusammenhang oft „Patente auf Leben" angeprangert. Eine derart pauschale Kritik verkennt aber das Wesen des Stoffschutzes. Bereits nach geltendem Recht besteht die Möglichkeit, auch für biologische Naturstoffe einen absoluten Patentschutz zu erhalten. [15] Das heißt, der Patentschutz umfaßt alle Verwendungen des durch die Erfindung hervorgebrachten neuen Stoffs. Dies bedeutet aber nicht, daß alle Gegenstände, in denen der Stoff in seiner natürlichen Form enthalten ist, patentgeschützt sind. Gegenstand des Patents ist vielmehr nur der künstlich isolierte Stoff, also das Produkt einer besonderen technischen Leistung. [16]

Der neue Regierungsentwurf geht wie der vorangegangene Entwurf und die Biotechnologierichtlinie vom absoluten Stoffschutz aus. Dafür sprechen gewichtige rechtliche, forschungspolitische und wirtschaftliche Gründe. Zu den juristischen Vorgaben tritt die wirtschaftliche Notwendigkeit, hinreichende Anreize für Investitionen und Forschung zu schaffen. [17] Der absolute Stoffschutz ist auch deshalb weltweit geltendes Recht, weil reine Verfahrenspatente oft nur sehr schwer zu realisieren sind. Ein nationaler Alleingang in dieser Frage würde die Bedingungen des Forschungs- und Wirtschaftsstandorts Deutschland drastisch verschlechtern.

Aus juristischer Sicht ist hervorzuheben, daß das allgemeine Patentrecht, das einen derartigen Stoffschutz bereits vorsieht, durch die Richtlinie nicht verändert werden soll. [18] Eine deutsche Sonderregelung wäre mit dem Harmonisierungszweck der Richtlinie unvereinbar. Zudem besteht auch eine Bindung durch das Diskriminierungsverbot des Artikels 27 Absatz 1 des Übereinkommens über die handelsbezogenen Aspekte der Rechte des geistigen Eigentums vom 15. April 1994 (WTO-Trips-Übereinkommen). [19]

Die sachliche Rechtfertigung für den Umfang des Stoffschutzes liegt in der Bereicherung des Standes der Technik durch die Lehre, auf deren Grundlage der Stoff der Allgemeinheit erstmals zugänglich gemacht wird. Durch die erstmalige Beschreibung des neu zur Verfügung gestellten und neu isolierten Stoffes in der Patentanmeldung wird der Stoff der Allgemeinheit bekannt und kann so zur Grundlage der weiteren Forschung auch durch Dritte werden.

2. Erwägungsgrund 26 der Biotechnologierichtlinie

Wenn eine Erfindung biologisches Material menschlichen Ursprungs zum Gegenstand hat, stellt sich die Frage, ob der Patentanmelder in der Anmeldung versichern soll, daß die Rechte der betroffenen Personen gewahrt wurden. Im Erwägungsgrund 26 ist dazu ausgeführt, daß die betroffene Person die Gelegenheit erhalten haben mußte, der Entnahme freiwillig zuzustimmen. Dies ist im deutschen Recht durch Regelungen im Gesundheits-, im Straf- und im Datenschutzrecht sichergestellt. Soweit es dort Vollzugsdefizite geben sollte, müßte ihnen ebendort abgeholfen werden. Es handelt sich aber nicht um eine patentrechtliche Problematik. Der neue Regierungsentwurf sieht daher bewußt davon ab, den Erwägungsgrund 26 im Patentrecht umzusetzen, auch um das technisch angelegte Patentverfahren nicht mit sachfremden Erwägungen zu belasten.

3. Zur Frage der Herkunftsangaben

Im Erwägungsgrund 27 der Richtlinie ist ausgeführt, daß die Patentanmeldung gegebenenfalls Angaben zur Herkunft genutzten biologischen Materials enthalten sollte, falls diese bekannt ist. Die Prüfung der Patentanmeldung und die Gültigkeit der Patentrechte sollen hiervon aber ausdrücklich unberührt bleiben.

Die Frage der Herkunftsangaben ist gegenwärtig Gegenstand umfassender Diskussionen in verschiedenen internationalen Gremien. [20] Die Bundesregierung kann und will den Ergebnissen dieses laufenden internationalen Diskussionsprozesses nicht vorgreifen. Sie hat aber in dem neuen § 34 a des Entwurfs zur Umsetzung der Biotechnologierichtlinie eine Pflicht zu Herkunftsangaben geschaffen, die den Vorgaben des 27. Erwägungsgrund der Richtlinie entspricht. So wird in dem Bereich der Nutzung biologischen Materials Transparenz geschaffen und ein wichtiger Gedanke aus Artikel 15 des Übereinkommens über die biologische Vielfalt (CBD) aufgenommen. [21]

IV. Fazit und Ausblick

Die Biotechnologierichtlinie stellt einen deutlichen Fortschritt gegenüber der bisherigen Rechtslage dar, gerade auch im Hinblick auf die ethischen Grenzen der Patentierbarkeit. Hinzu kommt, daß Deutschland kraft vorrangigen Europarechts verpflichtet ist, die Richtlinie umzusetzen. Die Umsetzung ist daher auch ein Gebot der Rechtstreue und Rechtsstaatlichkeit. Dies gilt unabhängig davon, daß die Biopatentrichtlinie nicht in allen Punkten endgültige Antworten auf die Herausforderungen der neuen Biotechnologien gefunden hat. Deshalb wird die Bundesregierung auch nach Inkrafttreten des Umsetzungsgesetzes auf europäischer Ebene für erforderliche Verbesserungen und Präzisierungen eintreten.

Literatur

[1]   Abl. EG Nr. L 213, S. 13

[2]   Bundesrats-Drucksache 546/03

[3]   Artikel 15 der Richtlinie.

[4]   EuGH, Rs. C - 377/98, Slg. 2001, S. 7079 ff.

[5]   Bundestags-Drucksache 14/5642

[6]   Bericht der Kommission an das Europäische Parlament und den Rat vom 7. Oktober 2002, KOM (2002), 545 endgültig.

[7]   Vgl. § 9 PatG.

[8]   Daran ändert auch der ordre public Vorbehalt des Artikels 6 der Richtlinie bzw. des § 2 Nr. 2 PatG nichts, der eine gewisse, aber eben nur sehr beschränkte Verbindung zwischen beiden Bereichen herstellt.

[9]   Vgl. die Erwägungsgründe 3 bis 9 der Biotechnologierichtlinie.

[10]   Vgl. etwa BGHZ 52, 74 ff. („Rote Taube").

[11]   Vgl. § 2 Nr. 1 PatG.

[12]   Die Aufzählung in Artikel 6 Absatz 2 der Richtlinie ist nach ihrem klaren Wortlaut („unter anderem") nicht abschließend.

[13]   Damit soll die Rolle des Bundesrates natürlich nicht geschmälert werden.

[14] Vgl. dazu aus der jüngeren Literatur Spranger in: ZEITSCHRIFT FÜR BIOPOLITIK 2003, S. 85 ff. m.w.N.

[15] Vgl. BPatGE 20, 81 ff. („Knollenblätterpilz"), BGHZ 64, 101 („Bäckerhefe") und BGHZ 100, 67 („Tollwutvirus").

[16] Das bekannte Schlagwort vom „Patent auf Leben" ist daher zumindest irreführend. Im übrigen ist das Leben natürlich auch viel mehr als nur ein Stoff.

[17] Vgl. die Erwägungsgründe 2 und 3 der Biotechnologierichtlinie.

[18] Vgl. den Erwägungsrund 8 der Biotechnologierichtlinie.

[19] BGBl. 1994 II S. 1730.

[20] Zum Beispiel im Rahmen der Weltorganisation für geistiges Eigentum (WIPO).

[21] Bundesgesetzblatt 1993 II S. 1741.

Leben ist ein Geschenk

von Wolfgang Huber

Heute kennt jeder Beispiele für ein Familienglück, das durch die moderne Reproduktionsmedizin möglich wurde. Ehepaare stehen uns vor Augen, die lange auf Kinder warteten. Nach vielen Jahren kamen sie, und dann gleich drei an der Zahl. Damit, daß es sich um eine „assistierte Reproduktion" handelte, kann man in solchen Fällen ziemlich sicher rechnen, selbst wenn man nicht danach fragt. Vor allem wenn die Kinder gesund sind, wird das Glück der Eltern wie der Kinder als ein Gottesgeschenk erfahren. Niemand kann über solche Beispiele für den möglichen Segen, der sich mit den heutigen Formen der Reproduktionsmedizin verbindet, einfach hinwegsehen.

I.

Doch das Glück solcher Familien kann über die Ambivalenz des Vorganges nicht hinwegtäuschen, dem sie ihr Glück verdanken. Das Verfahren hat für alle, die sich seiner bedienen, so gravierende Belastungen und so problematische Auswirkungen zur Folge, daß es gute Gründe dafür gibt, von seiner Inanspruchnahme abzuraten. Darüber hinaus muß nachdenklich stimmen, daß sich die medizinische Disziplin, die dafür in Anspruch genommen wird, „Reproduktionsmedizin" nennt. Die Sprache der Zeugung geht hier gleitend in die Sprache der Erzeugung über. In der „Reproduktion" steckt, worauf Bischof Franz Kamphaus vor kurzem hingewiesen hat, unüberhörbar das „Produkt". Serielle Herstellung tritt in den Blick; die genetische Machbarkeit des Menschen wird in solchen Visionen wieder in einer Weise vorausgesetzt, die man längst überholt glaubte. Der Irrglaube macht sich wieder breit, daß das menschliche Leben im wesentlichen genetisch determiniert sei. Warum sonst sollten Menschen einen solchen unausrottbaren Drang danach haben, daß in ihren Kindern auch dann ihre eigenen Gene weiterleben sollen, wenn die natürliche Zeugung nicht gelingen will – ja sogar dann, wenn eine erbliche Belastung zu befürchten ist?

Deshalb sollten auch die Familien nicht vergessen werden, die auf ungewollte Kinderlosigkeit anders antworten. Warum ist es um die Möglichkeit der Adoption so still geworden? Und warum redet man nicht mit Respekt von den kinderlos gebliebenen Paaren, die frei gebliebene Kräfte in tätige Nächstenliebe über die Grenzen der eigenen Familie hinaus umsetzen?

Die Reproduktionsmedizin betrachtet die ungewollte Kinderlosigkeit als eine Krankheit, die mit den Mitteln der assistierten Reproduktion kompensiert werden soll. Am Ende steht der paradoxe Tatbestand, daß der eine Teil der Gesellschaft um des eigenen Lebensentwurfs willen auf Kinder verzichtet, weil das Dritthaus auf den Kanarischen Inseln wichtiger ist als die Nachkommenschaft, während andere sich von Hormonbehandlung zu Hormonbehandlung quälen, um ihren eigenen genetischen Fortbestand zu sichern. Mit guten Gründen kann man gegen die Debatte über die Reproduktionsmedizin einwenden, dem entscheidenden Problem weiche sie aus: dem sich ausweitenden Verzicht auf Kinder, ja der verbreiteten Weigerung, für eine nachwachsende Generation Verantwortung zu übernehmen. Aber das eine läßt sich nicht gegen das andere ausspielen. Vielmehr ist beides nötig: die Bereitschaft dazu, Kinder zur Welt zu bringen, ebenso wie der Verzicht darauf, immer weitergehende technische Mittel dafür in Anspruch zu nehmen.

Manche gehen mit der Reproduktionsmedizin um, als müßten sie für ihren Fortbestand über den Tod hinaus dadurch sorgen, daß sie leibliche Kinder haben. Gewiß ist der Mensch das Wesen, das über sich selbst hinauswill. Seine größte Gefahr ist, wenn er bei dieser Suche nach Transzendenz nur auf sich selbst stößt. Dann will er sich selbst zum vollkommenen Menschen machen, sich in seinen Nachkommen selbst verwirklichen, in seinen Produkten den letzten Traum seines Lebens verwirklichen.

Christen bekennen sich zu dem Gott, der sie bei der Suche nach Transzendenz von sich selbst befreit. Sie wissen, daß sie Vollkommenheit nicht bei sich selbst, sondern nur bei ihm finden können. In Jesus Christus begegnet ihnen der Mensch, in dem sie Gottes Ebenbild finden können. Er, der die Liebe bis zur Ohnmacht am Kreuz auslebt, wird von Gott mit einem Leben beschenkt, das kein Ende kennt. Das befreit Glaubende von der Meinung, sie müßten selbst ein Leben herstellen, das der Endlichkeit nicht unterworfen ist. Bei allem, was sie leisten, brauchen sie die Vorläufigkeit des Resultats nicht zu leugnen. Weder im eigenen noch in einem fremden Leben brauchen sie sich selbst zu verwirklichen.

Natürlich tragen wir eine Verantwortung für das menschliche Leben. Diese Verantwortung schließt den Auftrag zur Weitergabe des Lebens ebenso wie die Pflicht ein, das, was wir können, auch zu tun, um Krankheiten zu heilen, genetische Defekte eingeschlossen. Aber die Vorstellung, daß der Mensch den Menschen nach seinem eigenen Bild schafft, ist blasphemisch; in der Bibel wird das als der Kern der Sünde angesehen. Denn er macht dadurch sich selbst zu dem, woran er sein Herz hängt. „Woran du aber dein Herz hängst, das ist dein Gott" (Luther).

Angesichts des heute wissenschaftlich und technisch Möglichen können wir erfahren, wie uns diese Glaubenswahrheit unmittelbar anspricht. Diese Wahrheit kann man auch so umschreiben: Von Gott unterscheidet sich der Mensch dadurch, daß er endlich ist, daß sein Leben einen Anfang und ein Ende hat. Über dieses Leben selber, seinen Anfang und sein Ende, verfügen wir nicht selbst. Wann, wo und als Kinder welcher Eltern wir geboren werden, ist uns schlechterdings entzogen. Das ist ein Gleichnis dafür, daß wir unser Leben als Geschenk empfangen, bevor wir verantwortlich mit ihm umgehen und es gestalten.

Auf die Seite des Gestaltens gehört auch der Umgang mit den wissenschaftlichen, also auch den medizinischen Möglichkeiten, die uns zugänglich sind. Ihnen gleichgültig gegenüberzustehen oder an ihren Fortschritten desinteressiert zu sein wäre keineswegs ein überzeugender Ausdruck geschöpflicher Dankbarkeit. Die entscheidende Frage heißt jedoch, wie dieser Fortschritt selbst dem Gleichgewicht menschlichen Lebens dient. Dieses Gleichgewicht würde jedenfalls dann verletzt, wenn man sich einbilden würde, Endlichkeit und Begrenztheit des menschlichen Lebens ließen sich dank des medizinischen Fortschritts außer Kraft setzen.

II.

Mit Louise Brown fing es 1978 an; sie war das erste „Retortenbaby". Der Mediziner Robert Edwards machte es möglich; arglos nennt man ihn noch heute „den Vater von Louise Brown". Schon diese Ausdrucksweise zeigt, wie sich der technische Vorgang des Herstellens zwischen Eltern und Kinder schiebt; schon deshalb muß die assistierte Reproduktion die Ausnahme sein und bleiben. Zur Zurückhaltung muß auch die Erinnerung daran veranlassen, wie viele Embryonen vernichtet wurden, bis man die Technologie der künstlichen Befruchtung zur nötigen Reife gebracht hatte. Trotzdem knüpfen viele an die In-vitro-Fertilisation (IVF) weiterreichende Forderungen.

Nachdem sie eingeführt sei, könne man den nächsten Schritt nicht verweigern. So hat man zunächst gefordert, die Forschung an menschlichen Stammzellen zuzulassen, die aus „überzähligen" Embryonen gewonnen wurden. Zwar soll es solche „überzähligen" Embryonen nach dem deutschen Embryonenschutzgesetz von 1990 nicht geben. Pro Zyklus dürfen vielmehr höchstens drei Eizellen befruchtet werden; alle drei müssen der Mutter implantiert werden. Trotzdem ist nicht auszuschließen, daß Embryonen zurückbleiben. Sie sind beispielsweise verwaist, weil die Mutter zwischen Befruchtung und geplanter Implantation starb, erkrankte oder plötzlich die Implantation ablehnte. Dadurch lagern in den Kühlschränken der deutschen Reproduktionsmediziner vermutlich einige Dutzend „überzählige" Embryonen. Und wer will genau wissen, wie groß die Zahl der Präembryonen im Vorkernstadium – vor der vollständigen Verschmelzung – ist, die man eingefroren hat, weil sie noch nicht durch die Regeln des Embryonenschutzgesetzes geschützt werden?

Durch die IVF wurde der Embryo vor der Implantation überhaupt zum Objekt menschlichen Handelns. Seitdem erst stellt sich die Frage, ob wir in diesem Embryo mehr sehen als eine Sache, mehr als eine Ware, die wir nach Gutdünken prüfen und je nach Ergebnis wählen oder verwerfen. Aber kann man wirklich sagen, mit der Möglichkeit der IVF selbst hätten wir uns bereits dafür entschieden, den menschlichen Embryo einfach als „Sache" zu behandeln, über die wir nach Belieben verfügen können? Daß sich neuartige Fragen stellen, weil durch die neuen Möglichkeiten der Reproduktionsmedizin Embryonen „verfügbar" geworden sind, läßt sich nicht bestreiten. Hat das Rückwirkungen auf die Einschätzung der IVF selbst?

Die Kirchen haben früh von diesem Schritt abgeraten. Die Evangelische Kirche in Deutschland (EKD) hat in einer grundsätzlichen Stellungnahme aus dem Jahr 1985 mit dem Titel „Von der Würde des werdenden Lebens" darauf hingewiesen, daß die Erzeugung und anschließende Vernichtung „überzähliger" Embryonen „in unauflöslichem Widerspruch zu dem Schutz des werdenden menschlichen Lebens" steht. Generell hat sie in dieser Stellungnahme erklärt, die Erzeugung menschlichen Lebens durch reproduktionsmedizinische Maßnahmen mute eine größere Verantwortungslast zu als die natürliche Zeugung. Und sie hat die ethischen Gründe genannt, derentwegen zu einer generellen Zurückhaltung gegenüber diesen reproduktionsmedizinischen Maßnahmen zu raten ist.

Eigens hat sie damals darauf hingewiesen, daß elterliche Infertilität oft psychische Ursachen hat; diese aber werden durch reproduktionsmedizinische Maßnahmen gerade „nicht behoben, sondern nur technisch überspielt". Demgemäß hat die Synode der EKD schon 1987 erklärt: „Gewichtige Gründe sprechen gegen die extrakorporale

Befruchtung. Aber die Not der ungewollten Kinderlosigkeit darf nicht geringgeschätzt werden. Der Wunsch nach einem Kind rechtfertigt jedoch noch nicht jede medizinische Maßnahme. Darum rät die Synode vom Verfahren der extrakorporalen Befruchtung ab." Evangelische Ethik spricht kein Unwerturteil über diejenigen aus, die von der assistierten Reproduktion Gebrauch machen; aber sie appelliert an die persönliche Verantwortung.

Damit ist nicht nur die Verantwortung der Paare gemeint, die vor der Frage nach der Inanspruchnahme der assistierten Reproduktion stehen; gemeint ist auch die Verantwortung der Mediziner, die schon im Prozeß der Beratung und Entscheidungsvorbereitung eine Schlüsselbedeutung haben. Vor allem sollten sie sich davor hüten, Kinderlosigkeit zu pathologisieren und in jedem Fall für therapiebedürftig zu erklären. Die Tatsache, daß die IVF inzwischen weithin als „Mittel der Wahl" gilt, zeigt, wie notwendig solche Warnungen sind. Nur wenn Alternativen ernstgenommen werden, kann man in einer verantwortlich getroffenen Entscheidung für die IVF eine ethisch gehaltvolle Entscheidung sehen. Wenn Paare sich nach Prüfung der Alternativen auch bei anhaltender Unfruchtbarkeit dafür entscheiden, daß die Kinder, die sie sich wünschen, leibliche, reproduktionsmedizinisch ermöglichte Kinder sein sollen, wird man dieser Entscheidung eine eigene ethische Qualität zuerkennen. Aber es muß im Blick bleiben, daß der Zeugungsvorgang aus der leib-seelischen Ganzheit der Paarbeziehung herausverlegt und verdinglicht wird. Das Werden von menschlichem Leben wird in einen Prozeß des Herstellens verlegt. Damit verbindet sich die Gefahr, daß dieses Leben selbst wie ein Gegenstand angesehen wird, über den man verfügen und mit dem man Handel treiben kann.

In der Ablehnung eines Vorgehens, bei dem systematisch und regelmäßig „überzählige" Embryonen erzeugt werden, trifft sich die Position der evangelischen Kirche mit derjenigen der katholischen Kirche. Gemeinsam haben die Kirchen deshalb 1989 gefordert, daß in jedem Fall nur so viele Embryonen erzeugt werden, wie tatsächlich übertragen werden können und sollen; jeden Anreiz zur „verbrauchenden" Embryonenforschung haben sie kategorisch abgelehnt. Dem hat das deutsche Embryonenschutzgesetz von 1990 Rechnung getragen.

Bereits zuvor hatte die Instruktion der römisch-katholischen Kongregation für die Glaubenslehre über die Achtung vor dem beginnenden menschlichen Leben und die Würde der Fortpflanzung, „Donum vitae", aus dem Jahr 1987 zu diesen Fragen eigens Stellung genommen. Der Vorbehalt des katholischen Lehramts bezieht sich nicht nur auf die mögliche „Verwerfung" überzähliger Embryonen. Er bezieht sich darüber hinaus darauf, daß bei der IVF eine Trennung zwischen der sexuellen Vereinigung und der Zeugung beziehungsweise Erzeugung eines Kindes vollzogen wird. Beide müssen nach der Auffassung des katholischen Lehramts aber unmittelbar miteinander verbunden bleiben: „Der eheliche Akt, durch den die Eheleute einander ihre Selbsthingabe kundtun, drückt zugleich die Öffnung zum Geschenk des Lebens aus." Indem die Eheleute die Ehe leiblich vollziehen, können sie Vater und Mutter werden. Deshalb „muß die eheliche Vereinigung in der Achtung vor der Öffnung auf die Fortpflanzung hin erfolgen, und die Zeugung einer Person muß Frucht und Ziel der ehelichen Liebe sein".

Diese strikte und ausnahmslose Verknüpfung des sexuellen Akts mit der Offenheit für die Entstehung neuen Lebens wird von der evangelischen Ethik nicht in derselben

Allgemeinheit vertreten. Gegen sie spricht zunächst die Tatsache, daß die eheliche Vereinigung als Ausdruck wechselseitiger Liebe von Eheleuten auch dann noch vollzogen wird, wenn die Möglichkeit der Zeugung eines Kindes damit nicht verbunden ist; es fällt in diesem Zusammenhang auf, daß die Instruktion „Donum vitae" diesen lebensbegleitenden, bis ins Alter andauernden Charakter der körperlichen Liebe in der Gemeinschaft von Mann und Frau nicht ausdrücklich bedenkt. Wenn jedoch der sexuelle Akt seinen Sinn auch dann in sich trägt, wenn er gar nicht mehr mit der Offenheit für die Entstehung neuen Lebens verbunden sein kann, wird man diese eigenständige Sinnhaftigkeit auch für Lebensphasen anerkennen, in denen die Eheleute zur Zeugung neuen Lebens imstande sind. Deshalb ist nach der Auffassung evangelischer Ethik die Schwangerschaftsverhütung auch nicht generell als eine Handlungsweise anzusehen, die mit dem Wesen der sexuellen Vereinigung unvereinbar ist.

Dagegen ist es jedoch auch nach der Auffassung evangelischer Ethik mit dem Wesen der Ehe unvereinbar, wenn die Bereitschaft zur Weitergabe des Lebens kategorisch verweigert wird. Ebendeshalb schließt die evangelische Betrachtungsweise aber den Einsatz von reproduktionsmedizinischen Maßnahmen in den Fällen nicht generell aus, in denen eine Ehe gegen den Wunsch der Eltern kinderlos bleibt. Denn Reproduktionsmedizin kann insoweit in den Dienst des Sinnes der Ehe selbst treten. Von der extrakorporalen Befruchtung wird von Anfang an wegen der mit ihr verbundenen Weiterungen abgeraten. Sie wird aber nicht kategorisch ausgeschlossen; ihr gesetzliches Verbot ist evangelischerseits nicht gefordert worden. Wenn sie auch nicht als solche kategorisch ausgeschlossen werden kann, so sind ihr doch kategorische Grenzen gesetzt. Sie liegen darin, daß um des reproduktionsmedizinischen Zweckes willen nicht Leben vernichtet werden darf und daß mit den Mitteln der Reproduktionsmedizin hergestelltes Leben nicht zur beliebig verfügbaren Sache gemacht werden darf.

Noch in einer anderen Hinsicht ist ein Unterschied zwischen den Perspektiven evangelischer und katholischer Ethik zu bedenken. Evangelische Ethik sieht den Menschen als Beziehungswesen. Er verdankt sich einer Beziehung, die ihm vorausgeht; sein Leben vollzieht sich in Beziehungen, ja hat in ihnen sein Wesen. Vier Beziehungen vor allem prägen seine Existenz: die Beziehung zu Gott, dem er sein Leben verdankt, zu der Welt, in der sein Leben Gestalt gewinnt, zu den Mitmenschen, mit denen er sein Leben teilt, und zu sich selbst, der dieses Leben ist und führt. Was der Mensch ist, erfassen wir nicht, wenn wir seine Substanz zu beschreiben versuchen, sondern nur, wenn wir die Beziehungen erfassen, in denen sich sein Leben vollzieht. Daß er sich selbst zu diesen Beziehungen verhalten kann und daß er in diesem Sinn ein selbstreflexives Wesen ist, unterscheidet den Menschen von anderen Lebewesen. Verstehen wir den Menschen in diesem Sinn relational, gewinnen wir auch Zugang zu dem offenen Anfang seiner Existenz. Auf die Frage, wann das menschliche Leben beginnt, hat ein nachdenklicher Zeitgenosse deshalb geantwortet, es beginne dann, wenn ein Mann und eine Frau sich anschauen und sich ein Kind wünschen. Als Beziehungswesen wird der Embryo auch schon auf den frühen Stufen seiner Entwicklung wahrgenommen, übrigens dann, wenn er *in vitro* erzeugt wird, sogar noch mehr, als wenn sein Leben im Mutterleib beginnt. Denn bei der natürlichen Zeugung menschlichen Lebens weiß die Mutter während der allererste Stufen von seinem Entstehen unter Umständen noch nichts, während im Fall der künstlichen Erzeugung für die Mutter dies von Anfang an ein sehr bewußter Vorgang ist. In diesem Fall gibt es von Beginn an ein Beziehungsgeschehen, das von der Hoffnung geprägt und begleitet ist, daß wenigstens aus einem der Embryonen ein Mensch werden möge.

Wenn man den Menschen in diesem Sinn als Beziehungswesen mit offenem Anfang versteht, dann kann allen eindeutigen Grenzziehungen für den Beginn menschlichen Lebens nur ein subsidiärer Charakter zukommen. Dabei trifft sich die evangelische mit der katholischen Ethik darin, daß die Grenze, von der an ein individuelles menschliches Leben gegeben ist, zumindest bei der Verschmelzung von Eizelle und Samenzelle zu ziehen ist. Insofern kommt man im Blick auf den moralischen Status des Embryos zum gleichen Ergebnis, ob man – wie eine vorherrschende katholische Betrachtungsweise – von einer bestimmten Auffassung natürlicher Gegebenheiten oder – wie ein verbreitetes evangelisches Verständnis – von der Sicht des Menschen als Beziehungswesen ausgeht. Doch für die katholische Betrachtungsweise reicht die Bedeutung dieser Grenzziehung ungleich weiter. Mit ihr soll der Personstatus des Menschen beginnen. Um dieser Klarheit willen werden Empfängnis und Befruchtung gleichgesetzt; die Befruchtung wird als Verschmelzung von Eizelle und Samenzelle verstanden; und diese wird als genau datierbares Geschehen aufgefaßt. Immer wieder ist deshalb – beispielsweise in „Donum vitae" – vom „Augenblick der Empfängnis", vom „ersten Augenblick der Existenz" und von den mit „diesem selben Augenblick" gegebenen Rechten der Person die Rede.

Diese Redeweise wird jedoch dem Prozeß der Befruchtung schwerlich gerecht. Die Verschmelzung von Eizelle und Samenzelle steht ihrerseits am Ende einer „Befruchtungskaskade"; man kann also nicht von einem „Augenblick" der Befruchtung sprechen, mit dem die Entwicklung eines menschlichen Lebewesens erst beginnt. Mit guten Gründen wird deshalb die Frage gestellt, warum das Vorkernstadium, in dem auch schon ein bestimmtes Spermium mit einer bestimmten Eizelle verbunden ist, aus dem Schutzbereich des „unverletzlichen Rechts jedes unschuldigen menschlichen Wesens auf Leben" gänzlich ausgeschlossen ist. Je tiefer man in den komplexen Vorgang der Entstehung menschlichen Lebens eindringt, desto deutlicher wird, daß die Rede vom „Augenblick der Empfängnis" zwar den Anschein von Eindeutigkeit erzeugt, aber keineswegs eindeutig ist.

Vielleicht ist auch die vermeintliche Klarheit, mit welcher der menschliche Embryo als ein „embryonaler Mensch" bezeichnet wird, kritisch zu befragen. Die Zuerkennung von „Rechten der Person" vom Zeitpunkt der Befruchtung an kann ja nicht in einem strikt rechtlichen Sinne gemeint sein. Dagegen spricht schon die Unmöglichkeit, diese Rechte in ganz frühen Phasen, in denen Embryonen noch unerkannt abgehen können, auch nur einzuklagen. Und es mag doch eine tiefere Wahrheit darin verborgen sein, daß wir erst dem geborenen Menschen einen Namen geben und daß erst ein geborener Mensch getauft wird.

Es gehört zu den bemerkenswerten Folgen der modernen Reproduktionsmedizin, daß die Schutzpflicht von Anfang an gegenüber einem in der Petrischale erzeugten Embryo wirksamer wahrgenommen werden kann als gegenüber einem natürlich gezeugten Embryo. Trotzdem ist daran festzuhalten, daß die künstliche Erzeugung von Embryonen auf diejenigen Fälle zu beschränken ist, in denen sie wegen der ungewollten Kinderlosigkeit eines Paares von diesem gewünscht wird. Aus ethischen Gründen ist der Vorstellung zu widerstehen, daß die assistierte Reproduktion, nachdem sie einmal möglich ist, auf immer weitere Bereiche auszuweiten sei.

Aber kann einer solchen Vorstellung überhaupt widerstanden werden? Sind Entscheidungen über die Nutzung neuer wissenschaftlicher Möglichkeiten umkehrbar? Haben wir zu einer solchen Veränderung unseres Verhaltens überhaupt die Kraft? Wenn die Rede von einer Ethik der Verantwortung überhaupt einen Sinn haben soll, muß auch eine solche Umkehr als möglich gelten. Auch in der Nutzung technischer Möglichkeiten sind Revisionen nicht ausgeschlossen, wie aktuelle Entscheidungen zur Kernenergie zeigen. Kaum jemand fordert derzeit ein gesetzliches Verbot der IVF. Und nach wie vor werden Kinder, die auf diesem Wege zur Welt gekommen sind, das Glück ihrer Eltern sein und als Gottesgeschenk angenommen werden können. Trotzdem hat der Rat seinen guten Sinn, anderen Antworten auf die Erfahrung von Kinderlosigkeit den Vorrang zu geben.

Aber auch unabhängig davon wäre es eine Abdankung der ethischen Verantwortung, wenn man in der Zulassung der Präimplantationsdiagnostik (PID) oder der embryonalen Stammzellenforschung zwangsläufige Folgerungen aus der Praxis der IVF sehen würde. Verantwortung muß vielmehr auf jeder Stufe einer solchen Entwicklung neu wahrgenommen werden; der Unterscheidung zwischen dem, was man tun kann, und dem, was man tun darf, kann man sich auf keiner Stufe der wissenschaftlich-technischen Entwicklung entziehen.

III.

Am 1. Juli 2002 ist das deutsche Stammzellgesetz in Kraft getreten. Damit kam ein Prozeß zu einem vorläufigen Abschluß, der die ethischen Probleme der modernen Reproduktionsmedizin auf neue Weise bewußt gemacht hat. Die Diskussion seit dem Sommer 2001 hat gezeigt, daß die hier anstehenden Fragen nicht nur unter wirtschaftlichen Verwertungsinteressen, aber auch nicht nur unter wissenschaftlichen Forschungsinteressen betrachtet werden dürfen. Auch die Heilungsversprechen, die sich mit den Fortschritten der modernen Medizin verbinden, bilden nicht den einzigen Maßstab bei der Beurteilung von heute anstehenden Maßnahmen. Vielmehr ist stets zugleich zu prüfen, ob der Respekt vor der Würde menschlichen Lebens von Anfang an gewahrt bleibt. Das Embryonenschutzgesetz von 1990 hat diesen Respekt darin zum Ausdruck gebracht, daß die Herstellung von Embryonen zu anderen Zwecken als denjenigen der menschlichen Fortpflanzung untersagt ist. Ausgeschlossen ist damit auch die Verwendung von Embryonen zu Zwecken, die nicht ihrer eigenen Erhaltung dienen. Deshalb ist es in Deutschland nicht erlaubt, embryonale Stammzellen, die man für Forschungszwecke verwenden will, aus Embryonen zu gewinnen, die ursprünglich zu reproduktionsmedizinischen Zwecken erzeugt wurden.

Gleichwohl hat man den Import embryonaler Stammzellen zugelassen. Die Vorraussetzung war, daß dies nur Stammzellinien sein dürfen, die schon als solche zu dem Zeitpunkt existiert haben, zu dem der Bundestag am 30. Januar 2002 seine Grundsatzentscheidung in dieser Frage getroffen hat. Man wollte damit erreichen, daß für die deutsche Forschung kein einziger Embryo zerstört wird und daß auch in keinem einzigen Fall an Embryonen geforscht wird. Denn die embryonalen Stammzellen sind selbst keine Embryonen.

Natürlich ist dieser Kompromiß äußerst fragil. Zu seinen Vorraussetzungen gehört eine klare Angabe über die Herkunft der verwendeten Stammzellinien. Das ist gewiß auch für die Forscher wichtig, die wissen wollen, welcher Qualität diese Stammzellen sind. Unter ethischen Gesichtspunkten ist diese Forderung erst recht unerläßlich, weil man nur unter dieser Voraussetzung daran festhalten kann, daß diese Embryonen nur zur menschlichen Fortpflanzung, also aus reproduktionsmedizinischen Gründen hergestellt worden sind. Das Ausmaß, in dem sich das nachprüfen läßt, ist aber sicherlich begrenzt. Das ist einer der Gründe, aus denen ich selbst und ebenso die Leitungsgremien der evangelischen Kirche sich nicht für diesen Kompromiß ausgesprochen haben.

Wer die Forschung mit embryonalen Stammzellen ablehnt, verwirft damit nicht die Stammzellforschung insgesamt. Er stellt sich auch nicht gegen die Heilungshoffnungen, die sich mit den neuen biotechnologischen Möglichkeiten verbinden. Die Erwartung, daß sich solche Heilungsmöglichkeiten erschließen, verbindet sich vor allem mit adulten Stammzellen. Ein Grund, den man dafür geltend machen kann, besteht darin, daß bei adulten Stammzellen die Abstoßungsreaktion nicht zu befürchten ist, die bei embryonalen Stammzellen unvermeidlich ist. Deshalb verdienen Forschungsarbeiten besondere Förderung, die auf die Leistungsfähigkeit adulter Stammzellen gerichtet sind.

Nun haben sich die kirchlichen Stellungnahmen einer Vielzahl von Einwänden ausgesetzt gesehen. Einer der Einwände hieß, in Fragen der angewandten Ethik komme man nie über eine Pluralität von Positionen hinaus. Insbesondere religiös begründete ethische Stellungnahmen könnten von vornherein keine Allgemeingültigkeit für sich in Anspruch nehmen.

Der Einwand ist in dieser Form nicht begründet. Auch wer behauptet, Moral habe sich auf universalistische Prinzipien zu begrenzen, steht vor der Frage, wie diese universalistischen Prinzipien auf einen konkreten Einzelfall angewandt werden sollen. Dem Dilemma der angewandten Ethik kann auch der Universalist nicht entgehen.

Die deutsche bioethische Diskussion bietet dafür vielfältiges Anschauungsmaterial. Der Wortführer einer philosophischen, universalistischen Moral in Deutschland ist Jürgen Habermas. Auch er hat sich genötigt gesehen, konkret zur Debatte um die Embryonenforschung und den Import von Stammzellen Stellung zu nehmen. Für ihn liegt der wichtigste Gesichtspunkt in der Frage, was passieren wird, wenn wir die Handlungsmaxime, die wir hier zur Geltung bringen, allgemein anwenden. Gemeint ist jene, daß menschliches Leben auf bestimmten Stufen seiner Entwicklung für bestimmte, in diesem Fall wissenschaftliche, bald aber vielleicht auch wirtschaftliche Zwecke benutzt und vernutzt werden darf.

Von denen, die eine Freigabe der Embryonenforschung befürworten, wird in der Regel die Einnistung in den Uterus der Mutter als Grenze fremdnütziger Eingriffe gewertet. Doch ob die wissenschaftliche Entwicklung diese Grenze auf Dauer achten wird oder ob nicht eines Tages auch das Heranwachsen eines Kindes in einem künstlichen Uterus möglich wird, muß wohl offen bleiben. Insofern kann man nicht einmal sicher sein, ob diese von den Befürwortern einstweilen anerkannte Grenze der Nidation auf Dauer Bestand haben wird. Um so schärfer stellt sich die Frage, ob der werdende Mensch in einer solchen Entwicklung noch im Blick auf seine Personalität geachtet ist oder zur bloßen Sache wird. Ein universalistischer Moralphilosoph wie Habermas wird eine solche Entwicklung an dem Prinzip messen müssen, daß wir die Menschheit in jedem anderen, soweit wir irgend können – und das schließt die frühen Stufen der Entwicklung menschlichen Lebens ein – genauso achten, wie wir auch selbst geachtet werden wollen.

Nachdem die Debatte um die humane embryonale Stammzellforschung in Deutschland ein vorläufiges Ende mit der Verabschiedung des Stammzellgesetzes gefunden zu haben schien, bricht sie inzwischen auf nationaler, europäischer und internationaler Ebene neu auf. Die Bundesjustizministerin Brigitte Zypries hat am 29. Oktober 2003 beim Humboldt-Forum der Humboldt-Universität zu Berlin eine Rede gehalten, in der sie deutlich dafür eingetreten ist, daß die Präimplantationsdiagnostik in Deutschland weiterhin verboten bleibt und das Verbot des Klonens sowie der Embryonenschutz nicht gelockert werden soll. Außerdem hat sie angekündigt, die Erzeugung von Kindern mit Hilfe von anonymen Samenspendern solle möglichst unterbunden werden. So wichtig diese Punkte sind, so problematisch ist die Begründung, mit der sie vorgebracht wurden: Frau Zypries räumt zwar ein, daß auch der künstlich in der Petrischale erzeugte Embryo Lebensschutz genießt, der in Artikel 2 des Grundgesetzes festgelegt ist. Aber sie bestreitet, daß dieser Embryo am Schutz der Menschenwürde Anteil hat, dem obersten, ohne Gesetzesvorbehalt formulierten Grundsatz unserer Verfassung. Damit wird vorausgesetzt, daß es Formen oder Stufen menschlichen Lebens gibt, die zwar einen durch Gesetz einschränkbaren Lebensschutz genießen, aber keinen Anspruch auf Menschenwürde haben. Der Maßstab liegt in der Frage, ob sie sich aus sich heraus zum Menschen oder als Mensch entwickeln können. Zwei Kategorien von menschlichem Leben werden damit eingeführt: Die eine kann sich aus sich heraus als Mensch entwickeln und hat dann Menschenwürde, die andere ist auch menschliches Leben, hat aber nur den Lebensschutz von Artikel 2 des Grundgesetzes. Ich will mir nicht ausmalen, was passiert, wenn jemand auf den Gedanken käme, die Formulierung von Frau Zypries auf andere Problemfälle anzuwenden, bei denen auch gilt, daß Menschen nicht im Stande sind, sich aus sich heraus als Mensch zu entwickeln – am Ende des Lebens, in Fällen schwerer Behinderung, im Fall von Koma und in anderen Fällen. In all diesen Fällen sagen wir aber, daß gerade diese des Schutzes in besonderer Weise Bedürftigen vom Schutz der Menschenwürde kategorisch erfaßt sind. In diesem Zusammenhang habe ich mit Zustimmung wahrgenommen, daß sich der ehemalige Bundesverfassungsrichter Ernst Wolfgang Böckenförde am 3. September 2003 in der FAZ mit der Neukommentierung des Menschenwürde-Artikels durch Matthias Herdegen im Großkommentar „Maunz/Düring" zum Grundgesetz auseinandergesetzt und auf die Gefahr aufmerksam gemacht hat, daß der Begriff der Menschenwürde seine Relevanz verlieren könne.

Auch die Forschungspolitik der Europäischen Union steht vor einer Weichenstellung von grundsätzlicher Bedeutung. Bis zum Ablauf des Jahres 2003 hat der Ministerrat darüber zu entscheiden, ob und unter welchen Bedingungen die Forschung an menschlichen Embryonen und humanen embryonalen Stammzellen mit Mitteln der Gemeinschaft finanziell gefördert werden kann. Bis zum 31. Dezember 2003 galt für diesen ethisch umstrittenen Forschungsbereich noch ein Moratorium, von dem allerdings bereits bestehende oder in Kulturen isolierte menschliche embryonale Stammzellen ausgenommen sind. Am 9. Juli 2003 hat die Kommission einen Vorschlag vorgelegt, der – unter bestimmten Voraussetzungen – die gemeinschaftliche Finanzierung einer „verbrauchenden" Embryonenforschung vorsieht. Dieser Vorschlag widerspricht deutschem Recht, nach dem Embryonen nicht für Forschungszwecke getötet werden dürfen. Die evangelische und die römisch-katholische Kirche haben sich gegenüber der EU-Kommission dafür ausgesprochen, daß die Forschung mit menschlichen embryonalen Stammzellen nicht über das bislang Vereinbarte hinaus mit europäischen Geldern gefördert wird. Andernfalls würden solche Projekte in anderen europäischen Staaten auch mit deutschen Geldern unterstützt. Dadurch würde nicht nur dieser ethisch hochproblematische Forschungsbereich weiter ausgebaut. Auf diese Weise könnte eine Dynamik in Gang gesetzt werden, die jede Aufweichung nationaler Gesetze durch zusätzliche Fördergelder belohnt. Es ist damit zu rechnen, daß eine Lösung im Sinne der Kommission in den Ländern mit einem vergleichsweise restriktiven Rechtsrahmen den Druck erhöhen würde, die Gesetze zu lockern – nicht zuletzt aus wirtschaftlichen Erwägungen. Schließlich würden Mitgliedsstaaten wie Deutschland verpflichtet sein, mit Gemeinschaftsgeldern Projekte mitzufinanzieren, die im eigenen Land unter Strafe gestellt sind. Eine solche Entwicklung würde mich mit größter Sorge erfüllen.

Auch auf internationaler Ebene wird die Klon-Diskussion seit gut zwei Jahren lebhaft geführt: Gestritten wird darum, wie weit ein universales Abkommen der Vereinten Nationen zum Verbot des Klonens gehen soll. Auf der einen Seite wird ein Totalverbot des Forschungs- wie des reproduktiven Klonens von den Staaten Costa Rica, Spanien, Portugal und den USA gefordert, auf der anderen Seite stehen Staaten wie Großbritannien, China und Japan, die sich nur für das Verbot des reproduktiven Klonens aussprechen. Mit 80 zu 79 Stimmen hat der Rechtsausschuß der Vereinten Nationen am 6. November 2003 beschlossen, die Verhandlungen über ein Klon-Verbot bis zum Jahr 2005 auszusetzen. Auch Deutschland hatte für eine Vertagung votiert und begründete dies mit den schweren Differenzen zwischen den UN-Mitgliedstaaten, obwohl der Bundestag die Regierung mehrmals aufgefordert hatte, ein umfassendes Verbot anzustreben. Auch hier zeigt sich, daß die oben skizzierte Position Deutschlands im Kontext anderer Auffassungen offensichtlich nur schwer durchsetzbar ist. Gleichwohl ist einer Aufweichung der deutschen Gesetzeslage auch weiterhin vehement zu wehren.

IV.

Nicht als Schicksal bezeichne ich in dieser Überlegung das menschliche Leben, sondern als Geschenk. Zu diesem Geschenkcharakter gehört, daß jedes menschliche Leben einen besonderen Ort und eine besondere Zeit hat. Dieses Vorgegebensein des Lebens am konkreten Ort und zu einer konkreten Zeit vermag vor Allmachtsphantasien zu bewahren, wie sie sich an neue wissenschaftliche Möglichkeiten immer wieder angeknüpft haben.

Kann oder muß man gar auch behindertes Leben als geschenkhaft vorgegeben betrachten? Ja, man kann und muß es. Aber dies kann sicher nicht auf dem Weg geschehen, daß man die Notwendigkeit von Behinderungen meint beweisen zu müssen. Es gehört vielmehr zu den dem menschlichen Lebens gesetzten Grenzen, daß diese Begrenztheit im äußersten Fall als schwere Behinderung zum Ausdruck kommt. Angesichts dieser Grenzerfahrung ist zweierlei zugleich zu bedenken. Zum einen gilt es, menschliches Leben auch in seiner behinderten Gestalt zu achten, behinderte Menschen in ihrer gleichen und ungeteilten Würde zu respektieren und dieser Würde gemäß zu behandeln. Zum andern aber stellt sich die Aufgabe, das Menschenmögliche zu tun, um die Behinderung zu lindern, Heilung zu versuchen und dazu beizutragen, daß Menschen mit ihrer Behinderung menschenwürdig leben können.

Eine solche Überlegung rechtfertigt nicht die Behinderung und erklärt sie auch nicht für gottgewollt. Es gibt keine Rechtfertigung der Behinderung, sondern nur eine Rechtfertigung des Menschen. Um dieser für alle Menschen gleichen Anerkennung vor Gott willen verstößt es gegen die Menschenwürde, wenn die Menschen in unterschiedliche Klassen eingeteilt werden. Daß es inakzeptabel ist, sie nach ethnischen Merkmalen zu unterscheiden und den Angehörigen der einen Ethnie Rechte zuzuerkennen, die den anderen vorenthalten werden, hat sich angesichts der rassistischen Greueltaten des 20. Jahrhunderts durchgesetzt – auch wenn es nach wie vor geschieht. Aber ebenso inakzeptabel ist es, Menschen nach gesundheitlichen Merkmalen zu unterscheiden und unter diesem Gesichtspunkt den einen ein Lebensrecht zuzuerkennen und den anderen nicht.

Die Gefahr, daß in einem solchen Sinn zwischen „lebenswertem" und „lebensunwertem" Leben unterschieden wird, verbindet sich bereits mit der Pränataldiagnostik – dann nämlich, wenn sie im Sinn einer „Schwangerschaft auf Probe" eingesetzt wird. In dem Maß, in dem der Schwangerschaftsabbruch als die zwangsläufige Folge aus dem Nachweis einer genetischen Belastung durch Pränataldiagnostik angesehen wird, setzt sich das Denkmodell der Selektion durch. Durch die gegenwärtig gültige rechtliche Regelung des Schwangerschaftskonflikts ist dieses Modell der „Schwangerschaft auf Probe" nicht intendiert und nicht gedeckt. Die diagnostizierte genetische Behinderung des Kindes reicht allein als Begründung für einen Schwangerschaftsabbruch nicht aus; eine unzumutbare gesundheitliche Belastung der Mutter muß hinzutreten, wenn man die „medizinische Indikation" auf diesen Fall anwenden will. Trotzdem hat diese Regelung zu Mißständen geführt, die sich vor allem in Spätabtreibungen zeigen, bei denen die abgetriebenen Föten unter Umständen sogar bereits lebensfähig sind. Deswegen wird der Vorstoß der Deutschen Gesellschaft für Gynäkologie und Geburtshilfe vom Juli 2003 in ihrem Positionspapier „Schwangerschaft nach Pränataldiagnostik", eine Reform des § 218 StGB im Blick auf Spätabtreibungen zu fordern, von mir befürwortet. Eine aus diesem wie aus anderen Gründen nicht nur wünschenswerte, sondern auch notwendige Revision der gegenwärtigen Rechtslage steht aber unter der vom Bundesverfassungsgericht ausdrücklich festgestellten Vorgabe, dadurch einen wirksameren Lebensschutz zu erreichen. Mit diesem Ziel wäre es unvereinbar, wenn die Tendenz zu einer „Schwangerschaft auf Probe" weiter vorangetrieben würde.

Das muß man sich auch im Blick auf die Diskussion über PID bewußt machen. Denn unausweichlich würde eine Denkweise der Selektion den Einsatz von PID bestimmen; sie würde damit auch die Tendenz zu einer Praxis der „Schwangerschaft auf Probe" fördern; sie würde also den Lebensschutz insgesamt aushöhlen. Denn die PID würde von vornherein zu dem Zweck eingesetzt, erblich belastete Embryonen schon vor der Implantation auszusondern. Es besteht auch kein Zweifel daran, daß mit der Zulassung der PID der Einsatzbereich der IVF ausgedehnt würde. Nicht nur bei elterlicher Infertilität, sondern darüber hinaus überall dort, wo Eltern im vorhinein genetische Risiken ausschalten wollen, könnte dann die IVF mit anschließender PID eingesetzt werden. Der Anwendungsbereich einer selektiv verfahrenden Reproduktionsmedizin wäre damit prinzipiell unbegrenzt. Das würde auch dann gelten, wenn zunächst nur bei schwerwiegenden genetischen Belastungen der Eltern auf dieses Verfahren zurückgegriffen würde. Denn man wird es nicht wagen, auf die Frage, wann eine solche Belastung vorliegt, mit einer Liste der dafür in Frage kommenden Krankheiten zu antworten. Mit guten Gründen fürchtet man die diskriminierende Wirkung einer solchen Liste auf Menschen, die unter den entsprechenden Krankheiten leiden. Die meisten Befürworter der PID bevorzugen deswegen eine Generalklausel, die nur generell auf eine schwerwiegende Belastung Bezug nimmt, und überlassen die Antwort auf die Frage, ob eine solche Belastung zu erwarten steht, einer Kommission, die über die Zulässigkeit der PID im Einzelfall zu entscheiden hat.

Bei einem solchen Vorgehen wird man mit einer schrittweisen Ausdehnung rechnen müssen, wie sie sich bei der Pränataldiagnostik bereits vollzogen hat. Damit aber hält die Selektion in einem umfassenden Sinn Einzug in die menschliche Fortpflanzung. Denn bei der PID schaltet man ja nicht etwa den genetischen Defekt aus, sondern beendet ein menschliches Leben. Auch wenn die PID dem Ziel dient, die Geburt menschlichen Lebens vorzubereiten, benutzt sie als Mittel unweigerlich die Selektion.

Es ist im Augenblick nicht zu erkennen, daß die PID auf Fälle allerschwerster Behinderung begrenzt werden könnte, bei denen gar keine Lebensfähigkeit gegeben wäre. Vielmehr würde zwischen lebenswertem und lebensunwertem Leben unterschieden; der Grundsatz der gleichen und unantastbaren Würde menschlichen Lebens würde dadurch verletzt. Auch in Ländern, in denen man die PID unter strengen Verfahrensregeln zugelassen hat, zeichnen sich solche Ausweitungen bereits ab. So hat der Präsident des Nationalen Ethikrates in Frankreich, der Mediziner Didier Sicard, die Befürchtung ausgesprochen, daß die Begründungen für die Anwendung der PID auf den Bereich der reparativen Medizin ausgeweitet werden. Dann würde es beispielsweise zugelassen, daß Kinder nach der Blutkompatibilität mit an Leukämie erkrankten Geschwistern ausgewählt werden, um dadurch als unter Umständen lebenslange Blutspender zur Verfügung zu stehen. Das würde jedoch die Verwerfung all derjenigen Embryonen voraussetzen, bei denen diese Kompatibilität nicht gegeben ist. Gefordert wird auch bereits, daß taubstumme Eltern IVF und PID zur Auswahl taubstummer Kinder in Anspruch nehmen dürfen. Schließlich liegt es überall, wo die PID zugelassen ist, nahe, sie zum Beispiel zur Geschlechtswahl einzusetzen. Auch dafür werden bereits Rechtfertigungen vorgebracht.

Mit der Zulassung der PID wäre die Selektion menschlichen Lebens legalisiert; die „eugenische" Denkweise hätte einen wichtigen Sieg errungen. Die Warnung davor sollte man sich nicht mit dem Argument ausreden lassen, wir könnten uns nicht auf Dauer durch den Mißbrauch der sogenannten „Eugenik" in der Zeit der nationalsozialistischen Gewaltherrschaft am wissenschaftlichen Fortschritt hindern lassen. Denn zum einen steht es uns in Deutschland nach wie vor gut an, wenn wir dem Vergessen wehren und aus unserer Geschichte zu lernen versuchen. Und zum anderen ist die Eugenik nicht nur in ihrer Verwendung durch die Nazi-Diktatur mit der Würde des Menschen unvereinbar. Vielmehr ist sie das auch sonst.

Biomedizin als Wachstums-Generator

von Günter Stock

Als im Jahr 1953 Watson und Crick die Struktur der DNA (Desoxyribonukleinsäure) bekanntgaben, war dies – glaubt man den Interpretationen der damals schon auf diesem Gebiet arbeitenden Fachkollegen – vergleichbar mit dem intelligenten Zusammenführen eines in seinen Umrissen erkennbaren Puzzles. Die Zeit für diese wissenschaftliche Teilerkenntnis war also reif. Was damals allerdings nur ganz wenigen Visionären zugänglich war, war die Vorstellung über die Dynamik, die diese Erkenntnis für die moderne biologische beziehungsweise biologisch-medizinische Wissenschaft haben sollte. In einem sehr sorgfältig recherchierten Artikel von Russo in NATURE [Vol. 421, 2003] wird deutlichgemacht, welche entscheidenden Schritte in der Folgezeit nötig und zugleich wegweisend waren, um die neue Erkenntnis – ausgehend von Watson und Crick – in praktisches Handeln umzusetzen. Neben vielen anderen wichtigen Bausteinen war es wohl die Klonierung der DNA, die letztlich erlaubte, die neugewonnenen Erkenntnisse praktisch, das heißt auch wirtschaftlich, in der Arzneimittelforschung einzusetzen. Im Jahre 1971 wurde Cetus als erste biotechnologische Firma gegründet. Ihr folgte 1976 Genentech, eine Firmengründung, bei der erstmalig ein führender Wissenschaftler mit einem exzellenten Finanzfachmann das Grundkonzept der Biotechindustrie erprobte. Seit dieser Gründung ist Venture Capital eine außerordentlich erfolgreiche, zugleich aber auch notwendige Finanzierungsquelle dieser nach wie vor modernen Forschungsrichtung. Während in Europa, speziell aber in Deutschland, das Potential dieser neuen Technologie nur sehr langsam verstanden, akzeptiert und anschließend noch langsamer umgesetzt wurde, geschah in den USA genau das Umgekehrte. Fast zeitgleich mit dem Erkennbarwerden dieser neuen Dimension biologischer, biologisch-medizinischer Forschung wurden die Fördermittel – vergeben durch die NIH (National Institutes of Health) – dramatisch in zweistelligen Zuwachsraten gesteigert, während die Mittel für die nicht-biologische Forschung im wesentlichen stagnierten oder allenfalls langsamer anstiegen. Dies führte in den USA zu einem regelrechten Aufschwung molekularbiologischer Forschung, mit dem ein Vorsprung erarbeitet wurde, der möglicherweise noch auf lange Zeiten spürbar sein wird. Die zeitgleiche Etablierung von Venture Capital-Fonds ermöglichte es außerdem, Firmengründungen in großer Zahl um wichtige akademische Zentren herum anzuregen, großzügig zu finanzieren und damit eine Clusterbildung zu unterstützen. Innerhalb weniger Jahre wuchs die Zahl der neugegründeten Biotechunternehmen auf die stattliche Zahl von 3000. Ende der 80er Jahre/Anfang der 90er Jahre war der Erfolg der biotechnologischen Forschungsrichtung sowie der Erfolg der Start-up-Companies nicht mehr zu übersehen. Nun gab es auch in Europa mehr und mehr Initiativen mit dem Ziel einer ähnlichen Entwicklung. Vor allem große Pharmafirmen in den USA und speziell in Europa bemühten sich, durch Kooperationsverträge oder durch Kauf ganzer Firmen Anschluß an diese Entwicklung zu finden.

Auch wenn die Annäherung großer pharmazeutischer Firmen an die neue Welt der Biotechnologie und molekularen Forschung eher zögerlich erfolgte, war der sich anschließende Umbau der Forschungsabteilungen großer Pharmafirmen in seiner Konsequenz und Professionalität außergewöhnlich. Der Aufbau völlig neuer Forschungsabteilungen, die Übernahme gänzlich neuer Technologien hatte einen regelrechten Paradigmenwechsel für die Art, wie nunmehr die Forschung betrieben wurde, zur Folge. Die molekularbiologischen, biotechnologischen und zellbiologischen Denk- und Arbeitsweisen haben die Forschung in unserer Branche grundlegend revolutioniert. Allerdings werden nach wie vor allenfalls ein Drittel der Entwicklungsprojekte in großen Pharmafirmen auch als Endprodukt biotechnologisch hergestellt. Die molekularbiologische Forschung hat natürlich die Produktion von beispielsweise Proteinen und Antikörpern ermöglicht, aber auch gleichzeitig zu einer ungeheuren Modernisierung und Aktualisierung der synthetischen Chemie geführt.

Krankheiten ursächlich behandeln

Mit den heutigen Möglichkeiten der modernen Genomik, Proteomik, Kinomik (neue Buzz-words, die auf -omik enden, werden noch kommen) ist es nunmehr möglich geworden, an eine realistische Utopie einer molekularen Medizin zu denken, die es durchaus möglich erscheinen läßt, eine Vielzahl der heute schon bekannten, diagnostizierbaren Krankheiten zukünftig besser, das heißt ursächlich zu behandeln, vor allem jedoch frühzeitiger durch entsprechende molekulare bildgebende Verfahren differential-diagnostisch zu erfassen. Wissenschaftlich fundierte Präventionsmaßnahmen werden so ebenso möglich sein wie zellbiologisch fundierte Maßnahmen zur Wiederherstellung von Funktionen. Regenerative Medizin und präventive Medizin werden paradigmatisch unsere heutige Fähigkeit, Krankheitsprozesse zu verlangsamen oder zum Stoppen zu bringen, erweitern. Voraussetzung dafür ist, daß es uns gelingt, die hierzu notwendige Forschung zu finanzieren, aber vor allem auch, daß es uns gelingt, diese notwendige Forschung mit all ihren Irrwegen und Irrtümern von der Öffentlichkeit verstanden, akzeptiert und in vielen Fällen auch finanziert zu bekommen. Eine zukunftsorientierte, international kompetitive Forschungspolitik und Forschungsförderung ist daher nötiger denn je.

Gesellschaftlicher Diskurs muß mit Forschung Schritt halten

Eine der großen Herausforderungen wird sein, das Verständnis für die moderne biologische Entwicklung so weit zu entwickeln, daß gesetzliche Rahmenbedingungen genügend Forschungsfreiraum geben. Es wird aber vor allem entscheidend darauf ankommen, die Kommunikations- und Reflexionsfähigkeit der Wissenschaftler soweit zu entwickeln, daß der notwendige gesellschaftliche Diskurs in einer angemessenen Qualität Schritt hält mit den Möglichkeiten, die die moderne Medizin bietet. Die Diskussion über die Stammzellforschung, die durchaus retardierende Wirkungen für die Stammzellforschung in unserem Land hat, gibt klare Informationen darüber, welche Dimension an Auseinandersetzung vor uns liegt. Sieht man darüber hinaus, wie sich unterschiedliche Staaten auf ihre eigene Weise diesem Problem nähern, erhält man eine Ahnung davon, was einerseits globale Informationsgesellschaft und globale Wissensgesellschaft, aber andererseits regionalisierte Wertegesellschaft bedeutet. Solange die wirtschaftlichen Implikationen noch gering sind – im Fall der Stammzellforschung ist dieses so – mögen wir noch Zeit haben, an einem internationalen Konsens zu arbeiten. Sobald jedoch wirtschaftlicher Druck hinzukommt, sobald konkrete Heilungschancen nicht mehr nur Hoffnung, sondern konkrete Realität werden, spätestens zu diesem Zeitpunkt wird die theoretische Debatte praktischen und damit auch politischen Entscheidungen weichen. Ich bin dezidiert der Meinung, daß wir gerade im Bereich der Biologie, die so voller Überraschungen und neuer Erkenntnisse steckt, gut daran tun, *a-priori*-Festlegungen über die Frage dessen, was wir tun dürfen und sollen, möglichst zu vermeiden. Stattdessen sollte einer Nutzen-Risiko-Debatte Platz eingeräumt werden. Solche Debatten sind in der Pharmaforschung Teil eines etablierten, kontinuierlichen und institutionalisierten Prozesses während der Entwicklung eines neuen Wirkstoffes sowie der späteren Marktversorgung. Was wir brauchen, sind neue Prozesse zur Herstellung und Gewährleistung von Transparenz sowie eine Kultur des offenen Diskurses über Nutzen und Risiken. Was wir nicht brauchen, ja, was regelrecht stört, ist das Vertrauen in alte Rezepte, in retardierende, vorwiegend bürokratische Maßnahmen des Staates. Was wir brauchen, sind neue Instrumente, neue Verfahrensweisen und Prozesse, die es den Wissenschaftlern in Deutschland erlauben, kompetitiv und innovativ an vorderster Front der Entwicklung mitzuarbeiten, die aber gleichwohl die Gewähr bieten, daß die Reflexion über die Sinnhaftigkeit sowie die Diskussion über die Sicherheit und das Verständnis und den Nachweis des Nutzens immer gegeben sind. Hierbei muß der mögliche Nutzen den möglichen Schaden deutlich übersteigen, wobei Nutzen und Schaden nicht nur wirtschaftlich und technologisch zu begreifen sind. Ein besonders wichtiger Grundsatz muß hierbei sein, einseitige Nutzen-, aber noch mehr einseitige Risikodiskussionen zu vermeiden.

Das Neben- und Miteinander akademischer Forschungsinstitutionen, großer integrierter pharmazeutischer Unternehmen, anderer wichtiger Akteure im Gesundheitswesen sowie kleinerer Start-up- und Biotechnologie-Unternehmen erscheint mir geradezu Vorbedingung zu sein, um Glaubwürdigkeit und Erfolg zu sichern. Dies bedingt ein völlig neues und weitergehendes Verständnis von *„public private partnership"*, welches ursprünglich lediglich die wirtschaftliche Kooperation zwischen Institutionen mit öffentlichen und privaten Geldern bedeutete und heute die Zukunft unserer Partizipation am wissenschaftlichen Fortschritt im wesentlichen bestimmt. Aus diesem Grund ist es besonders beklagenswert, daß die pharmazeutische Industrie in den vergangenen zehn bis fünfzehn Jahren in Deutschland und im gesamten Europa deutlich an wirtschaftlicher Bedeutung abgenommen hat, aber auch deutlich an wirtschaftlicher Konkurrenzfähigkeit gegenüber den großen, im wesentlichen amerikanischen Konzernen abgenommen hat. Im Zusammenhang damit, aber nicht nur verur-

GÜNTER STOCK

sacht dadurch, ist es zu bedauern, daß der außerordentlich gut gelungene Aufbau einer Biotechnologieindustrie in Deutschland zur Zeit in einer schwierigen Phase ist. Der dringend notwendige Umbau von Biotechnologie hin zu produktorientierten Firmen und die in den letzten Jahren deutlich zunehmende Bereitschaft und Fähigkeit, weniger öffentliche und mehr private Mittel für diese Industrie zu generieren, sind Entwicklungen, die zur Zeit ins Stocken geraten. Was wir in Deutschland benötigen, ist eine nachhaltige Industriepolitik zu Gunsten der Biotechnologie, dieser modernen Form des Mittelstandes, und wir brauchen auch eine klare *industrie*politische und weniger eine *gesundheits*politische Betrachtung der Pharmaindustrie, vor allem aber auch der gesamten Gesundheitsindustrie in unserem Lande.

Gesundheitsindustrie als Arbeitsplatzgenerator

Gesundheit und damit verbunden die Gesundheitsindustrie, die heute schon 9% aller Erwerbstätigen und 17% aller sozialversicherten Arbeitstätigen in unserem Lande umfaßt, ist nicht nur auf Grund demographischer Gegebenheiten ein Wachstumssegment, sondern es könnte auch ein Wachstumssegment für den Export von Waren, vielleicht aber durch den „Import" von Patienten aus Nachbarländern oder aus aller Welt noch mehr ein Wachstumssegment für Dienstleistungen darstellen. Beispiele wie die Mayo-Klinik in Rochester, private Krankenhäuser in Genf und London zeigen, daß dieses ein außerordentlich interessanter und gangbarer Weg ist. Die Gesundheitsindustrie ist auch deswegen so geeignet, weil praktisch alle Berufsgruppen und Ausbildungsgänge dort interessante Arbeitsangebote finden. Gesundheitsindustrie als Arbeitsplatzgenerator, eine Vision, die in die derzeitige Gesundheitsdebatte, bei der es nur um Kostensenkungen geht, gar nicht zu passen scheint. Die Attraktivität eines solchen Gedanken liegt darin, daß auf diese Weise „Centers of Excellence" für Grundlagenforschung, verschmolzen mit Start-up-Companies in unmittelbarer Umgebung spezialisierter, exzellenter Kliniken ausgebaut werden könnten, die somit für eine große Wachstumsdynamik sorgen könnten. Die Attraktivität solcher Cluster auch zur Ansiedlung größerer wirtschaftlicher Unternehmungen mit dem Ziel von Kooperationen wäre gegeben. Was wir dazu benötigen, ist zusätzlich zu einer enormen Bereitschaft auch die Ausprägung eines Gestaltungswillens sowie Freude an der Zukunftsgestaltung.

Die Mentalität des Festhaltens an Bestehendem muß aufgegeben werden

Die Mentalität, die mit dem Festhalten an Bestehendem, dem Bewahren des Vorhandenen und dem Glauben, daß der Wind des Wandels über uns hinwegwehen würde, einhergeht, muß aufgegeben werden.

In der jüngsten Vergangenheit war es im Bereich der biomedizinischen Wissenschaften vergleichsweise einfach. Wir hatten uns lediglich an der europäischen und spätestens seit den 70er Jahren an der amerikanischen Dynamik zu orientieren. Heute tun wir gut daran, auch die Dynamik in den asiatischen Ländern zu beachten. Dort werden die Möglichkeiten der modernen Molekularbiologie und Zellbiologie intensiv genutzt. Wenn man eine – zugegeben gewagte – Prognose abgeben sollte, könnte man sagen, in Europa wurden die Grundlagen der Pharmazeutik mit Hilfe der Synthesechemie gelegt. In den Vereinigten Staaten wurden in besonderer Weise die Erkenntnisse der modernen Biotechnologie der molekularen Medizin hinzugefügt. Es könnte sein, daß moderne Zellbiologie und insbesondere deren Anwendung in Asien einen wichtigen Impuls erfährt. So hat zum Beispiel die japanische Regierung ein Millenniumsprojekt zur Frage der Zellbiologie aufgelegt. Andere asiatische Staaten, wie etwa Singapur und China, haben große Zentren zellbiologischer Forschung in Betrieb genommen. In Australien wird jetzt daran gearbeitet, ein Institut für Stammzellforschung zu errichten, welches von Anfang an die führenden Forscher der Welt zusammenführt.

Kompetition und Partnerschaft, Forschungsdynamik und ethische Reflexion sind keine Gegensatzpaare, sondern notwendige, sich bedingende und sich gleichwohl ergänzende Facetten einer modernen wissenschaftsorientierten Welt. Wenn es gelingt, diese Erkenntnisse im Bereich des Gesundheitswesens, der Biomedizin und Pharmazie zu etablieren, könnten die oben beschriebenen Impulse dazu führen, daß in der Zukunft eine ursächliche Behandlung von Krankheiten zunehmend möglich ist sowie Gesundheit und Biomedizin als Wachstumsgenerator etabliert und genutzt werden.

Autorenübersicht

Entwicklungen und Folgen in der Humangenetik

1/02

Prof. Dr. Ernst Benda war unter anderem Ende der sechziger Jahre Bundesinnenminister und von 1971 bis 1983 Präsident des Bundesverfassungsgerichts. Er ist emeritierter ordentlicher Professor für öffentliches Recht der Universität Freiburg.

◄ Prof. Dr. Ernst Benda

Die Risikodebatte zur grünen Gentechnologie und neue Lösungswege

1/02

Prof. Dr. Klaus Ammann wurde 1976 Lektor in Geobotanik und ist seit 1996 Direktor des Botanischen Gartens, Universität Bern. Im Jahr 2002 verlieh ihm die Universität Bern die Würde eines Honorarprofessors.

◄ Prof. Dr. Klaus Ammann
Universität Bern • Institut für Pflanzenwissenschaften
Tel.: +41-31-631 4937 • Fax: +41-31-631 4942
eMail: klaus.ammann@ips.unibe.ch
Web: www.botany.unibe.ch

Stufungen des vorgeburtlichen Lebensschutzes 2/02

Prof. Dr. Horst Dreier ist Ordinarius für Rechtsphilosophie, Staats- und Verwaltungsrecht an der Juristischen Fakultät der Bayerischen Julius-Maximilians-Universität Würzburg und Mitglied des Nationalen Ethikrates.

◄ Prof. Dr. Horst Dreier
Universität Würzburg • Juristische Fakultät
Tel.: +49-931-312 321• Fax: +49-931-312911
eMail: dreier@mail.uni-wuerzburg.de
Web: www.uni-wuerzburg.de

Braucht Deutschland Grüne Gentechnik? 2/02

Hans-Olaf Henkel ist seit Juni 2001 Präsident der Wissenschaftsgemeinschaft Gottfried Wilhelm Leibniz. Zuvor stand er sechs Jahre an der Spitze des Bundesverbandes der Deutschen Industrie.

◄ Hans-Olaf Henkel
Leibniz-Gemeinschaft, Bonn
Tel.: +49-228-308 150 • Fax: +49-228-308 152 55
eMail: info@leibniz-gemeinschaft.de
Web: www.wgl.de

Enquête-Kommissionen und Biopolitik 3/02

Prof. Dr. Linus Geisler war bis 1999 Chefarzt der Medizinischen Klinik am St. Barbara Hospital Gladbeck. Neben seiner publizistischen Tätigkeit ist er Sachverständiger der Enquête-Kommission „Ethik und Recht der modernen Medizin" des Bundestages.

◄ Prof. Dr. med. Linus Geisler
Bloomsweg 8, 45964 Gladbeck
Tel.: +49-2043-612 81• Fax: +49-2043-612 81
eMail: kontakt@linus-geisler.de
Web: www.linus-geisler.de

Wachsender Embryo – wachsendes Lebensrecht?   1/03

Rainer Beckmann ist Richter am Amtsgericht Würzburg und im Vorstand der Juristen-Vereinigung Lebensrecht e.V. Köln. Er war Mitglied der Bundestags-Enquête-Kommission „Recht und Ethik der modernen Medizin" von Mai 2000 bis Juni 2002.

◄ Rainer Beckmann
Juristen-Vereinigung Lebensrecht e.V. Köln
Tel.: +49-221-134 478 • Fax: +49-221-2225 9571
eMail: beckmann@juristen-vereinigung-lebensrecht.de
Web: www.juristen-vereinigung-lebensrecht.de

Gezielte Zellvermehrung und spezifische Zelltransplantation   1/03

Prof. Dr. Detlev Ganten ist seit Februar 2004 Vorstandsvorsitzender der Charité Universitätsmedizin Berlin und unter anderem Mitglied des Nationalen Ethikrates.

◄ Prof. Dr. Detlev Ganten
Charité – Universitätsmedizin Berlin
Tel.: +49-30-450 550 01/2 • Fax: +49-30-450 570941
eMail: ganten@charite.de
Web: www.charite.de

Genetische Tests auf dem Prüfstand   1/03

Prof. Dr. Karl Sperling ist Geschäftsführender Direktor des Instituts für Humangenetik der Berliner Charité.

◄ Prof. Dr. Karl Sperling
Charité Berlin Campus Virchow-Klinikum
Tel.: +49-30-4506 6081 • +49-30-450 566 904
eMail:karl.sperling@charite.de
Web: www.charite.de/humangenetik 2/

Genetische Tests auf dem Prüfstand 1/03

Prof. Dr. Jörg Schmidtke ist Direktor des Instituts für Humangenetik der Medizinischen Hochschule Hannover.

◄ Prof. Dr. Jörg Schmidtke
Medizinische Hochschule Hannover
Tel.: +49-511-5326 537 • Fax: +49-511-5325 865
eMail: schmidtke.joerg@mh-hannover.de
Web: www.mh-hannover.de/Kliniken/Humangenetik

Gesunde Körper – kranke Gesellschaft? 2/03

Dr. Thomas Lemke ist Mitarbeiter des Instituts für Sozialforschung Frankfurt am Main. Seine Forschungsschwerpunkte sind Gesellschaftstheorie, politische Theorie, Organisationssoziologie, Biopolitik, Gen- und Reproduktionstechnologien.

◄ Dr. Thomas Lemke
Institut für Sozialforschung Frankfurt am Main
Tel.: +49-69-756 183 29 • Fax: +49-69-749 907
eMail: Lemke@em.uni-frankfurt.de
Web: www.ifs.uni-frankfurt.de

Prädiktive Diagnostik und genetisches Design: Ein Blick in die Zukunft 2/03

Prof. Dr. Jens Reich lehrt Bioinformatik an der Humboldt-Universität Berlin und leitet eine Forschungsgruppe am Max-Delbrück-Centrum für Molekulare Medizin Berlin. Er ist heute unter anderem Mitglied des Nationalen Ethikrates.

◄ Prof. Dr. Jens Reich
Max-Delbrück-Centrum für Molekulare Medizin Berlin
Tel.: +49-30-9406 2833 • Fax: +49-30-9406 2834
eMail: reich@mdc-berlin.de
Web: www.bioinf.mdc-berlin.de

Wem gehört das menschliche Genom? 3/03

Prof. Dr. Jochen Taupitz ist Ordinarius für Bürgerliches Recht, Zivilprozeßrecht, Internationales Privatrecht und Rechtsvergleichung und Geschäftsführender Direktor des Instituts für Deutsches, Europäisches und Internationales Medizinrecht, Gesundheitsrecht und Bioethik der Universitäten Heidelberg und Mannheim, sowie unter anderem Mitglied im Nationalen Ethikrat.

◄ Prof. Dr. Jochen Taupitz
Universität Mannheim • Tel.: +49-621-181 1328
Fax:+49-621-181 1380 • eMail: taupitz@jura.uni-mannheim.de • Web: www.uni-mannheim.de/fakul/jura

Die angeborene Würde des Menschen 3/03

Prof. Dr. Volker Gerhardt hat den Lehrstuhl für Praktische Philosophie, Rechts- und Sozialphilosophie an der Humboldt-Universität zu Berlin inne. Er ist unter anderem Mitglied des Nationalen Ethikrates.

◄ Prof. Dr. Volker Gerhardt
Institut für Philosophie, Humboldt-Universität zu Berlin
Tel.: +49-30-2093 2831• Fax: +49-30-2093 2819
eMail: GerhardtV@philosophie.hu-berlin
Web: www.hu-berlin.de

Biologische Waffen 3/03

Dr. Jens Kuhn, Arzt und Doktorand am Institut für Infektionsmedizin der Charité Berlin, arbeitete am mikrobiologischen Hochsicherheitslabor der US-Armee in Maryland. Er war der erste westliche Wissenschaftler mit Arbeitserlaubnis in einem ehemaligen sowjetischen Biowaffenlabor.

◄ Dr. Jens Kuhn
Institut für Infektionsmedizin, Charité Berlin
Tel./Fax: +49-911-698 816
eMail: jens_h_kuhn@gmx.de
Web: www.medizin.fu-berlin.de/infekt

Kein Patent auf Leben: Rechtssicherheit für biotechnologische Erfindungen 3/03

Brigitte Zypries ist seit 2002 Bundesministerin der Justiz. Sie studierte Rechtswissenschaften in Gießen und war Staatssekretärin – zunächst im Niedersächsischen Ministerium für Frauen, Arbeit und Soziales, später im Bundesinnenministerium.

◄ Brigitte Zypries
Bundesministerium der Justiz
Tel.: +49-30-202 570 • Fax: +49-30-2025 9525
eMail: poststelle@bmj.bund.de
Web:www.bmj.bund.de

Leben ist ein Geschenk 4/03

Dr. Wolfgang Huber ist seit 1994 Bischof der Evangelischen Kirche in Berlin-Brandenburg und wurde im November 2003 zum Ratsvorsitzenden der Evangelischen Kirche in Deutschland gewählt.

◄ Dr. Wolfgang Huber
Evangelische Kirche in Deutschland (EKD)
Tel.: +49-511-2796 104
Fax: +49-511-2796 707
eMail: pressestelle@ekd.de
Web: www.ekd.de

Biomedizin als Wachstums-Generator 4/03

Prof. Dr. Dr. Günter Stock ist als Vorstandsmitglied der Schering AG zuständig für die Unternehmensfunktion Forschung und für die Betreuung der Strategischen Geschäftseinheiten Diagnostika, Radiopharmaka, Gynäkologie und Andrologie.

◄ Prof. Dr. Günter Stock
Schering AG Berlin
Tel.: +49-30-4681 11
Fax:+49-30-4681 5305
Web: www.schering.de